BVT

Der Autor besucht all jene Orte, an denen Stalin einst gigantische Wasserbauwerke errichteten ließ. Der Diktator wollte die Wüste zum Blühen bringen, tausende Menschenopfer kosteten diese »Wasserträume«. Die Techniker sollten jedoch immer neue Höchstleistungen vollbringen, unterstützt von den »Ingenieuren der Seele« (Stalin), den Schriftstellern, unter ihnen Maxim Gorki, die in ihren Texten die Großtaten des Sozialismus zu preisen hatten.
Frank Westermans preisgekrönte Reportage ist eine brillante Mischung aus abenteuerlichem Reisebericht, russischer Literaturgeschichte und spannendem Ökokrimi – ein Buch, das tiefe Einsichten in die Verknüpfung von Macht, Ideologie und Kunst gewährt.

Frank Westerman, geboren 1964, studierte Hydrotechnologie an der Landwirtschaftlichen Universität Wageningen, beschäftigte sich aber zeitgleich mit russischer Literatur und Kultur. Von 1997 bis 2000 arbeitete er in Moskau als Korrespondent für die niederländische Zeitung *NRC Handelsblad*. Nach mehreren, vielfach ausgezeichneten Buchveröffentlichungen wurde »Ingenieurs van de ziel« (*Ingenieure der Seele*) in den Niederlanden zum Bestseller, der bereits in viele Sprachen übersetzt wurde.

Frank Westerman

Ingenieure der Seele

Schriftsteller unter Stalin – Eine Erkundungsreise

Aus dem Niederländischen von
Gerd Busse und Verena Kiefer

Berliner Taschenbuch Verlag

Die deutsche Ausgabe entstand mit
freundlicher Unterstützung des Nederlands
Literair Produktie- en Vertalingenfonds

Mai 2005
BvT Berliner Taschenbuch Verlags GmbH, Berlin
Die Originalausgabe erschien 2002 unter dem Titel
Ingenieurs van de ziel
im Atlas Verlag Amsterdam/Antwerpen

Lizenzausgabe mit freundlicher Genehmigung des Ch. Links Verlag.

Umschlaggestaltung: Nina Rothfos und Patrick Gabler, Hamburg
unter Verwendung eines Bildes von © photonica, Joseph Squillante
Gesetzt aus der Sabon durch Ch. Links Verlag, Berlin
Druck und Bindung: Clausen & Bosse, Leck
Printed in Germany · ISBN 3-8333-0124-4

Inhalt

NORWEGEN
Barentssee
FINN-
LAND
Workuta
Ob
Weißes
Meer
Belomor-Kanal
Archangelsk
Ob
Dwina
Onegasee
Ladogasee
Swir
St. Petersburg
Dwina-Wolga-Kanal
Ural
Wolga-Ostsee-Kanal
Perm
Wolga
RUSSLAND
Kalinin
Moskau-Wolga-Kanal
Kasan
Moskau
Gorki
Ufa
Umleitungs-Kanal
Magnitogorsk
Orel
Kujbyschew
Wolga
Kursk
Woronesch
Ural
Saratow
Aktjubinsk
Charkow
Don
UKRAINE
Wolga-Don-Kanal
KASACHSTAN
Stalingrad
Aralsk
Saporoschje
Gurjew
Syr-Darja
Rostow
Asowsches
Meer
Astrachan
Kertsch
Aralsee
Kaukasus
Sotschi
USBEKISTAN
Grosny
Schwarzes
Meer
Chiva
Schana-Darja
GEORGIEN
Kaspisches
Meer
Kara-
Bugas-Bucht
Tiflis
ARMENIEN
TURKMENISTAN
ASERBAI-
DSCHAN
Baku
Jerewan
Turkmenbaschi
TÜRKEI
Lenin-Kanal
IRAN
0 100 200 300 400 500 km
N
S

Tschelkar
Bajkonur
Dscheskasgan
Agadyr
Emba
Kaspisches Meer
Aralsk
KASACHSTAN
Balchasch-see
heutiger Verlauf
Aralsee
Ksyl-Orda
Syr-Darja
N
S
Dschambul
Kysylkum
Tschimkent
Nukus
USBEKISTAN
Bekdasch
Kara-Bugas-Bucht
Chiva
Taschkent
TURKMENISTAN
Stalin-Kanal
Fergana
Turkmenbaschi
Schana Darja
Buchara
Usboj
Nebit-Dag
Karakum
Samarkand
TADSCHIKISTAN
Lenin-Kanal
Chardschou
Duschanbe
Aschchabad
Mary
Mazar-e-Sharif
Meschhed
AFGHANISTAN
IRAN
Kabul
Peschawar
Herat
0 100 200 300 400 500 km

Mit siebzehn Jahren hatte Sascha Dwanow immer noch keinen Schutzpanzer über dem Herzen – nicht den Glauben an Gott noch eine andere geistige Beruhigung; er gab dem sich vor ihm auftuenden namenlosen Leben keinen fremden Namen. Dennoch wollte er nicht, daß die Welt unbenannt bliebe, er wartete nur darauf, ihren eigenen Namen aus ihrem Munde zu hören statt bewußt ausgedachter Namen.

Andrej Platonow, *Tschewengur*

Prolog

Landvermesser wollte ich werden, so wie die Männer, die in orangefarbenen Kitteln mit reflektierenden Streifen bei uns in der Straße arbeiteten. Sie richteten ihre Fernrohre auf alle Dinge in der Umgebung, um sicherzugehen, daß alles tatsächlich so war, wie es schien.

War ich zehn? In der Schule lernten wir anhand einer unbeschrifteten Landkarte die Hauptstädte Europas kennen.

Sobald Lehrer Hulzebos den Kontinent aus Wachstuch wie ein Rollo nach unten zog, wußten wir, daß nun gebüffelt werden mußte. Mit seinen hohen Schultern und kantigen Bewegungen hob der Lehrer den Zeigestock von einem Haken – ein schlankes Billardqueue mit einer Messingkappe an der Spitze. Dann drehte er sich zur Klasse um und rief einen von uns nach vorn.

Man mußte den Zeigestock auf einen Punkt richten und einen Klassenkameraden aufrufen. Blieb der die Antwort schuldig, durfte man selbst Athen, Reykjavik oder Helsinki rufen. In solchen Momenten durchzog ein Prickeln meine Finger. Das Berühren der Punkte, die sich plötzlich in fremde Laute verwandelten, empfand ich als Zauberei.

Die unbeschriftete Europakarte war mit roten, schwarzumrandeten Zeichen ausgestattet. Städte mit weniger als einer Million Einwohner hatte man mit Kreisen von der Größe eines Fingernagels versehen; Millionenstädte brachten es bereits auf das Format eines Mantelknopfes. Und dann gab es noch die echten Metropolen – Paris, Rom, Berlin –, in denen es derart von Menschen wimmelte, daß man sich dort Lehrer Hulzebos zufolge verirren würde. Metropolen waren Quadrate: Hier lebten mehr als anderthalb Millionen Einwohner.

Am äußersten Rand der Karte gab es zwei Quadrate, die wir nicht zu kennen brauchten.

»Die liegen außerhalb Europas«, erklärte Lehrer Hulzebos.

»Aber wie heißt dieses Quadrat denn?« fragte ich.

»Das ist Moskau.«

Von Moskau hatte ich gehört. Ich verstand nur nicht, warum die Stadt nicht zum Rest Europas gehörte.

»Und das hier?« Ich tippte auf das einsame Quadrat in der Leere jenseits Moskaus. Die Vorstellung, daß es so weit weg noch eine Anderthalb-Millionen-Stadt geben sollte, war einfach gruselig.

»Gorki«, sagte der Lehrer. Die Klasse mußte darüber lachen. Gorki! Das klang wie ein Ort aus einem Märchen oder wie der Name eines Planeten. Jupiter, Venus, Gorki. Ich versuchte mir eine Ansichtskarte mit »Grüßen aus Gorki« vorzustellen, doch das war nicht so einfach. Was könnte darauf abgebildet sein?

»Gorki ist eine verbotene Stadt«, sagte Lehrer Hulzebos. »Manche Menschen werden zur Strafe nach Gorki geschickt und dürfen dann nie wieder weg.«

*

Ich mag Bücher ohne Abbildungen, jedoch mit einer Karte am Anfang. Ein einziges Foto, und alle Magie ist dahin. Man zeige mir lieber den Grundriß eines Klosters, in dem gemordet wird, oder die Route einer tragisch verlaufenen Südpolexpedition. Gestrichelte Frontlinien bei Gallipoli? Eine Übersichtskarte des Archipel Gulag? Landkarten wirken wie Impfstoff: Verabreicht man dem Leser vor seiner Abreise eine kleine Dosis dieser geographischen Droge, schützt man ihn unterwegs vor dem Tropenkoller.

Auf den ersten Blick gilt dies auch für *Kara-Bugas*, das Buch, mit dem Konstantin Paustowski 1932 der Durchbruch als Schriftsteller gelang. Ich begann mit der Lektüre über die ehemalige Sowjetunion, kurz nachdem ich mich in Moskau niedergelassen hatte, um dort als Journalist zu arbeiten. Daß ich als erstes zu Paustowski griff, lag auf der Hand: Er gilt als der Chronist der

Russischen Revolution, des darauffolgenden Bürgerkriegs und der Aufbaujahre des Sozialismus. Alle Korrespondenten in Moskau träumten davon, ebenso wie er von innen heraus berichten zu können.

In den Worten Paustowskis handelt *Kara-Bugas* von der »Ausrottung der Wüsten«. Begeisterte Gestalter des Fünfjahrplanes entwerfen einen industriell-chemischen Komplex an der Ostküste des Kaspischen Meeres. »Das Kombinat wird der Wüste den Todesstoß versetzen. Die Gewinnung von Wasser und Erdöl und die Förderung von Kohle werden rings um das Kombinat Oasen schaffen, von denen aus ein planmäßiger Feldzug gegen die Sandwüste begonnen wird.«

Nach Umschlag und Titelblatt und vor dem eigentlichen Text erzählt eine Karte, in welche Landstriche der Leser entführt wird. Die Bucht von Kara-Bugas ähnelt einem Kind an der Brust einer kummervoll gebeugten Frau, dem Kaspischen Meer. Die Nabelschnur ist noch nicht durchtrennt. Allem Anschein nach besteht die Umgebung lediglich aus unbewohnten Wüsten und namenlosen Bergplateaus. Die nächsten Orientierungspunkte sind das Wolgadelta und der Aralsee, beide etwa 500 Kilometer von Kara-Bugas entfernt.

Paustowski zitiert aus dem Logbuch eines gewissen Leutnants Sherebzow, eines Kartographen im Dienste des Zaren: »Ich teile Ihnen in aller Eile mit, daß ich Ihre Bitte erfülle und Ihnen von meiner Reise zwei von mir im Meerbusen von Kara-Bugas erbeutete seltene Vögel mitbringe. Diese Vögel heißen Flamingos, stammen aus Ägypten und sind mit zartem, hellrosa Gefieder bedeckt.«

Im Kielwasser dieses Meereskundlers führt uns Paustowski bis an die südliche Grenze des Sowjetimperiums. Vielleicht wird man hundertmal die Karte zu Rate ziehen – so oft, wie Leutnant Sherebzow mit seinem Sextanten Himmelskörper anpeilte. Durch die zwischenzeitlichen Ortsbestimmungen bleibt die Geschichte immer genau auf Kurs und das Kielwasser eine gerade Linie.

Das sollte man zumindest meinen. Doch der Geographie in Paustowskis Buch haftet etwas Merkwürdiges an. Ich blätterte jedesmal zurück zur Karte und konnte mich nicht daran satt sehen. Die blasenförmige Bucht mit dem Namen Kara-Bugas kam mir vom Umfang her unwahrscheinlich groß vor. Wäre der Meerbusen – Umfang laut Paustowski: 800 Kilometer – wirklich ein so hervorstechendes Landschaftselement, wie es die Karte glauben machen will, warum war er mir dann nicht schon früher aufgefallen?

*

In einem der Moskauer U-Bahn-Tunnel kaufte ich von einem arbeitslosen Geologen vier aufrollbare Karten. Ihre gesamte Spannweite betrug 2,20 Meter und umfaßte alle elf Zeitzonen der einstigen Sowjetunion. Von Kaliningrad im Westen bis zur Beringstraße bei Alaska.

Mit dem Papierköcher unter meinem Arm nahm ich eine Rolltreppe nach oben ans Tageslicht. Ich hatte inzwischen den KorPunkt meiner Rotterdamer Zeitung am Platz der Proletarier bezogen. Dieser »Korrespondenten-Punkt« war ein verwohntes Büro mit einem tschechischen Telexgerät, das sich in einem Gebäude für Journalisten und Diplomaten befand, ein Fossil aus der Sowjetzeit. Es ging das Gerücht, daß die Luftschächte und Steckdosen mit Wanzen in Stecknadelkopfgröße gespickt seien. Ob es stimmte, wußte ich nicht. Ich stellte jedoch fest, daß meine Nachbarn immer noch nach Sowjetkriterien eingeteilt wurden: in Personen aus Bruderländern (Eingang 1) und in Personen aus dem kapitalistischen Ausland (Eingang 2).

Vor dem einzigen Fenster meines Arbeitszimmers stand ein Metallschreibtisch. Der Ausblick war deprimierend: Ich sah auf ein 14stöckiges Backsteinhochhaus. Preßte ich meinen Kopf gegen das Glas, konnte ich seitlich noch eine eingezäunte Baugrube erkennen. Das Proletariat da unten arbeitete offensichtlich nicht, denn sonst wäre das Loch nicht mit Holunder überwuchert, zwischen dem sich Holzabfall angesammelt hatte.

Um dieses Stilleben nicht täglich anschauen zu müssen, drehte ich den Schreibtisch um 90 Grad. An der Wand vor mir befestigte ich die Karte der ehemaligen Sowjetunion. So erschloß sich mir ein neues Panorama, an dem ich mich im Laufe der Jahre nie sattsehen konnte.

Wenn ich hinter meinem Computer wie in einem Cockpit saß, schwebte ich nun über einem Sechstel der bewohnten Erdoberfläche. Ohne den Fächer der Meridiane über meinem Schreibtisch hätte ich regelmäßig die Fährte verloren.

Meine Wandkarte datierte aus dem Jahre 1991, dem Todesjahr der Sowjetunion. Städte wie Leningrad, Gorki und Andropowsk hatten ihre vorrevolutionären Namen zurückerhalten; nur der höchste Berg (7495 Meter) hieß immer noch »Gipfel des Kommunismus«.

Eines der ersten Dinge, die ich auf der Karte im KorPunkt suchte, war die Bucht von Kara-Bugas. Mein Blick folgte der Küstenlinie des Kaspischen Meeres. Die bizarre Form an der Wand stimmte mit der auf der Karte im Buch, das ich gerade las, überein. Nur eins fiel mir auf: Die Bucht von Kara-Bugas kam in der großen Version gar nicht vor.

Meine Augen wanderten zwischen Buch und Wand hin und her. Wie war das möglich? Hatte Paustowski die Bucht von Kara-Bugas erfunden? Oder war sie nach 1932 von der Landkarte oder gar vom Erdboden verschwunden?

Das Fehlen eines mittelgroßen Meerbusens auf der Karte der Sowjetunion konnte ein Beispiel kartographischer Manipulation sein. Städte wie Krasnojarsk-26 und Tomsk-7, wo Plutonium industriell abgebaut wurde, waren ebensowenig eingezeichnet. Wenn Sowjetkartographen es fertiggebracht hatten, zur Tarnung eines U-Boot-Hafens ganze Bergformationen auf der Krim zu verschieben, dürfte das Wegretuschieren einer Bucht für sie auch kein Problem gewesen sein. Vielleicht hatte man den von Paustowski beschriebenen »Industriegürtel« nach 1932 mit einem Testgebiet für Milzbrand oder Senfgas ausgestattet und die Bucht von Kara-Bugas aus Furcht vor Spionage heimlich verschwinden lassen.

Die andere Möglichkeit war, daß die Ausstülpung des Kaspischen Meeres eine literarische Erfindung Paustowskis war. Es stand einem Romancier zwar frei, Landschaften zu erfinden, aber in der Sowjetunion war die Schriftstellergarde im weitesten Sinne gehalten, sich an der sozialistischen Wirklichkeit zu orientieren: »Gegen Erfindungen, Ästhetisierung und Psycho-Lügnerei mit Hilfe der Kunst!«, so lautete die Parole zu Zeiten Paustowskis.

Was das Rätsel noch komplizierter machte: In meinem *Times Weltatlas* waren die Umrisse der Bucht von Kara-Bugas durch eine gestrichelte Linie angegeben, als würden die Kartographen aus dem Westen zweifeln, ob die Erdoberfläche auf dem 41. nördlichen Breiten- und dem 53. östlichen Längengrad aus Wasser oder Land bestand.

Mir fiel noch eine dritte Möglichkeit ein. Konnte es sein, daß Karten und Bücher sowjetischer Produktion Abbilder *sozialistischer* Realitäten waren? Und wenn das so war, worin unterschied sich diese *sozialistische* Realität von der unsrigen?

Weil ich von alledem nur recht vage Vorstellungen hatte, nahm ich mir vor, die wichtigsten offenen Fragen zu beantworten. Dazu unternahm ich zwei parallele Reisen: eine zur Bucht von Kara-Bugas (zumindest zu dem Ort, an dem sie sich Paustowski zufolge befinden mußte) und eine durch die Sowjetliteratur.

Schriftsteller Nummer 1

Das Hirn Maxim Gorkis wird in einem Einweckglas im Institut für Neurologie in Moskau aufbewahrt. Es wiegt 1420 Gramm und wurde scheibchenweise unter dem Mikroskop auf Spuren von Genialität hin untersucht.

Am Nachmittag des 18. Juni 1936, nur wenige Stunden nach dem Dahinscheiden des »brillanten Wortkünstlers und selbstlosen Freundes der Werktätigen«, waren beide Hirnhälften aus ihrer Schädelhöhle gehoben und der Sowjetwissenschaft überreicht worden. Ein Laborant in weißem Kittel hatte sofort einen Gipsabdruck angefertigt.

»Auf diese Weise sind Umfang und Muster der Furchen und Windungen auf ewig konserviert«, berichtete die *Prawda*.

Am selben Abend noch wurde der Hofbildhauer des Kreml beauftragt, Gorkis Totenmaske anzufertigen. Bereits seit mehr als 65 Jahren ruht das Relikt auf einem Nachtschränkchen neben Gorkis Bett, in dem seither niemand mehr geschlafen hat. Das Relikt starrt den Betrachter hohläugig an, mit seinen grinsenden Mundwinkeln und dem ordentlich gekämmten Schnurrbart.

Die Residenz in der Malaja Nikitskaja wurde auf persönlichen Befehl Stalins noch an Gorkis Todestag versiegelt. Laut Anweisung durfte nicht einmal ein Schirmständer verrückt werden.

Ich kam häufig am Gorki-Haus vorbei, ohne daß mir das Irismosaik am Giebel aufgefallen wäre. Doch nun nahm ich das Haus neugierig in Augenschein und achtete genauer auf solche Ornamente. Es war ein naßkalter Tag im Oktober. Der Bürgersteig glänzte vor Feuchtigkeit, und bei jedem Windstoß warfen die Linden ihr Herbstlaub wie einen Stapel Flugblätter in die Luft. In einem Moskauer Literaturführer hatte ich gelesen, daß das Gorki-Haus im Jahre 1900 im Auftrag Stepan Rjabuschinskis, eines gottesfürchtigen Kaufmanns, der sich bereits mit 26 Jahren zu den 20 reichsten Einwohnern Moskaus zählen durfte, erbaut worden war. Als Kunstliebhaber und Ikonensammler hatte er sich für eine Villa im Art-nouveau-Stil entschieden, ein kantiger Koloß mit einem Minimum an Fassadenschnickschnack.

Der Eingang, unter einem auf Pfeilern ruhenden Balkon, verbarg sich hinter einem gußeisernen Gitter. Besucher des Gorki-Museums wurden zum Dienstboteneingang dirigiert. Ein knarrender Holzfußboden führte zur Garderobe. Obwohl es drinnen ebenso kalt war wie draußen, bestand die Babuschka hinter dem Tresen darauf, daß ich meinen Mantel abgab – sie lebte offenbar von den Trinkgeldern.

Mit Reißzwecken angebrachte Pfeile aus Karton wiesen den Weg zu Gorkis Wohnhaus. Ich betrat eine eindrucksvolle hohe Halle, in der eine Treppe aus Naturstein wie ein erstarrter Wasserfall nach unten prasselte.

»Junger Mann!« Ein Wächter bei einem Heizstrahler rief mich zur Ordnung und fragte mich, ob ich die Kiste mit den Leihpantoffeln nicht bemerkt hätte.

Ich bückte mich und band die Filzlappen um meine Schuhe, so daß ich das Parkett eher polierte als beschmutzte.

Vom Treppenhaus glitt ich hinüber zum Empfangsraum. Die hölzernen Türrahmen prunkten vor Anmut, üppig, aber nicht allzu barock. Zwei umeinander geschlungene Schlangen hielten eine gläserne Lampe wie eine Fackel nach oben.

Es erstaunte mich, daß sich ein proletarischer Schriftsteller wie Gorki in so einer Umgebung wohl fühlen konnte.

Eine Doppeltür gegenüber der Hausbibliothek bot Zugang zum Arbeitszimmer Pjotrs, Gorkis Privatsekretär, der sich täglich durch Berge ein- und ausgehender Post arbeitete. Ich ging an einem Schirmständer vorbei und betrat Gorkis geräumiges Arbeitszimmer. Hier dominierte ein massiver Schreibtisch mit einer Schreibunterlage aus grünem Stoff, eine Art Billardtisch ohne Rand. Unter einer Bogenlampe lagen noch Brille und Federhalter, an der Garderobe hing Gorkis Mantel.

Das war also der Ort, an dem der ruhelose Alexej Maximowitsch Peschkow endlich ein Zuhause gefunden hatte. Von seinen vielen Streifzügen war Peschkow als der Volksschriftsteller Maxim Gorki (Gorki bedeutet »der Bittere«) nach Moskau heimgekehrt, wo Stalin sich wie ein Vater seiner angenommen hatte.

Den Fotos auf der Anrichte nach zu urteilen, kam der »Vater der Völker« regelmäßig bei ihm zu Besuch. Auf einem der Bilder sitzen Stalin und Gorki eng nebeneinander auf dem Ledersofa, das man heute noch – hinter einer Absperrungskordel – bewundern kann. Der Schriftsteller trägt ein kunstvolles usbekisches Käppchen und zwirbelt an seinem spitzen Schnurrbart. Stalin hat die Beine übereinandergeschlagen, seine Stiefel glänzen im Lichtschein.

In einem Brief an einen französischen Schriftstellerfreund bemerkte Gorki: »Ich werde verurteilt, weil ich auf der Seite der Bolschewiki stehe, die die Freiheit ablehnen. Ja, ich stehe an ihrer Seite, weil ich für die Freiheit aller aufrichtigen Arbeiter und gegen die Freiheit der Parasiten und Scharlatane bin.«

Es verstand sich von selbst, daß meine Reise durch die Sowjetliteratur bei Maxim Gorki beginnen würde. In seinem Übersichtswerk *Tien eeuwen Russische literatuur* (Zehn Jahrhunderte russische Literatur, 1948) hatte der belgische Schriftsteller und langjährige Direktor der Genter Stadtbibliothek Johan Daisne Gorki diesen Autor als »das Herz und die Seele der gesamten Sowjetliteratur« bezeichnet. Gorki war nicht nur Vorsitzender des mächtigen, von Stalin in den 30er Jahren ins Leben gerufenen sowjetischen Schriftstellerverbandes, sondern er besaß auch den Mitgliedsausweis Nummer 1. Mit Stipendien und Reisezuschüssen bog sich Gorki literarische Talente zurecht und säuberte sie zugleich durch den Filter seiner Kritik. »Man könnte sagen, daß so gut wie alle Sowjetschriftsteller Gorki etwas, manchmal viel, manchmal alles verdankten [...]; sie wurden von ihm entdeckt oder geschult«, berichtete Johan Daisne.

Konstantin Paustowski sprach von einem besonderen Gorkigefühl: der Empfindung, daß der große Schriftsteller ständig in seinem Leben präsent war. Er schrieb: »Bei Menschen wie Gorki beginnt eine neue Zeitrechnung.«

Mit seinem Werk war ich kurz vor meiner Abreise aus Amsterdam in Berührung gekommen, als ich von einem Freund ein Buch geschenkt bekam. »Für den Flug nach Moskau«, hatte er mir geraten. »Eine gute Einführung.«

Es war *Meine Kindheit*, der erste Band einer autobiographischen Trilogie, der mit einer eindringlichen Erinnerung an Frösche beginnt.

Alexej ist noch ein Knirps. Sein Vater liegt in einem weißen Gewand mit sonderbar gespreizten Zehen auf dem Fußboden des Zimmers, die Augen mit Kupfermünzen bedeckt. Die Mutter sitzt mit feuchten Wangen bei ihm und kämmt sein Haar. An diesem Nachmittag, die Großmutter an der Hand haltend, steht Alexej im Regen am Rande einer Grube. Als der Sarg mit seinem an Cholera gestorbenen Vater hinuntergelassen wird, hört er ein Quaken. Im Schlamm der Grabmulde sitzen Frösche, die sich unter dem Sarg herauswinden wollen. Sie springen an den Seiten hoch, purzeln jedoch jedesmal wieder nach unten wie die Erdklumpen, mit denen die Totengräber das Grab langsam zuschütten.

Auf dem Nachhauseweg fragt der kleine Junge seine Oma: »Und können die Frösche nicht mehr heraus?«

»Nein, jetzt nicht mehr [...]. Gott sei mit ihnen!«

Die Geschichte des Froschbegräbnisses war das erste, was ich von Gorki las. Elend und Mißgeschick reihen sich in aussichtsloser Weise aneinander, und es ist kaum zu glauben, daß dieses arme Kind eines Tages ein großer Schriftsteller werden wird.

Als Alexej elf Jahre alt ist, stirbt seine hysterische, an Tuberkulose leidende Mutter. Im Hafenarbeiterviertel von Nishni Nowgorod schlägt er sich mit Lösch- und Lagerarbeiten und dem Diebstahl von Bauholz durch. Im Jahre 1887, nach seiner Entlassung als Kombüsenjunge auf dem Wolgadampfer »Die Gute«, schießt er sich, damals 19jährig, eines Nachts eine Kugel in die Brust – er zielt auf sein Herz, durchbohrt jedoch nur seine linke Lunge.

Dem Waisenkind Alexej Peschkow ergeht es wie dem Tellerwäscher, der zum Millionär wird. Das ist also nicht nur ein amerikanischer, sondern auch ein russischer Traum. Nicht einmal 20 Jahre nach seinem Selbstmordversuch, im Jahr 1906, sieht Gorki vom Oberdeck des Ozeandampfers »Kaiser Wilhelm der Große«, wie Tausende von Sympathisanten ihn fähnchenschwenkend am Hudson-Kai begrüßen. »Maxim Gorki mit einem Sturm der Begeisterung empfangen«, steht am folgenden Morgen in der *New York Times*. »Er ist ein Sozialist, kein Anarchist, und er will Geld für die Revolution sammeln.« Ein Bankett und ein Begrüßungswort des Schriftstellers Mark Twain verleihen seinem Besuch den nötigen Glanz.

Gorki, der inzwischen mit seinen Vagabundengeschichten weltbekannt ist, schreibt vier antiamerikanische Pamphlete und einen Roman: *Die Mutter*. Nach dem Urteil Johan Daisnes ist *Die Mutter* »ein herrliches Werk«, das durch ein Novum in der russischen Literatur gekennzeichnet ist, »den Auftritt eines Volksrevolutionärs, im Gegensatz zum adligen Aufständischen, den Tolstoi bereits eingeführt hatte«.

Aus der Sicht Daisnes hat Gorki endlich den Realismus mit idealistischen Elementen verbunden: »Das Wehklagen ist vorbei, der heitere heldenhafte Ton des heraufdämmernden sozialistischen Realismus bricht sich Bahn.«

Lenin fand *Die Mutter* »nützlich«.

Auf dem Umschlag meiner Ausgabe wurde Gorkis meistgelesenes Buch als »das unübertroffene Zeugnis des sozialen Idealismus« gepriesen. Es fängt so an:

> »Tagtäglich erklangen in der rauchigen, öligen Luft über der Arbeitervorstadt die zitternden, heulenden Töne der Fabriksirene, und ihrem Ruf gehorchend, kamen aus den kleinen grauen Häusern gleich erschreckten Küchenschaben finstere Menschen auf die Straße gelaufen, die ihre Muskeln durch Schlaf nicht hatten erfrischen können.«

Der Roman *Die Mutter* sollte der späteren sowjetischen Schriftstellerschule als Modell dienen. *Die Mutter* gilt allgemein als der erste realsozialistische Roman, das einzige Genre, das Stalin – mit Hilfe Gorkis und des Schriftstellerverbandes – in den 30er Jahren zuließ.

Im Gegensatz zu der Autobiographie *Meine Kindheit* war *Die Mutter* ein Pamphlet. Streikführer Pawel Wlassow ist, ebenso wie seine heroische Mutter, eine geradlinige Figur, deren Widerstand gegen die Ausbeutung der Arbeiter über jeden Zweifel erhaben ist.

Mich fesselte die Tatsache, daß der Mensch Maxim Gorki viel komplexer strukturiert war als seine Romanfiguren. Er war ein Selfmade-Schriftsteller, ein Autodidakt mit lediglich ein paar Klassen Grundschule. Er lebt unter südrussischen Landstreichern und beginnt 1892, im Alter von 24 Jahren, deren Geschichten aufzuschreiben. Mit seinem rauhen, schnörkellosen Realismus hat er Erfolg: Seine Erzählungen wirken authentischer und lebenserfahrener als die engagierte Prosa des tennisspielenden Grafen Tolstoi.

Gorkis Dialoge in der Sprache der Verstoßenen treffen den Nerv einer Gesellschaft, in der die Unzufriedenheit über den autoritären Zaren ohnehin gärt. Betäubt von seinem nationalen *und* internationalen Erfolg, wagt er sich an Dramen und Gedichte über Sturmvögel. Mit seinen nach hinten gekämmten Haaren, dem bleichen Antlitz und den blauen Augen wirkt Gorki wie eine lebende Ikone, und noch vor der Jahrhundertwende ist er mit dem Schriftstellerarzt Anton Tschechow auf du und du.

Aber Gorki ist ungestümer als seine Zeitgenossen. Gerade erst verheiratet mit Jekaterina, der 18jährigen Korrektorin der *Zeitung von Samara*, verfällt er bereits dem Charme der Schauspielerin Maria Andrejewa, des Stars seines Theaterstücks *Nachtasyl*. Die Premiere des Stücks im Moskauer Künstlertheater im Jahr 1902 sorgt für Aufregung. »Es stimmt uns traurig, in einer Gesellschaft zu leben, die sich für den Gestank, den Schmutz und die Verdorbenheit revolutionärer Aufwiegelei begeistert«, notierte der Rezensent der zaristischen Zeitschrift *Der Bote*.

Wo immer Gorki sich auch befindet, ob auf der Krim, in Nishni Nowgorod oder in St. Petersburg, überall wird er von der Geheimpolizei des Zaren, der Ochrana, bespitzelt. 1905, im spannungsreichen Jahr der gescheiterten Revolution, ist er der Held der Streikenden und Meuterer. Als am sogenannten »blutigen Sonntag« die Kaiserliche Garde das Feuer auf einen Protestzug von Fabrikarbeitern nahe des Winterpalais in Petersburg eröffnet und die fliehenden Demonstranten wie Hasen in den Schnee fallen, rufen Gorki und seine Anhänger noch am selben Tag zu einem Volksaufstand auf. »Wir wenden uns an alle Bürger Rußlands, um unverzüglich, brüderlich und unbeirrt den Kampf gegen die zaristische Selbstherrschaft aufzunehmen«, heißt es in ihrem Pamphlet. In einem Brief an Jekaterina – mit der er trotz seiner Romanzen eng verbunden ist – schreibt er: »Und so, meine Liebe, hat die russische Revolution begonnen. Ich schicke Dir meine aufrechten Glückwünsche. Es sind Menschen getötet worden, aber gräme Dich nicht ... nur Blut kann die Farbe der Geschichte ändern.«

Zwei Tage später wird Gorki in den Kerker der Peter-und-Paul-Festung gegenüber dem Winterpalais gesperrt. In ganz Europa fordern Wissenschaftler und Künstler, von Marie Curie bis Auguste Rodin, seine bedingungslose Freilassung. Um die Situation zu entschärfen, läßt der Zar den Schriftsteller auf Bewährung frei. Kurz danach kündigt der geschwächte Imperator eine einmalige Amnestie für alle geflüchteten oder verbannten Revolutionäre an. So kam es, daß Gorki noch im selben Jahr den schon in jungen Jahren beinahe kahlen Rechtsgelehrten Wladimir Iljitsch Uljanow kennenlernte, der sich den Parteinamen Lenin zugelegt und Gorki zufolge einen ironischen Blick hatte. Ihr erstes Gespräch verlief schwerfällig, dennoch beschloß Gorki, Lenins Partei finanziell zu unterstützen. Sowohl Zuneigung als auch Verdruß werden ihre Freundschaft kennzeichnen.

Selbst in Amerika sammelte Gorki Geld für die Bolschewiki. Doch als der Zar im Februar 1917 gestürzt wurde, hielt Gorki inne. Der einst so unerschrockene Revolutionär begann sich immer mehr von Lenin und dessen Anhängern zu distanzieren.

In einem Brief an Jekaterina machte er seinem Herzen Luft: »Wahre Idioten sind es, die Bolschewiki. In Sprechchören fordern sie: ›Weg mit den zehn Ministern der provisorischen Regierung.‹ Wie ist das bloß möglich! Es sind doch nur acht.«

Rußland, zur selben Zeit in einen Weltkrieg verwickelt, begehrt auf. In den prunkvollen Straßen St. Petersburgs wird Gorki Zeuge von Plünderungen, Zerstörungswut und Lynchjustiz – »tierische Instinkte«, die Lenin unter seinen Anhängern auslöst. Die Bolschewiki fühlen sich nicht dazu berufen, den raffgierigen Pöbel in Schach zu halten. Alles, was der Stadt einst ihren stolzen Glanz verlieh, zerbricht. Gorki warnt in seiner eigenen Zeitung *Das Neue Leben* vor der asiatischen Barbarei russischer Bauern, die die europäische Zivilisation und Kultur zu überrumpeln drohe. War nicht auch Rom in früheren Zeiten von den Barbaren überrannt worden? Gehe das so weiter, drohe eine Rückkehr des Mittelalters oder, noch viel schlimmer, ein Bürgerkrieg.

Über Lenin schreibt Gorki in dieser Zeit: »Er kennt das Volk, die einfachen Menschen nicht, er hat nicht unter ihnen gelebt, sondern nur aus Büchern gelernt, wie er sie aufwiegeln muß.«

Einen Tag nach der Machtübernahme durch die Bolschewiki, am 25. Oktober, lautet die Überschrift von Gorkis Leitartikel: »Zivilisation in Gefahr!« Mitglieder revolutionärer Komitees dringen mit aufgesetzten Bajonetten Nacht für Nacht in die Häuser der Reichen ein. Um den Bildersturm zu bändigen, organisiert Gorki vor Palästen und Denkmälern Nachtwachen. Zum Ärger der Milizangehörigen mit den roten Armbinden bietet Gorki in seinem Haus Dutzenden von Flüchtlingen Zuflucht: verfolgten Schriftstellern und Dichtern, einer bildschönen Baronesse mit dem Namen Benckendorff sowie einem mit der Zarenfamilie verwandten Großherzog.

Für Gorki sind Lenin und der militärische Führer Trotzki »Brandstifter, die ein grausames Experiment am russischen Volk durchführen«.

Trotzki läßt den Vorwurf Gorkis nicht im Raum stehen und kontert: »Gorki begrüßt die Revolution wie ein hasenfüßiger Museumsdirektor.«

In einem weiteren Zeitungsartikel ist dann aus der Feder des Volksschriftstellers zu lesen: »Lenin und Trotzki haben nicht die geringste Ahnung, was Freiheit ist.«

»Er ist ein Konterrevolutionär«, wütet Trotzki.

Isoliert von seinen Anhängern, fühlt sich der Volksschriftsteller wie schon früher als einsamer Rufer und Verstoßener. Er fragt sich, ob er nicht auf dem besten Wege sei, ein Misanthrop zu werden.

»Ich sollte meine eigene Partei gründen«, schreibt er Jekaterina im März 1918. »Aber ich hätte keinen Namen. Es ist eine Partei mit nur einem Mitglied, und das bin ich.«

Im März 1918 schließt Trotzki mit den Deutschen den Vertrag von Brest-Litowsk, doch dieser Friede führt zu einem neuen Krieg: Weißgardisten gegen Rotgardisten. Kriegskommunismus beherrscht das Land: Die Bolschewiki erlassen Dekrete, die die Fabriken unter die Kontrolle der Arbeiter stellen, während Bauernkomitees fortan die Dörfer regieren. Chaos und Mangel breiten sich aus, die Weißgardisten gewinnen an Territorium. In den Zeiten der Hungersnot, die St. Petersburg und andere Großstädte heimsucht, verwaltet Gorki einen staatlichen Verlag und einen Kulturfonds. Er sorgt zum Beispiel dafür, daß der fünfzehnjährige Dmitri Schostakowitsch für die Beendigung des Konservatoriums einen Zuschuß erhält. In dem ausländischen Anzug, der wie ein Sack am Körper baumelt, verhilft Gorki auch Isaak Babel zu einem »Reisestipendium für Schriftsteller«. Der stark abgemagerte Biologe und Nobelpreisträger Professor Pawlow bekommt ebenfalls eine Überlebensration für Akademiker.

Doch Gorki erfährt immer stärkere Behinderungen durch mißtrauische Volkskommissare und bürokratische Verfahren. Als der Dichter Alexander Blok medizinische Hilfe benötigt, die er nur in Finnland bekommen kann (»Er leidet an Skorbut; hier wird er sicher sterben«), und ihm das Visum verweigert wird, reist Gorki nach Moskau, um sich bei Lenin persönlich zu beklagen. Kaum zurück, mit den Ausreisepapieren in der Tasche, erfährt er, daß Blok tags zuvor gestorben ist. Gorki läßt sich dazu hinreißen, Lenin einen Träumer und einen »intellektuellen Scharfrichter« zu nennen. Doch so unantastbar der Schriftsteller sich auch wähnen mag, seine Kritik gegen das System und den Führer der Oktoberrevolution wird nicht länger toleriert.

Lenin sinnt auf Gegenmaßnahmen. Er wendet sich an Jekaterina mit der Bemerkung, ihr Mann habe überreizte Nerven. »Schließlich ist er ein Künstler ... Wäre es nicht besser, wenn er sich behandeln ließe und sich etwas Ruhe gönnt, die Lage einmal aus der Ferne betrachtet?«

Sicher, körperlich geht es ihm sehr schlecht. Gorki hat unter seiner perforierten Lunge zu leiden, er röchelt und hustet. Seine »magere Gestalt« war auch dem jungen Babel aufgefallen. In Jekaterinas Anwesenheit tadelt Lenin ihn. »Du spuckst Blut und bist noch immer hier! Fahr ins Ausland, nach Italien oder Davos.«

In Gorkis Erinnerung war es eine Drohung: »Wenn du nicht gehst, werden wir dich des Landes verweisen.«

Den größten Teil der 20er Jahre genießt Gorki den Ausblick auf den rauchenden Vesuv. Man hat bei ihm Tuberkulose festgestellt, doch das mediterrane Klima und die Kampferspritzen dämpfen den Schmerz in seiner Brust und machen ihn erträglich. Um seine Einkünfte braucht er sich nicht zu sorgen, da seine Bücher in Europa nach wie vor Bestseller sind. Nach einem Sanatoriumsaufenthalt in Deutschland zieht er mit seiner Begleitung in eine weinberankte Villa in Sorrent, unweit Neapels.

Seinen Besuchern und Tischgästen fällt auf, wie locker und entspannt sich Gorki gibt. Er putzt sich nicht heraus wie die Italiener, sondern kleidet sich leger. Man sieht ihn häufiger in einer Strickjacke als im Jackett, und auch wenn er immer noch so penibel ist wie früher, regt er sich viel seltener auf. Gorki ist das Familienoberhaupt, er weiß sich von seiner Geliebten Titka (mit vollem Namen: Baronin Maria Benckendorff-Budberg), seinem Sohn Maxim, Schwiegertochter Nadeshda, deren zwei Töchtern Marfa und Darja sowie Pjotr, seinem persönlichen Sekretär, umgeben.

Gorki versucht sich auf einen epischen Roman über die Rolle der russischen Intelligenzija nach der Revolution zu konzentrieren *(Klim Samgin)*. Er schreibt mit der Hand, kettenrauchend und mit hastigen Bewegungen. Zwischendurch korrespondiert er mit Thomas Mann, H.G. Wells, Knut Hamsun, Henri Barbusse, Romain Rolland und anderen Geistesverwandten. Die eingehende Post wird im Eßzimmer ins Russische übersetzt – am selben Tisch, auf dem Titka mittags die Pelmeni, die russische Variante der Ravioli, serviert.

Gorki wird von der russischen Emigrantengemeinde geschmäht, obwohl er selbst ein typisch russischer Emigrant ist. Er ist hin- und hergerissen zwischen Nostalgie und Abscheu. In einer Pariser Ausgabe der »weißen Presse« muß er lesen: »Welchen Posten bekleidete Maxim Gorki unter den Bolschewiki? Ja richtig, er war der Oberkorruptor der Intelligenzija.« Doch auch die Roten nehmen ihn unter Beschuß. Am meisten verletzt ihn eine Bemerkung des umjubelten Dichters Wladimir Majakowski, der mit seiner avantgardistischen Bewegung »Linke Front« auf sich aufmerksam macht. In Moskau gibt sich Majakowski als ein Wegbereiter, der der proletarischen Kunst durch eine enge Verbindung zwischen Futurismus und den Errungenschaften des Kommunismus Gestalt verleiht. Über Gorki bemerkt er: »Er ist ein toter Körper. Von keinerlei Wert mehr für die russische Literatur.«

Doch Majakowski irrt. Als der infolge von Gehirnblutungen gelähmte Lenin im Januar 1924 stirbt und als mumifizierter Sowjetheiliger auf dem Roten Platz ausgestellt wird, beeindruckt der Lenin-Nachruf Maxim Gorkis am meisten. »Lenins übermenschlicher Wille ist nicht von der Erde verschwunden«, schreibt er in der *Prawda.* »Er lebt weiter im Volk.«

Josef Stalin, Sohn eines georgischen Schusters, der sich geschickt die Führungsrolle und die Macht gesichert hat, weigert sich, Gorki abzuschreiben. Der neue Stratege im Kreml hat Großes mit Gorki vor. Als Stalin eine Karikatur unter die Augen kommt, in der der Schriftsteller als Baron von Sorrent dargestellt wird, beschimpft er den Zeichner als »Schurken«. Maxim Gorki könnte als Galionsfigur *und* Wächter der Sowjetliteratur durchaus nützlich für den neuen Staatsmann sein, unter der Voraussetzung, daß er zur Rückkehr in sein Vaterland zu bewegen ist. Letzteres könnte mit Hilfe einer Geheimoperation durchgesetzt werden, glaubt Stalin. Er zitiert den Genossen Genrich Jagoda, Chef des Staatssicherheitsdienstes, zu sich und überträgt ihm die Aufgabe, den Volksschriftsteller nach Moskau zu locken.

Mit Geld (Gorki erhält plötzlich fürstliche Vorschüsse auf noch zu publizierende Bücher) und mit einem Bombardement an Briefen (die von ausgewählten Staatssicherheitsbeamten handschriftlich verfaßt werden) ködert der Geheimdienstchef sein Opfer. Gorki wird unter der Fanpost vermeintlich einfacher Leser – Fabrikarbeiter und Bauern – begraben. Manchmal steht in den Briefen nur eine einzige provozierende Frage: »Wie können Sie das faschistische Italien unserem sozialistischen Heimatland vorziehen?«

Der nostalgisch veranlagte Gorki sieht das Sowjetregime in einem immer milderen Licht. Als er jedoch hört, daß Lenins Witwe dabei ist, eine Liste verbotener Bücher zusammenzustellen, auf der – neben der Bibel und dem Koran – auch die Werke Platons, Dantes und Tolstois notiert sind, droht er ohne Zögern mit der Aufkündigung seiner sowjetischen Staatsbürgerschaft. »Ich bin ein schlechter Marxist«, schreibt er im September 1927 einem Schriftstellerkollegen in Moskau. »Ich verstehe einfach nicht, wie man eine Masse, eine Nation oder eine Klasse so verherrlichen kann.« (Abschriften der Briefe Gorkis befinden sich in der Lubjanka, der Moskauer Hauptzentrale des Staatssicherheitsdienstes. Die Briefe werden dort chronologisch archiviert.) Gorki riecht den Braten und vermutet, daß sich unter seiner Post aus Rußland möglicherweise Fälschungen befinden. Das geht aus einem anderen Brief hervor, den er ein halbes Jahr später schreibt. Darin erzählt er, daß er Ehrenvorsitzender einer Kinderkolonie irgendwo in der Ukraine sei. »Stell Dir vor, ich schreibe mich mit den Kindern, und als Antwort auf jeden einzelnen Brief kriege ich 22 Briefe zurück, das ist genau die Zahl der leitenden Betreuer. Merkwürdig, nicht wahr?«

Neugier *und* Heimweh geben für Gorki den Ausschlag, dem Heimatland (kurz nach seinem 60. Geburtstag) einen Besuch abzustatten. Am 20. Mai 1928 steigt er in Neapel in den Zug, um sich zu informieren, was während seiner Abwesenheit aus der Union der Sozialistischen Sowjetrepubliken geworden ist.

Der Platz vor dem Weißrussischen Bahnhof, auf dem heute lärmende Verkehrsströme am Gorki-Denkmal aus Granit vorbeiziehen, ist bereits ab dem frühen Morgen bevölkert. Hunderttausende Moskauer wollen die Rückkehr des verlorenen Sohnes mit eigenen Augen sehen. Das Volk vergebe und verzeihe dem Schriftsteller das siebenjährige Exil, meldet das Volkskommissariat für Kultur in aller Öffentlichkeit. Die Kommentare gehen jedoch noch ein ganzes Stück weiter. »Die jubelnden Vertreter der Arbeiterklasse empfingen wie berauscht ihren Schriftsteller und schlossen ihn in die Arme und Herzen.« Trotz seines zerbrechlichen Aussehens wird Gorki auf Schultern getragen, beglückwünscht und wie ein siegreicher Ringkämpfer beklopft.

Jekaterina in Nishni Nowgorod schreibt er: »Ich muß geschminkt und mit falschem Bart auf die Straße, das ist meine einzige Chance, etwas von Moskau zu sehen.«

Sowohl die Anhänger als auch die Gegner des Sozialismus in der ganzen Welt verfolgen Gorkis Erkundungsreise mit angehaltenem Atem. Sie wollen von ihm wissen, ob die Sowjetunion etwas taugt oder nicht. Der beste Gradmesser ist zugleich die umstrittene Frage: Wie behandelt der Staat die Andersdenkenden, die Abtrünnigen und die Feinde?

Russische Emigranten in Paris und in der nordchinesischen Stadt Harbin gehen felsenfest davon aus, daß die Bolschewiki eine Schreckensherrschaft errichtet haben. Bereits seit Jahren sitzen sie ungeduldig auf ihren Koffern und warten auf die Rückeroberung ihres enteigneten und geplünderten Besitzes. Im Jahre 1925 haben Emigranten ein Schwarzbuch über die Geheimpolizei unter der gnadenlosen Führung des »eisernen« Felix Dsershinski veröffentlicht: *In den Fängen der Tscheka.* Darin ist auch das Brieffragment eines Weißgardisten enthalten, der 1921 auf die subarktischen Solowki-Inseln gebracht worden war: »Wir, 800 Männer, befinden uns 250 Werst von Archangelsk. Wir haben nichts zu essen, leiden erbärmlich unter der Kälte und glauben nicht daran, daß wir jemals lebend zurückkehren werden. Falls es irgendwie möglich ist, helft uns doch! Lebt wohl. Euer Sohn E.«

Es läßt sich nicht leugnen, daß die Solowki-Inseln während des Bürgerkriegs als eine Art »Müllhalde« für Menschen dienten, wo die Kriegsgefangenen einfach ohne Nahrung abgeladen wurden. Im Laufe der 20er Jahre sollte dieser Verbannungsort am Polarkreis in ein »humanes Umerziehungslager« umgewandelt werden. Kommunisten in Europa und Amerika behaupteten, daß Gesetzesbrecher unter der Diktatur des Proletariats ehrlicher behandelt werden als die Opfer der »Klassenjustiz« in der kapitalistischen Hemisphäre. Die Genossen hätten ein menschenwürdiges Justizsystem: Sie würden den Menschen, die asozial seien und am Rande der Gesellschaft stünden, eine Erziehung zu selbstlosen, besseren Menschen bieten.

»Eine Gehirnwäsche«, meinen die Gegner. Das Solowezker Lager zur besonderen Verwendung (SLON) im Weißen Meer ist das umstrittenste. In der Mehrzahl sind hier politische Gefangene auf der Grundlage des Artikels 58 der Verfassung der Sowjetunion – konterrevolutionäre Aktivitäten – inhaftiert. Die Besserungshaft dauert durchschnittlich drei Jahre. Bei den Häftlingen handelt es sich zumeist um Künstler und Intellektuelle, aber auch um Anarchisten und Anhänger der Monarchie.

Dann geschieht etwas Unerwartetes: Stalin erteilt Gorki als erstem und einzigem Außenstehenden Zugang zum Solowezker Lager zur besonderen Verwendung. Bei seiner zweiten Rundreise durch die Sowjetunion – im Sommer des Jahres 1929 – darf Gorki das Lager einer Inspektion unterziehen.

In einem beigefarbenen Anzug trifft Gorki an einem sonnigen Junitag auf den Solowki-Inseln ein. Neben ihm an der Reling des Dampfschiffes »Gleb Wokin« steht eine junge Frau in Lederhose: seine Schwiegertochter Nadeshda.

Am Belomorsker Fischereihafen fährt in der eisfreien Saison täglich ein Passagierschiff in Richtung Solowki-Inseln ab. An einem Morgen im Herbst des Jahres 2000 ging ich an Bord in Gesellschaft lautstarker Moskauer, die ihre Fahrt bei einem Reisebüro für »Gulag-Tourismus« gebucht hatten. Ein scharfer, ablandiger Wind blies uns ins Gesicht, doch nirgendwo wollte das Weiße Meer in Dünung kommen. Unsere Fähre hatte ein paar Grad Schlagseite. Der Kapitän versuchte die Schieflage zu kompensieren, indem er sich lässig gegen die Seitenwand des Steuerhauses lehnte. Obwohl er ständig mit den Moskauer Touristen anstoßen mußte, gelang es ihm dennoch, Kurs zu halten, und nach drei Stunden Fahrt kam Land in Sicht.

Das Eremitenkloster zeichnete sich als erstes ab. Der Anblick kam mir vertraut vor: Die Abtei steht in violetter Farbe auf dem neuen 500-Rubel-Schein. Die Befestigungsanlagen der Klosterburg und die Zwiebeltürme, die darüber hinausragen, stellen ein Wahrzeichen des postkommunistischen Rußlands dar. Sechs Jahrhunderte lang war dies der wichtigste Wallfahrtsort für russisch-orthodoxe Pilger gewesen. Wegen seiner abgeschiedenen Lage diente das Kloster zugleich als Zufluchtsort für verfolgte Mönche. Es war ein Ort der Stille, der jeden Winter in eine Packeisschicht und eine dicke Schneedecke eingehüllt wurde.

Bei der Ankunft in der Glücksbucht stürmten die Touristen in Richtung der meterdicken Klostermauern, sie filmten und fotografierten alles. Ich beschloß, erst die Insel zu erkunden. Ich ließ die Anlegestelle hinter mir, passierte eine Baracke des Rettungsdienstes und ein mit Dünengras bewachsenes Gelände, auf dem meteorologische Instrumente aufgebaut waren. Die 1340 Inselbewohner wohnten offenbar auf kleinster Fläche in Häusern, die dicht beieinanderstanden, denn hinter der Dorfmitte endete abrupt die asphaltierte Straße.

Ich wurde von einem Motorrad der Marke »Ural« mit Beiwagen überholt. Der Fahrer deutete auf die leere Wanne und gab sich als Taxichauffeur aus. Ich akzeptierte sein Angebot und versuchte, das Motorengedröhn mit meiner Frage nach dem Axtberg zu übertönen.

Er nickte, und ich nahm Platz.

Auf meiner Touristenkarte war der Axtberg, der höchste Punkt der sechs Inseln, mit zwei Sternen vermerkt: einer für die »malerische Aussicht«, der andere für die »historische Gedenkstätte«.

Nach einer halbstündigen, ziemlich holprigen Fahrt im Beiwagen, die uns an einer monotonen Baumreihe entlangführte, setzte Igor – so hieß mein Fahrer – mich am Fuß des Axtberges ab, der mit Kiefern und Ahornbäumen bewachsen war. Er sagte, daß er einen Stundentarif nehme. Ich sollte einfach mal schauen, wie lange ich es auf dem Berg aushalten würde.

Ich betrat einen Weg, der sich wie in einem Märchen nach oben schlängelte. Es roch nach Kiefern. Gorki und seine Gastgeber hatten nach etwa der Hälfte der Kletterpartie einen Moment innegehalten. Es ist wenig über den Verlauf seines dreitägigen Solowki-Besuchs bekannt, aber daß er den Axtberg bestiegen hat, beweist ein erhalten gebliebenes Foto. Der Schriftsteller steht dort mit hochgezogenen Schultern und auf einen Spazierstock gelehnt. Eine der Lagerwachen hält einen blühenden Frühlingszweig in den Händen. Er lacht.

Ein Stück weiter oben wichen die Ahornbäume auseinander, und es tauchte ein schlankes, vor nicht allzu langer Zeit verputztes Gotteshaus auf: die Enthauptungskirche, ein rechteckiges Gebäude mit hohen Fenstern. In Höhe des zwiebelförmigen Daches bemerkte ich eine Leuchtturmlampe aus sozialistischen Zeiten. Ich hatte auf meiner Reise bereits viele unterschiedliche Methoden von Entweihungen der Kirchen, Synagogen und Moscheen entdeckt. Kirchen wurden als Getreidesilos, Pferdeställe, Planetarien und Museen zweckentfremdet. Ich fand auch Gebetshäuser, die zu Schuhfabriken, Lagern für Unkrautvertilgungsmittel, Polizeibüros, Sporthallen oder Gefängnissen umfunktioniert wurden. Eine Kirche als Leuchtturm war mir bisher noch nicht begegnet.

Auf einem kleinen Feld oberhalb der Baumgipfel stand eine Ziege und kaute. Ihr Zickbart schwang wie ein Metronom gleichmäßig hin und her. Vor mir breitete sich eine Landschaft aus spiegelnden Seen aus, umsäumt von Nadelwäldern, mit dem Weißen Meer in der Ferne. In meinem kleinen Reiseführer las ich, daß die Solowki-Inseln (mit einer Landfläche von insgesamt 300 Quadratkilometern) 562 Süßwasserseen zählen, »die wegen ihrer geschützten Lage beliebte Rastplätze für zahllose Vögel sind«.

Es war schwer vorstellbar, daß die Enthauptungskirche einst als Isolierzelle und Folterkeller gedient haben sollte. Greuelgeschichten aus der Gulag-Zeit besagen, daß die »Feinde des

Volkes« hier auf geweihter Erde zu Tode gefoltert worden waren. An der Ostseite des Berges hatte man sie an Baumstämmen festgebunden und die 365 Stufen zählende steile Treppe zum Fuße des Axtberges hinuntergestoßen.

Ich entdeckte die Treppe: ein wackliges Ungetüm aus Holz, das inzwischen halb verrottet war. »Betreten auf eigene Gefahr!« warnte ein Schild. Als ich das Geländer testen wollte, spürte ich Schritte auf dem Humusboden hinter mir. Eine wollige Gestalt kam auf mich zu: Haare, die aus einem Haarknoten ragten, ein wollenes Umhängetuch um die Schulter, gestrickte Beinwärmer. Das mußte die Leuchtturmwärterin sein.

Ich begrüßte sie und fragte, ob es wahr sei, daß hier früher Gefangene an Baumstämmen nach unten gerollt worden waren.

»Ja, das sagt man.«

»Wer ist ›man‹, wenn ich fragen darf?«

Die Leuchtturmwärterin zog den Eisenstab heraus, an dem die Ziege festgebunden war, um ihn ein paar Meter weiter mit ihrer Ferse wieder in den Boden zu treten. »Alexander Solschenizyn, soweit ich weiß. Der hat das geschrieben.«

»Aber was ist mit dem Treppengeländer? Daran bleibt so ein Baumstamm doch hängen?«

»Ja, aber man sagt, daß das Geländer erst später gebaut worden ist.«

»Man?«

»Alexander Solschenizyn.« Die Leuchtturmwärterin richtete sich auf und stützte mit einer Hand ihren Rücken. »Haben Sie noch mehr Fragen?«

Ich schüttelte den Kopf und dankte ihr.

»Das macht dann sechs Rubel.«

»Sechs Rubel?«

»Das Eintrittsgeld.«

Alexander Solschenizyn hat im *Archipel GULAG* die Solowki-Reise Gorkis als ein tragisches Ereignis beschrieben. Es lief darauf hinaus, daß der Schriftsteller nach altem russischem Brauch durch ein »Potemkinsches Dorf« – ein Trugbild – geführt worden sei. Der Begriff datiert aus dem Jahre 1787. Das

Jahr, in dem Graf Potemkin hölzerne Fassaden von ganzen Dörfern errichten ließ, damit Katharina die Große in ihrem Gefährt den Eindruck erhielt, daß sie belebte Landschaften vor sich hatte.

Gorki hatte angeblich ein Potemkinsches Gefängnis gesehen. Auf dem kleinen Feld hinter der Johanneskirche saßen die Gefangenen in der Sonne und lasen die Parteizeitung, schreibt Solschenizyn. Bereits Wochen vor der Ankunft des hohen Gastes habe bei der Lagerleitung große Aufregung geherrscht, die Krankenstation mußte desinfiziert werden, die Gefangenen bekamen neue Kleidung, hastig wurde eine Allee Silbertannen gepflanzt. Zum Empfang gab es Hering mit Frühlingszwiebeln. Kurzum, es war alles getan worden, um zu verhindern, daß Gorki und seine Schwiegertochter während ihrer Besichtigung das wahre Lagerleben zu sehen bekamen. Doch die Aufseher hatten die Findigkeit der Inhaftierten unterschätzt: Zum Zeichen des Protests hielten sie die parteitreuen Zeitungen falsch herum. »Gorki trat an einen heran und drehte schweigend die Zeitung um, so wie es sich gehörte«, heißt es im *Archipel GULAG*. Der Schriftsteller sei nicht weiter auf die Angelegenheit eingegangen, und am Schluß pries er die Lagerleitung. In das eigens für diesen Anlaß angefertigte handgebundene Gästebuch schrieb er: »Ich fühle mich außerstande, meine Eindrücke in wenige Worte zu fassen. Schablonenhaftes Lob widerstrebt mir, es würde mich auch beschämen, abgedroschene Worte für die erstaunliche Energie der Menschen zu verwenden, die als unermüdliche und wachsame Beschützer der Revolution gleichzeitig auch wunderbar mutige Schöpfer der Kultur sind.«

Für Solschenizyn Grund genug, »das jämmerliche Benehmen Gorkis« zu verurteilen. Doch ich bezweifele, daß der Schriftsteller sehenden Auges blind gewesen war. Möglicherweise war seine Kritikfähigkeit tatsächlich durch den Eifer und die Hoffnung auf eine »menschenwürdige Gefängnisinsel« getrübt. Worauf beruhte Solschenizyns eindeutiges Urteil? Gorkis Besuch auf Solowki fand zwei Jahrzehnte vor Solschenizyns Haftzeit statt. Hatten sich die Haft- und Lagerbedingungen in dieser Zeitspanne verschärft?

Auf dem Rückweg fragte ich Igor, was ich eigentlich schon von der Leuchtturmwärterin hatte wissen wollen: welchem Ereignis die Enthauptungskirche ihren Namen verdankt.

Ein Lächeln glitt über sein vor Anspannung verzerrtes Gesicht. Mit seiner freien Hand machte er eine hackende Bewegung in der Luft und rief: »Johannes der Täufer, verstehst du?«

Nachmittags traf ich im Innenhof der Abtei wieder auf die Moskauer Touristen. Sie standen im obersten Säulendurchgang und schwenkten ihre Videokameras über den Innenhof und einstigen Appellplatz. Die Nonnen, die dort Unkraut jäteten, waren in ihre Arbeit vertieft und nahmen die Touristen gar nicht wahr. Oleg Filipow, ein Petersburger Historiker und Gulag-Kenner, der im Solowki-Kloster wohnte, begleitete die Touristengruppe. Er war ein schüchterner und ernster Mann. Beim Dozieren rutschte seine Brille herab, die er dann blitzschnell und routiniert auf dem Nasenbein nach oben schob. Der Reiseführer nahm uns mit zu einem Kerker, in dem ein Mönch in einer knöchellangen Kutte hinter einer antiken Kasse kauerte.

»Eintritt: 8 Rubel. Ehemalige Häftlinge und deren Nachfahren: Kostenlos«, stand mit Filzstift auf einem Pappschild.

Hinter einer eisenbeschlagenen Tür war eine Ausstellung eingerichtet worden, die die Geschichte des Straflagers zeigte. In dem spärlich beleuchteten Raum hing ein Foto mit Arbeitern, die die orthodoxen Kreuze auf den Kirchtürmen durch fünfzackige Sterne ersetzten. Oleg Filipow erzählte, daß die Mönche anfänglich in Ruhe gelassen worden waren, sie durften ungestört beten und meditieren, solange sie auf Gesang und Glockengeläut verzichteten.

In den 20er Jahren konnten die Häftlinge sich auch an kulturellen Veranstaltungen beteiligen und eigene Aktivitäten entfalten. Inhaftierte Schauspieler gründeten eine Theatergesellschaft (der Speisesaal war zu einem Theater mit 750 Sitzplätzen umgebaut worden), und die Musiker stellten ein Kammerorchester mit 15 Mitgliedern und einem Dirigenten zusammen. Das Lager zur besonderen Verwendung hatte eine eigene Zeitung, das *Krokodil von Solowki*, die von den Häftlingen redigiert und gedruckt wurde.

Ich ging davon aus, daß die kreativen Beschäftigungen der Gefangenen einen hohen Potemkin-Gehalt besaßen. Doch das schien offensichtlich nicht der Fall zu sein. Als wäre es die normalste Sache der Welt, zählte Filipow die wissenschaftlichen Leistungen auf. So stellten die Agronomen im Klostergarten Versuche mit Pflanzenveredelung an. Wetterkundler studierten das Nordlicht, Ornithologen den Vogelreichtum. Neben den 30 akademischen Studien, die auf Solowki vollendet worden waren, entdeckte der Philosoph Pawel Florenski, wie sich Jod aus Agar-Agar, einer glibberigen Alge, gewinnen läßt.

»Dank Vater Florenski gibt es heute noch immer eine Agar-Agar-Fabrik auf der Insel«, erzählte Filipow.

»Und die Greueltaten, von denen man so viel hört und liest?«

»Die gab es schon«, bemerkte der Reiseführer. »Aber erst später. Es mag Ihnen vielleicht paradox erscheinen: Musik, Theater, wissenschaftliche Untersuchungen und dann Folterungen, Hinrichtungen ... Aber bei Ihnen in Deutschland war das nicht anders. Das Land Heines und Goethes brachte doch auch einen Hitler hervor?«

Ich wollte einwenden, daß ich kein Deutscher sei, doch gerade in diesem Moment bewegte sich der Pulk von Zuhörern zu einer Vitrine, die Maxim Gorki gewidmet war. Sie enthielt zerlesene Romane aus der Lagerbibliothek sowie eine Federzeichnung, auf der er gequält aussah.

Unser Reiseführer las laut ein Zitat Gorkis aus der Zeitschrift *Unsere Errungenschaften* vor: »Und deshalb lautet die unvermeidliche Schlußfolgerung: Lager wie die auf Solowki sind notwendig.« Der Satz entlockte den Moskauern ein Zischen.

Doch ich wollte wissen, ob Gorki im Juni 1929 getäuscht worden war oder nicht. Stimmte die Anekdote mit den umgedrehten Zeitungen hinter der Enthauptungskirche?

Filipow schob seine Brille hoch. «Das ist eine zweifelhafte Geschichte. Solschenizyn hat das geschrieben.«

Ich wollte etwas zu den ersten Folterungen und Erschießungen erfahren.

»Haben Sie etwas Geduld«, meinte Filipow. »Dazu komme ich sofort. Drei Monate nach Gorkis Besuch hat ein ehemaliger Oberst der Weißen Armee einen Fluchtplan ausgeklügelt. Nach mißlungener Flucht wurden er und 33 weitere Gefangene im Oktober 1929 hingerichtet.«

Nach der Solowki-Reise Gorkis beginnt Stalin – sozusagen als letzte Offensive – eine persönliche Korrespondenz mit dem noch in Sorrent lebenden Schriftsteller. Handschriftlich hält ihn der Staatsmann über die Kollektivierung der Landwirtschaft auf dem laufenden, ohne jedoch die Hinrichtungen von Kulaken (Bauern mit mehr als zwei Kühen) oder die Hungersnot zu erwähnen. Er schickt Gorki Berichte über die fortschreitende Industrialisierung im Rahmen des ersten Fünfjahrplans und Sonderakten zu Saboteuren in den leitenden Funktionen des Ingenieurswesens, »einschließlich der Verhörprotokolle, in denen die Verdächtigen ihre Schuld bekennen.«

Über Staatssicherheitschef Jagoda empfängt Gorkis Privatsekretär 4000 Dollar in bar für die Anschaffung eines Autos in Italien.

Im darauffolgenden Frühjahr steht für Gorki die Millionärswohnung in Moskau an der Malaja Nikitskaja bereit. Es ist die Villa Stepan Rjabuschinskis, des steinreichen Handelsmagnaten, der auf der Flucht vor den bolschewistischen Horden sein Haus samt Mobiliar und allem zurücklassen mußte. Wie ein besorgter Vater kommt Stalin regelmäßig zu Besuch. Bei einer dieser Gelegenheiten trägt Gorki sein Gedicht »Die Jungfrau und der Tod« vor. Daraufhin nimmt sein Gast den Band und kritzelt quer über die ganze Seite: »Besser als Goethes Faust! Liebe überwindet den Tod. J. Stalin.«

Gorkis Stück *Nachtasyl* gehört inzwischen zum Standardrepertoire der russischen Theater. Laut Staatsauftrag wird *Die Mutter* in 61 Sprachen übersetzt, darunter auch in die der Jakuten und Kalmücken, kleine Sowjetvölker, die bis zur Revolution keine Schriftsprache kannten. Stalin veranlaßt, daß Gorki mit dem Lenin-Orden ausgezeichnet und zum Mitglied der Akademie der Wissenschaften ernannt wird. Das Institut für Kinematographie wird beauftragt, den Film *Unser Gorki* zu drehen, und eine staatliche Kommission bereitet 1932 die nationalen Gorki-Feierlichkeiten vor: Vor vierzig Jahren hatte Gorki als Schriftsteller debütiert. Bei dieser Gelegenheit wird die parkähnliche Anlage entlang der Moskwa in Gorki-Park umgetauft. Des weiteren werden das Moskauer Literaturinstitut, ein sechsmotoriges Flugzeug, ein Wolgaschiff mit zwei Decks sowie ein Berg in Zentralasien nach dem großen Sowjetschriftsteller benannt. Die Moskauer Hauptgeschäftsstraße Twerskaja heißt künftig Uliza Gorkowo. Da es die Pflicht eines jeden Staatsbürgers ist, sich an den Gorki-Ehrungen zu beteiligen, lassen Hunderte Schul- und Fabrikdirektoren sowie Kolchosvorsitzende Büsten Gorkis in den Eingangshallen aufstellen.

Lediglich die Umbenennung des Moskauer Künstlertheaters stößt auf vorsichtigen Widerstand des Chefredakteurs der *Iswestija*, die sich im Namen der Regierung mit Literaturpolitik beschäftigt. »Aber Genosse Stalin, das Künstlertheater ist doch wirklich enger mit Anton Tschechow verbunden.«

»Das macht nichts«, antwortet Stalin. »Gorki ist ein eitler Mann. Wir müssen ihn fest an die Partei binden.«

Sozusagen als Zugabe läßt er in allen künftigen Ausgaben von Landkarten und Atlanten den Städtenamen Nishni Nowgorod durch Gorki ersetzen.

Noch etwas verwirrt und befangen wegen des Personenkults, sagt Gorki zu einem Freund: »Heute habe ich zum ersten Mal ›Gorki‹ statt Nishni Nowgorod auf einen Briefumschlag geschrieben. Bei Lichte betrachtet ist es peinlich und unangenehm.«

Im April 1932, gerade als Gorki beschlossen hat, sich für immer in Moskau niederzulassen, faßt das Zentralkomitee der Kommunistischen Partei den Beschluß, alle proletarischen und anderen literarischen Vereinigungen aufzulösen und durch einen einheitlichen sowjetischen Schriftstellerverband zu ersetzen. »Schluß mit dem Sektierertum in Kunst und Literatur«, referiert Stalin vor dem Politbüro. »Der soziale Auftrag unserer Literatur muß auf eine höhere, gemeinsame Ebene gestellt werden.« Die Umsetzung des Dekrets »Zur Neustrukturierung der literarischen Organisationen« überläßt er Maxim Gorki.

Gorki hatte bereits über eine allgemeine Definition zum revolutionären Charakter der Sowjetliteratur nachgedacht. 1928 hatte er die Moskauer Literaten aufgerufen, fortan solidarisch und vereint im sozialistischen Geist zu arbeiten. Der Realismus – die sich verändernde Sowjetwirklichkeit – und die lokkenden Zukunftsaussichten müßten in ihrem literarischen Schaffen eine Einheit bilden. »Romantischer Sozialismus« taufte er die neue Strömung, die jedoch keinen Anklang fand. Die junge sowjetische Schriftstellergeneration betrachtete Gorki mehr oder weniger als einen Außenseiter, an dem die experimentelle Literatur der 20er Jahre vorbeigegangen war. Wenn es jemanden gab, der wirklichen Respekt genoß, dann war es Wladimir Majakowski. Dieser kommunistische Dichter Majakowski – nicht einmal halb so alt wie Gorki – fühlte sich berufen, eine sozialistische Kunst zu schaffen, die per Definition zukunftsweisend und radikal erneuernd war. Als rebellischer Prediger (»der 13. Apostel«) verkündete er das Evangelium der Revolution, in Form und Stil hundertmal frischer und fortschrittlicher als Gorki.

»Auf alles, was einmal war, drücke ich den Stempel nihil«, dichtete Majakowski.

Seine Verse gefielen dem Volkskommissar für Kultur, nicht aber der Vereinigung proletarischer Schriftsteller. Eine Auseinandersetzung mit neidischen Dichterkollegen im Schriftstellerverband über die unmögliche Liebe zu einer 18jährigen Emigrantentochter aus Paris beschleunigten Majakowskis Untergang. Als er seine Geliebte 1929 in Frankreich heiraten wollte, wurde ihm das Ausreisevisum verweigert. Ein halbes Jahr später, kurz nachdem er eine Lobeshymne in Versen auf den Fünfjahrplan verfaßt hatte, schoß sich der Dichter eine Kugel ins Herz. »Das ist kein Mittel«, stand in seinem Abschiedsbrief. »Ich rate es niemandem.«

Posthum benannte man eine Moskauer Metro-Station nach ihm, und im Pamirgebirge gibt es einen Majakowski-Berg (6095 Meter).

Mit Majakowski verliert die Sowjetunion ihren literarischen Vorreiter, und Gorki nimmt wieder die Spitzenposition ein. Trotz seiner Lungenkrankheit arbeitet er jeden Vormittag an dem Roman *Das Leben des Klim Samgin*, nachmittags berät er junge Schriftsteller, und abends verfaßt er Bittschriften an Stalin. Die Bitten reichen von einem Abonnement einer westlichen Biologiezeitschrift für die Leninbibliothek bis hin zu Überprüfungen von »zu Unrecht kritisiertem Talent«. Gorki arbeitet inzwischen an der ihm anvertrauten Aufgabe: der Gleichschaltung und Erneuerung der Sowjetliteratur. Er will eine neue Ästhetik ins Leben rufen, die dem Arbeiter-und-Bauern-Staat entspricht und die sich durch schlichte Gedanken und eine klare Sprache auszeichnet. »Je verständlicher ein Kunstwerk, desto erhabener ist es.« Benutzen Schriftsteller unbekannte regionale Ausdrücke, mahnt er sie: »Du reduzierst auf gekünstelte Art und Weise die Reichweite deines Schaffens.« Ein Roman soll den Leser bereichern und Wissen vermitteln, in diesem Land geht es nicht um eine Unterhaltungskultur im Hollywoodstil.

Am 26. Oktober 1932 werden Dutzende Moskauer Autoren unerwartet aufgefordert, im Hause des Volksschriftstellers zu erscheinen. Worum es genau geht und wer die geladenen Gäste sind, wird nicht mitgeteilt. Allerdings gibt man den Schriftstellern zu verstehen, daß es nicht klug sein, der Veranstaltung fernzubleiben.

Gorki begrüßt seine Gäste unten an der Natursteintreppe; Pjotr hilft ihnen aus der Garderobe und führt sie ins Eßzimmer. Den Anwesenden wird ein Platz an der rechten Seite des langen Tisches zugewiesen, wo drei Stuhlreihen aufgebaut sind. Erst als alle Platz genommen haben, öffnet sich die Tür ein weiteres Mal, und Stalin tritt ein. Zu seinen kniehohen Stiefeln trägt er wie immer eine dunkelgrüne Uniformjacke. Mit den Füßen scharrend und stühlerückend erheben sich die Schriftsteller und Dichter, doch Stalin bedeutet ihnen, sich wieder zu setzen. Stalin beherrscht seine Umgebung, und die ebenfalls anwesenden Politbüromitglieder Molotow, Woroschilow und Kaganowitsch bewegen sich so steif wie Lakaien.

»Da hinten links saß Gorki.«

Eine Wächterin auf Filzsohlen hatte sich mir geräuschlos genähert. Mit einer Bewegung ihres Kinns wies sie auf einen Platz am Fenster, der mit einem schmucklosen Teller, einer Serviette und einer Tasse gedeckt war. Meine Knie berührten die Zierkordel, die Seitenlinie, von der aus wir das historische Zimmer anschauen durften. Nichts hatte sich an der Einrichtung verändert. Die elegante Vertäfelung und das kunstvoll verlegte Parkett waren original erhalten geblieben.

An jenem Abend im Jahre 1932 ist der Tisch mit Wein, Wodka und Zakuski, Leckerbissen, überladen. Der Bechstein-Flügel, der gut und gern ein Viertel des Raums in Beschlag nimmt, ist an die Wand geschoben worden. Die Vorhänge sind zugezogen, die Kerzen am Kronleuchter angezündet. Unter den 40 Auserwählten befinden sich der spätere Nobelpreisträger Michail Scholochow *(Neuland unterm Pflug, Der stille Don)* sowie Loyalisten wie Fjodor Gladkow *(Zement)* und Valentin Katajew *(Im Sturmschritt vorwärts)*. Mit Abwesenheit glänzen Boris Pasternak, Michail Bulgakow, Ossip Mandelstam, Anna Achmatowa und andere unbequeme Geister.

An Hand verschiedener Schriftsteller-Memoiren läßt sich der Verlauf des Abends ziemlich genau rekonstruieren. In seinem Begrüßungswort stellt Gorki fest, daß die Literatur der Sowjetunion inzwischen eine stattliche Bibliothek umfaßt. »Es befinden sich darin gute Bücher, aber auch schlechte.« Er findet es höchste Zeit, sich Gedanken über die Schaffung einer Sowjetliteratur auf hohem Niveau zu machen, »eine Literatur, die dem 15. Jahrestag der Großen Sozialistischen Oktoberrevolution würdig ist«.

Nach dem ersten Wodka erteilt Gorki den Schriftstellern das Wort. Es folgen eine Reihe vorsichtiger Ansprachen, in denen die Anwesenden betonen, daß man sich nicht in Elfenbeintürme zurückziehen dürfe. Die Redner wägen ihre Worte ab, unsicher darüber, was von ihnen verlangt wird. Sie improvisieren bei den Trinksprüchen nicht, sondern konzentrieren sich auf ungefährliche Floskeln und stoßen auf die Gesundheit und die grenzenlose Weisheit des großen Staatsmannes an.

Stalin, der bis dahin pfeiferauchend zugehört hat, übernimmt nach dem holprigen Beginn die Regie. »Unsere Panzer sind wertlos«, legt er los, »wenn die Seelen, die sie lenken müssen, aus Ton sind. Deshalb sage ich: Die Produktion von Seelen ist wichtiger als die von Panzern ...«

Hier macht er eine kurze Pause, möglicherweise wegen des Stirnrunzelns der Zuhörer, die ihn nicht zu begreifen scheinen. Worauf will er hinaus?

Stalin fährt fort: »Jemand merkte hier eben an, daß Schriftsteller nicht stillsitzen dürfen, daß sie das Leben in ihrem Land kennen müssen. Der Mensch erneuert sich durch das Leben, und ihr müßt behilflich sein bei der Erneuerung seiner Seele. Das ist wichtig, die Produktion menschlicher Seelen. Und deshalb erhebe ich mein Glas auf euch, Schriftsteller, auf die Ingenieure der Seele.«

Die Kristallgläser werden in einem Zug geleert, und schlagartig legt sich die lähmende Angst und Spannung. Der Schriftsteller Alexander Fadejew ermuntert den jugendlichen Scholochow, ein Lied zu singen. Schon nach der ersten Strophe wird mitgeklatscht, und sobald er zu Ende gesungen hat, ruft einer der Dichter: »Laßt uns auf das Wohl des Genossen Stalin anstoßen!«

Plötzlich springt Georgi Nikiforow auf. »Ich habe es satt!« ruft er mit schwerer Zunge. Wir haben jetzt bestimmt schon eine Million hundertundsiebenundvierzigtausendmal auf Stalins Wohl getrunken. Sicher kann er es selbst auch bald nicht mehr hören.«

Nikoforows Worte lassen die versammelte Mannschaft erstarren; das Gemurmel weicht einer ungemütlichen Stille.
Stalin steht auf und streckt seine Hand aus. »Genosse«, sagt er und zeigt mit den Fingern auf den vorlauten Schriftsteller. »Du hast recht. Ich danke dir. Ich kann es tatsächlich nicht mehr hören.«

Der Schwarze Schlund

Bei der Lektüre des in Paustowskis *Kara-Bugas* zitierten Logbuchs von Leutnant Sherebzow beschlich mich mehr als einmal das Gefühl der Seefahrerromantik. Als Mitreisender entlang »dunkler, senkrecht abfallender Steilküsten« und Klippen, die »auf der Lauer zu liegen scheinen«, hatte ich den Eindruck, daß der Schriftsteller nach jedem Absatz ein Senkblei herabließ, so als ob Paustowski auf der beständigen Suche nach einer Fahrrinne zwischen der real existierenden und der geträumten Welt war.

»Wir nahmen von Baku aus Kurs auf Astrachan, hielten diesen Kurs bis Gurjew und fuhren von hier entlang unbekannter, unwirtlicher Küsten in südlicher Richtung. Bis zur Bucht Kinderli hatten wir den Südwind im Gesicht, der aus der Wüste Sand und Schwefelgeruch herübertrug. Denn in der Wüste, so sagt man, gibt es Schwefelberge.«

Die Geschichte bekommt ein immer phantastischeres Gepräge, je weiter Sherebzow, als Gesandter des Zaren Nikolaus des Ersten, zur Ostküste des Kaspischen Meeres vordringt. Der Entdeckungsreisende und seine Matrosen werden Zeugen, wie vor dem asiatischen Kontinent eine natürliche Sperre aus der Wüste aufragt. »Das Gebiet ist unzugänglich und kann, wie man von den Nomaden hört, lediglich an einer Stelle bestiegen werden, nämlich entlang eines ausgetrockneten Flußbetts.«

Stil und Rhythmus der Logbucheintragungen verraten Paustowskis literarisches Talent. Er schreckt in seinem Roman nicht davor zurück, die Landschaft durch »ein Glitzern und eine unregelmäßige Brechung der Lichtstrahlen« zu verfremden – mit der Folge, daß Sherebzow die Küste »in Form spitzer, zerklüfteter Berge« wahrnimmt, »während sie in Wirklichkeit flach wie ein Brett ist«. »Große Schichten der Atmosphäre sind mit Salz durchtränkt, und dadurch erhält die Sonne eine matte, etwas silbrige Färbung, dessen ungeachtet sengt sie unbarmherzig hernieder.«

Allmählich wuchs in mir die Vermutung, daß Paustowski spielte oder bewußt seinen Spott mit dem ihm zugemessenen Spielraum trieb. Hatte er das unbekannte Terrain betreten, damit er seiner Phantasie freien Lauf lassen konnte? Es war, als ob Paustowski weit weg von vertrauten Orten sein eigenes Universum schuf. Warum sollte er sich auch auf derart große Entfernung vom Machtzentrum um die Wirklichkeit scheren?

Ich zog die *Große Enzyklopädie der Sowjetunion* zu Rate, um herauszufinden, ob es sich bei Leutnant Sherebzow um eine historische Persönlichkeit oder um eine ersonnene, literarische Gestalt handelte. Ich fand ihn im Register: Sherebzow, Leutnant zur See 1. Klasse, Assistent des Hafenmeisters in Baku. Meeresforscher und Kartograph. Seine denkwürdigste Leistung war die kartographische Darstellung der Umrisse des Kaspischen Meeres 1847 im Auftrag des zaristischen Ministeriums für Bewässerungswirtschaft.

Unter dem Abschnitt »Besonderheiten« las ich: »Entdecker der Bucht Kara-Bugas«.

Ein Gebiet mit diesem Namen existierte also doch oder hatte zumindest einmal existiert. Bis dahin war mir Kara-Bugas bei meinen Nachforschungen lediglich als ein mythischer Ort in uralten Erzählungen begegnet. Der Name wurde zum ersten Mal in einem Almanach aus dem 17. Jahrhundert erwähnt, in Verbindung mit rätselhaften Vorgängen. Kara-Bugas bedeutete »Schwarzer Schlund«. Es war ein sogartiges Loch, eine Gefahrenzone im Kaspischen Meer, in der Schiffe spurlos verschwanden. Durchaus vertrauenswürdige Kaufleute im Wolgadelta behaupteten, daß das Wasser dort durch Spalten in den Meeresboden drang, um Tausende von Kilometern nördlich wieder emporzusteigen. Auf diese Weise würde es – durch die unterirdischen Bodenschichten in Süßwasser verwandelt – die Wolga erneut speisen. Wiederum andere meinten, daß sich in einer kreisförmigen Ausstülpung an der Ostküste des Kaspischen Meeres ein unersättlicher Wirbel befinde, der die Wassermassen der Ozeane aufsauge.

Leutnant Sherebzow hatte keine Ahnung, wann und wo Kara-Bugas auftauchen würde. Der einzige Hinweis in dem bereits erwähnten Almanach aus dem 17. Jahrhundert war unbrauchbar: »Auf der Höhe Farabads befindet sich ein Seewasserfall, der so ein Getöse verursacht, daß persische Kaufleute ihn in weitem Bogen umsegeln, aus Furcht, in die Unterwelt gerissen zu werden.« Keine Seele in Rußland hatte jemals von Farabad gehört. Und was war das bloß für ein Wasserfall mitten im Meer?

Auf Sherebzows Seekarte war nicht mehr als die vermutete Lage der Bucht eingezeichnet. Diese Skizze war das dürftige Resultat einer Expedition, die Peter der Große veranlaßt hatte, um seine Macht Richtung Indien auszudehnen. 1717 hatte der Zar eine Erkundungsfahrt zum Oxus-Fluß befohlen. Der genaue Flußlauf war den Russen unbekannt, obgleich der Oxus auch einen Teil der Seidenstraße bildete und von zahllosen Handelsreisenden befahren wurde. Marco Polo hatte darauf Boote aus Maulbeerholz treiben sehen, und das Reiterheer des mongolischen Feldherrn Dschingis-Khan soll darin seine Pferde getränkt haben.

In St. Petersburg vermutete man, daß der Oxus irgendwo ganz im Südosten in das Kaspische Meer mündete. Zar Peter der Große träumte davon, mit seiner Flotte über die Wolga und das Kaspische Meer den Oxus hinaufzusegeln, um so in das Herz des asiatischen Kontinents und vielleicht sogar bis zum Indischen Ozean vorzudringen. Die Flußmündung blieb jedoch unauffindbar.

Der vom Zaren entsandte Erkundungstrupp unter dem Befehl General Bekowitschs mußte über Land weiterziehen, nachdem er an der Küste des Kaspischen Meeres überwintert hatte. Kundschafter hätten von den Nomaden gehört, der Lauf des Oxus sei durch einen Erdwall verlegt worden. Das mächtige Khanat von Chiwa, seit jeher ein berühmter Rastplatz auf den Karawanenrouten, sollte dieses Vorhaben höherer Hydrotechnologie mit Sklavenarbeit bewerkstelligt haben.

Stimmte das Gerücht, dann wäre es ein leichtes, den Damm mit Schwarzpulver in die Luft zu sprengen, so daß das ursprüngliche Flußbett des Oxus als Wasserstraße wieder genutzt werden konnte.

Mit diesem Plan zogen Bekowitsch und seine Männer durch die Karakumwüste, bis sie staubig und ermüdet Rast machten, nur eine Tagesreise von den lehmbewehrten Stadttoren Chiwas entfernt. Der vorgewarnte Khan ritt den Truppen entgegen, um sie willkommen zu heißen. Er nahm ihre Geschenke entgegen, empfing den General mit orientalischer Gastfreundschaft, lud ihn und seine Offiziere zu einem üppigen Mahl in seinen Palast ein und ließ sie am folgenden Tag enthaupten. Der mit Stroh gefüllte Schädel des Befehlshabers wurde als Trophäe von Khanat zu Khanat geschickt.

Das Rätsel um den Oxus blieb für die Russen ungelöst. Erst 1726, ein paar Jahre nach dem Tod Peters des Großen, entdeckte der russische Geograph und Hydrograph Semjonow einen Zugang zur ausgedörrten Flußebene. Verborgen zwischen zwei Felswänden fand er die Reste einer untergegangenen Zivilisation: Holztröge, Bewässerungsgräben, Tonscherben. Als Besonderheit erwähnt die *Sowjetenzyklopädie* zu Semjonow, daß die Ausmaße der Kara-Bugas-Bucht ihm verborgen geblieben seien, »weil sich seine Mannschaft weigerte, in die Bucht hineinzufahren«. Semjonow hatte aus der Ferne eine schäumende Trichteröffnung, eine Meerenge erspäht, in die das Wasser des Kaspischen Meeres mit ungeheurer Macht hineingesogen wurde. Semjonows Matrosen verweigerten jedoch den Befehl, die sogähnlichen Tiefen näher zu erkunden.

Zu Zeiten Leutnant Sherebzows – gut ein Jahrhundert später – waren die Legenden um den Schwarzen Schlund keineswegs entkräftet. Wer von dem Sog mitgerissen wird, so erzählten turkmenische Fischer, landet in einem Schwefelsäurebad, in dem Schiffsrumpf und Schrauben sich innerhalb weniger Wochen auflösten. Doch Sherebzow ließ sich durch nichts beirren. »Als wir uns Kara-Bugas näherten, wölbte sich über den Sandflächen eine Kuppel purpurroten Nebels, wie der Rauch eines über der Wüste brennenden Feuers. Unser Lotse, ein Turkmene, erklärte uns, ›Kara-Bugas raucht‹.« Behutsam näherten sie sich dem Durchgang, der vom Meer aus kaum zu sehen war. Viel Zeit zum Überlegen hatte der Leutnant nicht: Seine Korvette wurde in den »Höllenrachen« nach Asien hineingezogen. »Die Strömung war stark, und die Meerenge erinnerte an die Wolga zur Zeit des Hochwassers.« Zwei oder drei Kilometer rollte das in seinen Fugen knarrende Schiff über den Fluß, doch dann wichen die Schaumkronen dem bleigrauen Spiegel der Bucht, in dem »jeder Laut erstickt zu sein schien«. Die Mannschaft warf den Anker, beschloß jedoch, die Korvette in der ersten Nacht unter Dampf zu halten.

»Aus Mangel an Süßwasser speisten wir die Kessel mit dem Wasser der Bucht. Gegen Morgen zeigte sich an den Wänden der Kessel eine zolldicke Salzschicht, obgleich die Kessel alle Viertelstunde durchgeblasen wurden.«

Sherebzow ging davon aus, daß das Wasser einen »ähnlich hohen Salzgehalt haben mußte wie das Tote Meer in Palästina«. Auf den Wellen trieben tote Fischschwärme, die eingepökelt an die Strände gespült wurden. Die Uferwände bestanden aus Gips und salzhaltigem Lehm, bar jeder Süßwasserquelle. In dem von Paustowski »zitierten« Bericht lesen wir über das herrschende Klima: »Regen kommt nach den Aussagen der Turkmenen in der Bucht überhaupt nicht vor. Der Regen verdampft in der Hitze, ehe er den Boden erreicht hat.« Der Leutnant hielt die Bucht für einen großen, flachen Kessel, in dem das Wasser des Kaspischen Meeres verdunstet. Dies würde erklären, weshalb sich darin so viel Salz sammelt. Ohne näher darauf einzugehen, berichtet er, daß es sich um ein besonderes Salz handelte, »kein gewöhnliches Kochsalz«.

Zum Schluß fielen ihm breite rote Schaumstreifen auf, die auf dem Wasser trieben. Er ließ ein Beiboot zu Wasser und entdeckte, daß der Schaum aus winzigkleinen Krebseiern bestand.

»Daraufhin ruderte ich zu dem zweiten Band in einem noch kräftigeren Rosa. Hier ereignete sich etwas Ungewöhnliches. Das rosa Band schwang sich mit lautem Geschrei in die Luft und schwebte über unserer Schaluppe und den verblüfften Ruderern. Es waren Flamingos, die den Krebslaich verzehrt hatten.«

Amansoltan Saparowa war als Kind turkmenischer Nomaden in einer Kibitka, einem Zelt aus Tierfellen, geboren worden, irgendwo an einem nicht mehr bestimmbaren Ort der Karakumwüste. Mit Pionierhalstuch hatte sie bis zu ihrem zehnten Lebensjahr des öfteren vor den Salzarbeitern von Kara-Bugas getanzt.

Ich traf sie im Wohnheim der Lomonossow-Universität auf den Moskauer Sperlingsbergen, einer Schlafkaserne mit durchschlissenen Läufern auf den Fluren. Draußen flockte der Schnee gegen die Fensterscheiben. Dr. Saparowa war Chemiehistorikerin und Mitglied der turkmenischen Akademie der Wissenschaften. Sie promovierte zur Geschichte der Sulfatgewinnung während der ersten zwei Fünfjahrpläne (1929–1938). Sie hatte ein wettergegerbtes Gesicht und schwarze Haare, hochgesteckt in einem Knoten, und trug eine Brille mit einer unverwechselbaren Sowjetmontur: groß, getönt und mit einer Krümmung in den Bügeln, die eigentlich Eleganz ausstrahlen sollte. Ihre orientalische Herkunft spiegelte sich in den durch die Brillengläser vergrößerten Augen, in denen Iris und Pupille das gleiche Schwarz aufwiesen.

Moskau im November war für sie eine Heimsuchung, doch sie hatte sich Ort und Zeitpunkt des jährlichen Fachkongresses nun einmal nicht aussuchen können. Frau Saparowa ging auf das Rentenalter zu, und wenn alles nach Plan lief, würde dies ihre letzte wissenschaftliche Konferenz sein.

Sie hatte zögernd auf meine Bitte um einen Gesprächstermin reagiert: »Über Kara-Bugas?« wiederholte sie mißtrauisch. In der Lobby zwischen den mit Plastikefeu überwucherten Säulen saß Amansoltan wie bei einem Bewerbungsgespräch. Kerzengerade, Hände im Schoß, konzentriert. Ich hatte dies bei älteren Leuten, die in der Sowjetzeit Karriere gemacht hatten, des öfteren erlebt: Sie waren enorm auf der Hut (sonst hätten sie keine Karriere gemacht).

Natürlich kannte sie Paustowskis *Kara-Bugas*: Sie hatte sogar Material für ihre Doktorarbeit daraus verwendet. »Paustowski ist sehr akkurat vorgegangen, das Buch enthält keinen historischen Unsinn«, erzählte die Wissenschaftlerin.

Ich wußte nicht, ob sie das wirklich so meinte, wie sie es sagte, oder ob sie Angst hatte, etwas Unfreundliches über Paustowski zu äußern.

Amansoltan bestätigte, daß Leutnant Sherebzow in seinem Bericht empfohlen hatte, die »nutzlose Bucht« mit einem Damm abzuriegeln. Auf diese Weise wollte er dem Fischsterben Einhalt gebieten. Die mit in die Bucht gerissenen Knurrhähne, Heringe und Störe starben schließlich gleich schwärmeweise.

Sherebzows Vorgesetzte in St. Petersburg waren bereits damit beschäftigt, den Umfang des benötigten Dammes zu berechnen, als Sherebzow seine Empfehlung zurückzog. Er hatte seine Meinung geändert, als er eine der von ihm mitgebrachten Bodenproben analysierte und feststellte, daß sie aus reinstem Glaubersalz bestand. Eine Abriegelung der Kara-Bugas-Bucht, so argumentierte Sherebzow, mochte zwar den Fischbeständen im Kaspischen Meer zugute kommen, doch es würde zugleich die Bedingungen zerstören, unter denen sich dieses heilkräftige Salz bilden konnte.

Amansoltan erzählte, daß der Entdecker dieses Salzes ein Amsterdamer Apotheker aus dem 17. Jahrhundert gewesen war. Auf einer Reise in die Alpen hatte dieser Johannes Glauber auf Anraten örtlicher Hirten ein übelriechendes Mineralwasser gegen Magenkrämpfe getrunken. Von seinem Leiden geheilt, goß er die heilsame Flüssigkeit über ein Stück Papier und ließ sie trocknen. Übrig blieb ein weißes Pulver, das er »sal mirabili« (Wundersalz) nannte, eine Bezeichnung, die später in Apothekerkreisen durch »Mirabilit« und »Glaubersalz« (im Volksmund) ersetzt worden war.

»Na_2SO_4«, dozierte die Akademikerin.

In der Bucht von Kara-Bugas lagerte sich dieses Wundersalz in weißen Krusten auf den Stränden ab. Ein flaches, vier Meter tiefes kesselartiges Gebilde mit einer Oberfläche von 18 000 Quadratkilometern fungierte als ein natürliches Laboratorium für die Erzeugung von Natriumsulfat, ein unverzichtbarer Grundstoff für die Glas- und Papierindustrie, die Gerberei und die Kunstdüngerherstellung.

Bereits in der Zarenzeit hatten umtriebige Kaufleute versucht, die Glaubersalzablagerungen abzubauen. Für die Strände der Bucht, auf denen sich das Salz von Mitte November bis Mitte März ablagerte, hatte man einem Zigarettenfabrikanten, einer Petersburger Kauffrau und einer Kommanditgesellschaft Konzessionen erteilt. Der Abbau geschah auf primitive Weise: Im Winter harkten die Nomaden das angespülte Salz auf den Strand, und im Sommer wurde es dann auf Kamelen abtransportiert. Durch den Ersten Weltkrieg geriet die Arbeit der Konzessionäre ins Stocken; es brach eine chaotische Zeit an, in der Piraten ihre Chance nutzten. Bei Nacht und Nebel tauchten namenlose Schiffe auf, die rasch beladen wurden und nach Persien fuhren, den Laderaum voller Mirabilit.

Als Lenin im Jahre 1921 detaillierte Informationen über den Mineralienvorrat anforderte, war die Lage unverändert. Für ihre Dissertation hatte Amansoltan Lenins persönliche Notizen einsehen dürfen. Seinen wissenschaftlichen Berater drängte Lenin: »Falls Sie viel zu tun haben, kann die Angelegenheit ein paar Tage warten, aber nicht länger.« Lenin stellte 40 000 Goldrubel zur Verfügung, damit die sozialistische Bewirtschaftung der Bucht vorbereitet werden konnte. Die Vorhut der Expedition berichtete: »Aufgrund der ungewöhnlich hohen Kapazität der Lagerstätte avanciert die Bucht von Kara Bugas zu einer der reichsten Quellen der Glaubersalzgewinnung, und das nicht nur in unserem Vaterland, sondern in der ganzen Welt.«

Sowjetische Ingenieure industrialisierten den Sulfatabbau. Die erste industrielle Förderungsstätte, der sogenannte Salzchemie-Komplex, ist unter unbarmherzigen Bedingungen 1928 zustande gekommen und wurde im Rahmen des 1. Fünfjahrplanes zum Vorzeigeprojekt auserkoren.

Das waren die Tatsachen, die ich in Amansoltans Doktorarbeit nachlesen konnte.

Doch ich wollte mehr als nur Geschichten aus zweiter oder dritter Hand. Ich wollte diese abgelegenen chemischen Werke besuchen. Waren sie noch in Betrieb? Ließ sich die Bucht von Kara-Bugas noch befahren?

Der Historikerin entfuhr ein nervöses Lachen. Zwei Salzforscher, die an der Bar saßen, blickten von ihrem Tomatensaft auf, den sie mit präzisen Bewegungen, als handele es sich um eine chemische Probe, mit Wodka aus einer Karaffe streckten.

»Ausgeschlossen«, sagte sie.

Ich reagierte gereizt. Warum ausgeschlossen? Ihrer Visitenkarte nach zu urteilen, arbeitete Dr. Saparowa beim turkmenischen Ministerium für Chemieangelegenheiten. Ich hatte gehofft, sie könnte mir helfen. Doch sie schwor, daß Außenstehenden der Zutritt zu allen Sulfat- und Phosphatabbaugebieten verboten sei.

»In der Sowjetzeit«, wandte ich ein. »Aber doch jetzt nicht mehr?«

Amansoltans Gesicht versteinerte. »Ohne Propusk kommt niemand auch nur in die Nähe«, sagte sie.

Der Propusk regelte in Rußland das öffentliche Leben und offensichtlich auch in Turkmenistan. Beim Propusk handelte es sich um ein hartnäckiges Phänomen, das den Kommunismus unbeschadet überstanden hat. Sogar Moskauer Wohnrecht war an den Besitz eines Propusks beziehungsweise einer Erlaubnis gebunden. Wer nicht über eine Reihe dieser reich bestempelten, in Plastik geschweißten Kärtchen verfügte, erreichte gar nichts, war ein Niemand. Der Propusk verschaffte den Duma-Abgeordneten Zutritt zum Parlament, Straßenbahnfahrern zum Straßenbahnbahnhof, Archivmitarbeitern zu den Archiven.

Ich wollte wissen, wie ich an solch einen speziellen Kara-Bugas-Propusk kommen könne. Wer stellte ihn aus? Hätte ich eine Chance, wenn ich mich als Sulfatexperte ausgeben würde? Ich stellte diese Fragen nicht laut. Es war offensichtlich nicht der richtige Moment. Wir nahmen beide zugleich einen Schluck des inzwischen lauwarmen Tees; ich rutschte in meinem Sessel hin und her und brachte das Gespräch auf früher. Woran konnte sie sich noch erinnern aus ihrem Leben in der Wüste?

Erleichtert erzählte Amansoltan über die Röhrlinge. Ob ich wüßte, daß es in der Karakumwüste ein- oder zweimal im Jahr regnete?

»In wenigen Stunden schießen dann überall Röhrlinge aus dem Boden.« Als Kind wurde sie zum Pilzesammeln losgeschickt.

Die Pilze briet ihre Großmutter dann auf einem Feuer aus getrocknetem Kameldung.

Ich müsse doch wissen, daß »Karakum« im Turkmenischen »schwarzer Sand« bedeutete, daß es dort aber auch rote Lößböden und gelbe Wanderdünen wie in der Sahara gäbe. In den Schluchten wachse der blattlose Saxaul, ein stachliger Strauch, der etwas großspurig »Baum« genannt werde. »Früher saßen dort auch Geparden. Die rissen ab und zu ein Fohlen oder ein Schaf, aber seit den 50er Jahren hat man keine Geparden mehr gesehen.«

Wenn sie auf ihr Leben zurückblicke, verdanke Amansoltan viel ihrem Vater oder eigentlich ihrem Pflegevater. Er hieß Raschid, ließ sich jedoch mit Raschid-Aka anreden, da der Zusatz »Aka« die Achtung ausdrückte, auf die er bereits in jungen Jahren Anspruch erheben konnte. Sie erzählte, daß er sich in den 20er Jahren aus freien Stücken den Bolschewiki angeschlossen habe. Das hätte ihm, und später auch ihr, enorm weitergeholfen.

Amansoltans Pflegevater stammte aus einer Fischerfamilie. Von klein auf fuhr er mit seiner Feluke, einem kleinen Segelboot, allein aufs Kaspische Meer zum Fischen hinaus. Den Fang verkaufte er im Hafen von Krasnowodsk. Hier übernahmen die Bolschewiki von einem Tag auf den anderen die Macht. Die Revolution hatte den 16jährigen Raschid in ihren Bann gezogen, und aus Neugier schloß er sich den Rotgardisten und der kommunistischen Partei an.

Die Vertreter der Sowjetmacht wagten sich selten über den Kamm aus Basaltfels hinaus, der Krasnowodsk vom Rest Turkmenistans abschirmte. Der Küstenort war lediglich ein Brükkenkopf, von wo aus die Sowjets halbherzige Versuche zur Befriedung der Basmatschi unternahmen, stolze Reiter, die die neue Herrschaft mit Krummsäbeln bekämpften.

Raschid war dabei ein williger Mitstreiter. Er konnte reiten wie kein anderer. Wie ein Zirkusartist kroch er am Sattelgurt unter das Pferd, das rhythmisch weitergaloppierte. Im Jahre 1932 wurde Raschid zum Leichtathletikmeister der Turkmenischen Sozialistischen Sowjetrepublik gekürt. Ein Titel, der mit einer Ausbildung bei der Staatssicherheit in Moskau belohnt wurde.

»Im Jahre 1936 hat er Gorkis Staatsbegräbnis auf dem Roten Platz miterlebt«, sagte Amansoltan. »Und später auch das von Maria Uljanowa, der Schwester Lenins.«

Als Raschid Ende der 30er Jahre in seine Heimat zurückkehrte – als Aufklärer im Bezirk Krasnowodsk –, streifte seine zukünftige Frau, Amansoltans Mutter, noch ungestört durch die Sandebenen. Sie war früh Witwe geworden und zog mit ihrer Erstgeborenen, ihrer Familie und der Schaf- und Kamelwirtschaft auf der Suche nach frischen Weidegründen von Niederung zu Niederung.

Während der mehrtägigen Streifzüge wurde Amansoltan auf den Rücken ihrer Mutter oder Tante gebunden, was so furchtbar scheuerte, daß sie blutete. An ihrem fünften Geburtstag war ihr Kopf »bis auf zwei Zöpfchen« kahlgeschoren worden. Das Ritual deutete an, daß man das empfindliche Kleinkindalter unbeschadet überstanden hatte und fortan ein eigenes Pferd in Pflege nehmen durfte.

Noch bis Anfang der 40er Jahre überquerten die Nomadenclans ungehindert die Grenze zu Persien, um Teppiche gegen Zitronen, Datteln und Tee zu tauschen. Im Jahre 1946 änderte sich die Situation: Aufgrund einer einfachen Verordnung wurde das Nomadenleben der Landstreicherei gleichgestellt und war damit strafbar.

Ich mußte an einen Aufruf der Sowjets denken, der von Paustowski in *Kara-Bugas* zitiert wird: »Nomaden! Brecht eure Zelte ab. [...] Stoppt eure Wanderungen durch die tote Wüste und werdet Arbeiter!«

Der einstige Fischerjunge Raschid hatte besondere Weisungen aus Moskau: Er sollte die Nomaden davon überzeugen, sich an einem Ort niederzulassen. Im Zuge seines neuen Auftrags hatte er seine zukünftige Ehefrau, die eines Tages zu Pferde die Grenzen seines Bezirks überquerte, kennengelernt. Sie und ihre Tochter waren verhaftet worden und wurden ihm zum Verhör vorgeführt. Da Raschid selbst Witwer war, nahm er Mutter und Kind bei sich auf.

»Meine Großeltern haben noch versucht, mit den Herden nach Persien zu flüchten. Doch die Rote Armee hatte die Grenze geschlossen. Es gab dort Wachtürme mit bewaffneten Soldaten. All unser Vieh ist damals kollektiviert worden.«

»Kollektiviert?«

»Ja, enteignet, ›weggenommen‹, wie wir heute sagen... Was das betrifft, hat sich viel geändert.«

Sie erzählte, daß ihr Vater eine Narbe auf der Schulter hatte. Jeder wußte, daß sie von einem Säbelhieb stammte, die Erinnerung an einen Kampf mit den Basmatschi. »Er trug die Wunde wie einen Orden. Ich weiß noch, daß ich als Kind furchtbar stolz darauf war, doch heute werden die Basmatschi in Turkmenistan wieder gefeiert und geehrt. Freiheitskämpfer heißen sie jetzt.«

Amansoltans Argwohn war verflogen. Sie erzählte von ihrem ersten Besuch in der Salzlagerstätte. Sie war neun, vielleicht zehn: ein Pionier und immer bereit.

Es gab noch keine Straße zur Bucht hinunter. Das weiße Pulver auf dem Wüstenboden knirschte unter den Reifen des Kommandeur-Jeeps ihres Vaters. Amansoltan hatte an diesem Tag eine viel zu große Arbeitersonnenbrille bekommen – eine Art Maske – und sah durch die matten Gläser, wie ihre Landsleute das abgelagerte Salz loshackten und in Körbe schaufelten. Sie trugen Kopftücher zum Schutz gegen die sengende Sonne; mit den Tuchzipfeln bedeckten sie Mund und Nase zum Schutz vor dem Salzstaub.

In dem neuen Chemiestädtchen Kap Bekdasch auf der Landenge zwischen dem Kaspischen Meer und der schwefeligen Bucht war die Hitze etwas erträglicher. Dort sprudelte ein Springbrunnen, und man hatte Eukalyptusbäume gepflanzt. Weil Raschid einen hohen Posten bekleidete, durfte Amansoltan viermal hintereinander ihre Ferien im dortigen Betriebsferienlager verbringen. Sie erinnerte sich auch an die ausgelassene Stimmung der Komsomolzen, Studenten der Straßen- und Wasserbaukunde aus der turkmenischen Hauptstadt Aschchabad, die in dieser verlassenen Gegend einen freiwilligen Arbeitseinsatz durchführten. Dicht aneinandergedrängt auf den Ladeflächen der Kamas-Lastwagen, sangen sie Lieder, die gerade in Mode waren, während der Staub unter den mannshohen Rädern wie Kunstnebel bei einem Popkonzert aufstob. Abends, wenn die Hitze sich gelegt hatte, gingen die Studenten ins Freilichtkino. Dort hatte Amansoltan mit ihrem roten Halstuch vor den Salzarbeitern getanzt.

Nach ihrer Schulzeit erhielt das Nomadenkind Arbeit als Laborantin in der Ölraffinerie von Krasnowodsk. In ihrem weißen Kittel lernte sie, mit Pipette und Laborgeräten umzugehen. Als sich ihr Talent offenbarte, wurde sie für ein Studium am Mendelejew-Institut der Moskauer Lomonossow-Universität vorgeschlagen. Da aus jeder Sowjetrepublik Abiturienten zum Studium delegiert werden mußten und es in Turkmenistan nur wenig Abiturienten gab, war Amansoltans Weg zum Studium recht geradlinig.

Die Genossen hatten ihr die Ausbildung ermöglicht. Lediglich dieser Umstand hielt sie am Leben, denn der Aufenthalt in Moskau fiel ihr schwer. Wie fürchtete sie sich vor den schmutzigen Monaten November und April, wenn der Schnee sich in einen nassen, bräunlichen Brei verwandelte. Sie wohnte in einem Studentenwohnheim nahe der U-Bahn-Station Sokol, nicht weit entfernt von der Universität.

»Ich habe einen Kommilitonen geheiratet«, sagte sie. »Einen Russen; ich möchte lieber nicht daran zurückdenken.«

Sie bekam drei Kinder. Beendete ihr Studium. Ließ sich von ihrem Mann scheiden.

Ihre Eltern waren damals bereits tot. Amansoltan hatte niemanden, zu dem sie zurückkehren konnte. Notgedrungen nahm sie eine Assistentenstelle an der Universität an – kein schlechter Job, da er ihr die Aussicht auf eine Promotion und die Mitgliedschaft in der Partei bot. Ab 1975 arbeitete sie, mit Unterbrechungen, in der Lenin-Bibliothek an ihrer Dissertation. Parteimitglied ist sie nie geworden. »In den 80er Jahren, als ich dafür vorgeschlagen wurde, wollte ich nicht mehr.«

Wie viele andere hatte Amansoltan die Nase voll von der Phrasendrescherei und dem hohlen Geschwätz über die hehren Ziele des Kommunismus. Ihr einst positives Urteil über Konstantin Paustowski hat sie inzwischen revidiert. »Er ist und bleibt ein Schriftsteller der Sowjetunion«, stellte sie beharrlich fest.

Was sie damit meinte?

Das sei schwer zu erklären. Er war populär, jeder Turkmene, der lesen konnte, kannte Paustowskis Roman *Kara-Bugas*. In seinem Optimismus war Paustowski unübertroffen. Doch es schien, als ob der Schriftsteller von seinem Sockel gestürzt war. Amansoltan erzählte, daß man in Krasnowodsk bis vor zehn Jahren noch eine Konstantin-Paustowski-Straße gehabt hatte. »Aber die ist nach dem Zerfall der Sowjetunion umbenannt worden, so wie übrigens Krasnowodsk selbst. Allein schon das Wort klang viel zu russisch.«

Trotz seines ansteckenden Enthusiasmus und guter Absichten blieb Paustowski ein Vertreter der kommunistischen Eindringlinge. Eindringlinge, die die Nomaden dazu antrieben, in einem Salzbecken bei 50 Grad Celsius die Schätze der Natur für die Moskauer Machthaber zusammenzuschürfen.

»Paustowski läßt keinen Zweifel zu«, sagte Amansoltan. »Als ob es nur aufwärtsgegangen sei mit uns, mit dem Salzabbau, mit allem. Die Arbeit im Salztagebau ist extrem gesundheitsschädigend, ja beinahe das Schlimmste, was man einem Menschen zumuten kann. Wie kann jemand das so glorifizieren?«

Amansoltan habe Paustowski niemals eine böse Absicht unterstellt – so waren eben die Zeiten. »Doch der ›bedingungslose Glaube an eine strahlende Zukunft‹ wäre nicht nötig gewesen«, fügte sie mit Entschiedenheit hinzu.

Wenn ich an der Literatur *und* an ihrer Heimat interessiert sei, dann müsse ich Andrej Platonow lesen. »Ein Zeitgenosse Paustowskis.«

In den 60er Jahren hatte sie in Moskau mit seinem Werk Bekanntschaft gemacht. Insbesondere das Buch *Dshan* sei ihr noch in lebendiger Erinnerung. In dem Roman ging es um sie oder besser gesagt um die Nomaden der Karakumwüste.

Ich hatte ein paar Bände mit Erzählungen von Andrej Platonow gelesen, aber *Dshan* kannte ich nicht.

»›Dshan‹ drückt unseren Gemütszustand aus«, sagte die Wissenschaftlerin. »Es bedeutet: eine Seele, die das Glück sucht.«

Amansoltan bat mich, *Dshan* zu lesen, da es mein Bild vervollständigen würde.

Ich versprach es ihr.

Andrej Platonow schrieb *Dshan* im Jahre 1934. Paustowski war zu diesem Zeitpunkt bereits ein gefeierter Autor, sein *Kara-Bugas* erlebte einen Triumphzug unter dem lesenden Proletariat. Alle zwei oder drei Monate erschien eine Neuauflage, insgesamt wurden Hunderttausende Exemplare gedruckt.

Dagegen war Platonows Leserschaft klein, sein Verhältnis zu den Autoritäten schwierig. Es war Maxim Gorki, der dem 35jährigen Schriftsteller den Weg geebnet hatte. Gorki machte ihn zum Mitglied einer reisenden Schriftstellerbrigade, deren Ziel Turkmenistan war. Auf der Reise sollten die Schriftsteller Ideen und Eindrücke für sozialistische Romansujets sammeln. Turkmenistan, das 1934 seinen zehnten Jahrestag als Sozialistische Republik feierte, kannte kaum eine Sowjetliteratur, aber der »Kampf gegen den Analphabetismus« erreichte in hohem Tempo eine Oase nach der anderen.

Die entsandten Schriftsteller reisten mit der transkaspischen Eisenbahn (der »eisernen Seidenstraße«) und legten einen Zwischenstopp in der Karakum ein. Während der abendlichen Trinkgelage sonderte Platonow sich ab. Auf einem der Hügel entlang des Amu-Darja, der sich bei der Stadt Chiwa teilte, machte es sich Platonow bequem. An seine Frau, die in Moskau geblieben war, schrieb er: »Die Wüste unter dem Sternenhimmel beeindruckt mich. Ich habe etwas begriffen, was ich früher nie verstand.«

Bei dem Besuch einer Baumwollkolchose erkundigte sich Platonow nach dem ausgedörrten Arm des Amu-Darja. Er hatte gelesen, daß der Hauptarm, der in der Vergangenheit den Namen Oxus trug, bis vor fünf oder sechs Jahrhunderten durch die gesamte Karakum geströmt und in das Kaspische Meer eingemündet sei. Wie er erfuhr, hatte der Strom bei Chiwa seinen ursprünglichen Verlauf in Richtung des Aralsees geändert. Über die Ursachen der Kursänderung stritten die Geologen: entweder durch Versandung oder durch die Bewässerungsanlagen bei

Chiwa. Platonows Gastgeber nickten wohlweislich und zeigten ihm die tote Flußebene, in der man Reste keramischer Wasserrohre und Spuren von Terrassenanbau gefunden hatte. Die tiefe Talschlucht war jedoch keineswegs ausgestorben. An einigen Tümpeln mit stehendem Wasser traf der Schriftsteller auf Sowjetuntertanen, die von einer Revolution nichts wußten, geschweige denn von einem zehnjährigen Jubiläum der Sozialistischen Republik Turkmenistan. Das Sammelsurium umherirrender Seelen nannte er »Dshan«, »ein Sowjetvolk, das sich wie kein anderes nach Glück sehnt«. In Platonows Worten sind es Nomaden, die nichts weiter besaßen als »ein Herz in der Brust, und das auch nur, solange es schlug«. In früheren Zeiten hatten sie auf den Ländereien Chiwas gearbeitet. »An den Wassermühlen arbeitete das Volk statt der Esel und setzte mit seinem Körper das Holzrad in Gang, um das Wasser in die Aryks, die Bewässerungskanäle, zu treiben.« Aber jetzt, wo sich der Fluß zurückgezogen hatte, vegetierten sie in einer »Schlucht, die in der Tiefe ein Grab bereithielt«.

In Platonows Landschaftsschilderungen erkannte ich die Region wieder, über die Amansoltan erzählt hatte: Sie und ihre Familie waren in derselben Talschlucht umhergestreift. Der große Unterschied zur Dshan-Bevölkerung war jedoch, daß ihr Großvater ein vornehmer Bai war: ein Besitzer von Schafen, Kamelen und einer Herde kostbarer Achaltekepferde.

Über die Schlucht, die im Volksmund Usboi-Arm hieß, hatte ihre Großmutter allerhand Geschichten erzählt. Der von Rissen durchzogene Lehmboden, der bis auf ein paar Tümpel ausgetrocknet war, hätte einst das Bett des Oxus gebildet. Amansoltans Großmutter zufolge war dieser Fluß wie »eine launenhafte Frau, die ihrer Jugend und den Städten nachtrauert, die sie gekannt hat«. Der Oxus, der jetzt Amu-Darja genannt werde, strebe noch immer zum Kaspischen Meer. »Doch der Aralsee hat den Amu-Darja entführt.« Deshalb sei die Bevölkerung auf ewig dazu verdammt, in der Karakum umherzuziehen.

Vor diesem legendenumwobenen Hintergrund schickt Platonow seinen Helden Nasar im Namen der Sowjetregierung auf Rettungsmission zu dem Wüstenvolk. Der Gesandte, »der schon als Kind vom Leid genug gehabt« hatte, war einst als Dshan-Kind einer Kollerdistel hinterhergelaufen und nach vielen Irrungen und Wirrungen in Moskau auf dem Wirtschaftsinstitut gelandet. Als gebildeter Mann kehrt er zurück, um »in seiner Heimat eine glückliche Welt aufzubauen«.

Unterwegs fallen ihm auf den Steppenbahnhöfen die Leninporträts auf, die so empfindsam nachgemalt worden sind, daß Lenin einem Greis gleicht, »dem gütigen Vater aller Heimatlosen auf Erden«. Nasar meldet sich bei der Taschkenter Parteizentrale, wo der Sekretär ihm Anweisungen erteilt:

»›Fahr jetzt hin. Suche dieses verlorene Volk. [...]‹

›Ich fahre‹, willigte Nasar ein. ›Was soll ich dort machen? Den Sozialismus?‹

›Was sonst!‹ rief der Sekretär. ›In der Hölle war dein Volk schon, soll es nun im Paradies leben. Und wir werden ihm nach Kräften helfen. Du wirst unser Bevollmächtigter sein.‹«

Nasar ist fest entschlossen, »kein Unglück mehr zuzulassen«. Auf der Suche nach seinem Volk begegnet er im Usboital einem Kamel.

»Auf die Vorderfüße gestützt, hockte es in einer Sandwehe, mager, mit eingefallenen Höckern, mit melancholischen schwarzen Augen, wie ein kluger trauriger Mensch. [...] Weiter weg trieb eine Kollerdistel; mit vor Hoffnung gutmütigem Blick folgte das Tier der lebendigen Pflanze, doch sie huschte seitwärts davon. Da schloß es die Augen, weil es nicht zu weinen verstand.«

In einem ebenso traurig-komatösen Zustand leben auch die Dshan. Das »Volk« erweist sich als armseliges menschliches Überbleibsel, das an feuchtem Sand saugt, um den Durst zu löschen. »Wohl denen, die im Mutterleib gestorben sind«, ist alles, was Nasars Mutter zu sagen hat, als sie ihren Sohn nach all den Jahren wiedersieht. Weil ihre Seelen »mürbe und ausgelaugt« seien, bleibe ihnen nichts anderes übrig, als »einfach so dahinzuvegetieren«.

Neben Nasar ist noch ein weiterer Gesandter des Sowjetsystems eingetroffen, ein gewisser Nur Muhammed. Dieser üble Charakter versucht, die übriggebliebenen Bewohner aus dem noch einigermaßen feuchten Flußbett zu locken, in der Hoffnung, daß sie in den Sandhügeln umkommen. Selbst plant er, sich mit dem 12jährigen Mädchen Aidym nach Afghanistan auf und davon zu machen, um sie dort als Sklavin zu verkaufen. Nasar holt diese Karawane der Durstigen ein und ist den grausamsten Entbehrungen ausgesetzt, doch es gelingt ihm mit Hilfe Aidyms, den teuflischen Nur Muhammed auszuschalten.

Wie ein Moses führt Nasar die Überlebenden aus der Wüste, und als sie sich im Dunkel der Nacht zum Rand der bewohnten Welt schleppen, kommt ihnen eine Kolonne Sowjetlaster mit hin- und herschwankenden Scheinwerfern entgegen. Sie sind mit Reis, Schiffszwieback, Mehl, Fleischkonserven, Medikamenten, Petroleum, Lampen, Äxten, Schaufeln, Kleidungsstücken und Büchern beladen.

Die Dshan gründen noch an Ort und Stelle eine Kommune. »Auf Nasars Vorschlag wählte das Volk seinen Werktätigensowjet. Alle wurden hineingewählt. [...] Er nahm Aidyms Hand in die seine, in stiller Freude, daß um dieses arme, zarte Wesen die Bolschewiki standen als eiserner Schutzwall.« Dennoch überlebt dieses sozialistische Experiment nicht einmal zwei Tage. Sobald die Dshan, vollgefressen und gestärkt, aus ihrem Schlaf erwachen, rollen sie ihren ärmlichen Besitz in Schilfmatten und ziehen ihres Weges. Nasar und Aidym schauen von einem Bergplateau zu, wie ihre Volksgenossen in alle Himmelsrichtungen ausschwärmen. Als sie aus dem Blickfeld verschwinden, stößt Nasar einen Seufzer aus und lächelt zugleich. »Da hat er [...] am Rande von Sary-Kamysch, dem Höllengrund der alten Welt, zum erstenmal ein echtes Leben schaffen wollen. Doch die Menschen selbst scheinen besser zu wissen, was für sie richtig ist. Genug, daß er ihnen geholfen hat, am Leben zu bleiben. Mögen sie das Glück jenseits des Horizonts finden ...«

Platonow wußte, daß der Schlußakkord seines *Dshan* den Zensoren wie eine Dissonanz in den Ohren klingen mußte. Wie alle Schriftsteller war auch Platonow dazu verpflichtet, den Text zunächst der Zensurbehörde GlawLit vorzulegen. Die Mitarbeiter dieser Institution konnten ein Manuskript zur Veröffentlichung freigeben oder nicht. Sie verteilten Genehmigungen in

Form einer Nummer, die aus fünf Ziffern und einem Buchstaben bestand. Wer sozialistisches Gedankengut in Zweifel oder ins Lächerliche zog, erhielt keine GlawLit-Nummer.

Dem Stapel mit den getippten Seiten fügte Platonow einen Begleitbrief bei, in dem er bereits im voraus versprach, den Schluß umzuschreiben: »Ich bitte darum, bei der Lektüre folgendes zu beachten: Der Autor wird eine andere Fassung anfertigen [...], die darin besteht, daß das Volk der Dshan einen für den heutigen Menschen so real möglichen Zustand des Glücks erreicht.«

Wie erwartet erhielt der Autor sein Manuskript postwendend zurück. Doch auch nachdem in der umgeschriebenen Version die Dshan-Bevölkerung in einem sozialistischen Gemeinschaftsleben zueinander gefunden hatte, ruhte kein Segen auf diesem Werk. Platonow konnte machen, was er wollte, eine Veröffentlichung von *Dshan* sollte ihm zu Lebzeiten nicht mehr gelingen.

Paustowski begriff, daß mit den Zensoren nicht zu spaßen war. Ob er nun selbst daran glaubte oder nicht, am Schluß des *Kara-Bugas* bringt er die gewünschten Fanfarenklänge und Paukenschläge zu Gehör. »Wir werden die Losung der Partei von der Industrialisierung der Randgebiete in die Tat umsetzen!« Die sowjetischen Ingenieure, die Paustowski an der Küste des Kaspischen Meeres ankommen läßt, sollen »die grausamen Legenden über die Wüste entkräften und das karge Land in den Dienst der sozialistischen Volkswirtschaft stellen«.

In der Bucht taucht eine fremdartige Maschine auf, die die Salzschicht losbricht und den manuellen Abbau erleichtert. Moskau stellte den Turkmenen »Fertigteilhäuser zur Verfügung, in denen es keine Flöhe gibt wie in den Zelten«. Die Nomaden sind scheu und mißtrauisch, doch ihre Skepsis verschwindet, als ein zehn Jahre altes Versprechen Lenins in Erfüllung geht: »Im Herbst drang zu Faireddins Zelt das Gerücht, nach Choresm seien viele Ingenieure gekommen und Maschinen, die wie eiserne Kamele aussähen, aus Schiffen würde Zement ausgeladen und die Bolschewiki wollten in das alte, seit Jahrtausenden ausgetrocknete Flußbett des Amu-Darja, das sogenannte Usboi, Wasser leiten.«

Die Dorfältesten lachen »über die kindischen Bolschewiki«, die offenbar nicht wissen, daß der Boden des Usboi aus der Sorte Sand besteht, der das Wasser aufsaugt wie »eine Herde durstiger Büffel«. Doch die Ingenieure packen die Sache gründlich an. Sie graben einen Kanal, bauen ein Wehr und schütten Zement auf die Stellen, wo das Bett aus grobkörnigem Sand besteht.

»Und der Tag des Triumphes bricht an. Das klare Wasser aus dem Amu-Darja stürzt in den Usboi, und der Sand verschlingt nicht einen einzigen Tropfen Wasser.«

Fasziniert von diesem Wunder, bekennen sich die alten Bais einer nach dem anderen zum Sozialismus. Demonstrativ legen sie ihre grünen Turbane ab – ein Zeichen ihrer Pilgerfahrt nach Mekka – und lassen ihre Kinder damit spielen.

Ich schlug die letzte Seite meiner russischen *Kara-Bugas*-Ausgabe auf, eines antiquarisch erworbenen Exemplars in der zweiten Auflage, erschienen 1932. Auf der Rückseite standen in Miniaturbuchstaben Zahlen, die Höhe der Auflage (20 000 Exemplare) und der Verkaufspreis (2 Rubel). Zwischen dem Kleingedruckten entdeckte ich auch die Nummer (B-24 290), vergeben von GlawLit.

Belomor

Im Zug »Roter Pfeil« wurden für den 17. August 1933 vier Waggons für eine außerplanmäßige Brigade reserviert. Auf dem Bahnsteig steht bei jedem Trittbrett eine Waggonälteste, ein fürsorgliches Mütterchen mit einer roten Binde am Oberarm. Als die Reisegesellschaft spät am Abend eintrifft, zeigen sich die Wagenbegleiterinnen ebenso neugierig wie die Gepäckträger und die übrigen Fahrgäste auf dem Leningrader Bahnhof. Alle versuchen sie, einen Blick auf die 120 von Gorki auserlesenen Sowjetschriftsteller zu erhaschen. Sie sind mit Koffern bepackt und sehr »ausgelassen«, so der Berichterstatter der *Literaturnaja Gaseta.* »Die Schriftsteller eilten zum Zug, und bereits anderthalb Stunden vor Abfahrt hatten sie die reservierten Abteile besetzt.«

Der damalige Staatssicherheitsdienst GPU hat die Reise bis ins I-Tüpfelchen vorbereitet. Das Ziel ist der Gulag. Auf Gorkis Fürsprache hin wird der Delegation das neue Strafvollzugssystem vorgeführt. Aus diesem Grund soll die Delegation die Straflager entlang des fast vollendeten Belomor-Kanals besuchen, der Leningrad und das Weiße Meer (Belomor) miteinander verbindet. Der Belomor-Kanal wird von Zwangsarbeitern, den sogenannten Kanalsoldaten, mit der Hand ausgehoben und gilt als das Glanzstück des ersten Fünfjahrplanes.

»Der Belomor-Kanal stellt eine tatsächliche Veränderung der geographischen Verhältnisse dar. Ist das nicht schlechthin das Thema für uns Sowjetschriftsteller?«

Der Nestor der Gruppe mit dem tuberkulösen Husten und der hölzernen Mimik hatte die Idee gehabt, daß die Brigademitglieder unter seiner Leitung eine Prüfung ablegen. Diese

Prüfung – ein Beitrag zum Fünfjahrplan – besteht darin, daß ein Schriftstellerkollektiv den Bau des Belomor-Kanals für die sozialistische Geschichtsschreibung festhalten soll.

Stalin gibt sein Einverständnis für die Reise, und im Sommer des Jahre 1933 hat Gorki eine Liste von 120 Schriftstellern für die Gulag-Expedition zusammengestellt.

Das Schriftstellerduo Ilf und Petrow gehören ebenso zur Delegation wie die charmante Vera Inber mit ihrem Barett, von dem sie sich nie zu trennen scheint, und Marietta Schaginian, die Armenierin, die unter dem Pseudonym Jim Dollar antiamerikanische Krimis schreibt. Weitere Mitglieder sind Alexej Tolstoi, der in der Person Zar Peters des Großen den ersten Bolschewik erkannt haben will, und der modisch gekleidete Boris Pilnjak, der nicht einsieht, daß Sozialisten keine Fliegen tragen.

Der Benjamin der Gruppe Sascha Awdejenko kann sein Glück kaum fassen. »Unversehens war ich in die Riege prominenter Schriftsteller aufgenommen. Ein einfacher Arbeiter, zur Literatur gerufen«, schrieb er in einem Rückblick. »Ich konnte den Abend kaum erwarten. Worüber ich mir nicht alles Sorgen machte! Ich fürchtete, sie würden mich im letzten Moment von der Liste streichen oder ich würde zu spät kommen.«

Sascha Awdejenko hat gerade seine Lebensgeschichte *Ich liebe* publiziert, einen Bericht über seine Jugend als verwahrlostes Straßenkind, das es bis zum Kranführer in einer sozialistischen Metallstadt bringt. Die Teilnahme an der Belomor-Reise ist die ehrenvollste Belohnung, die er sich vorstellen kann. Für Awdejenko ist es so, als ob die Gastgeber des Geheimdienstes einen Vorgeschmack auf den »vollendeten Kommunismus« geben. »Wir aßen und tranken, was wir und soviel wir wollten. Geräucherte Wurst, Käse, Kaviar, Obst, Schokolade, Wein, Cognac. Und ohne für irgend etwas bezahlen zu müssen.«

Der Rote Pfeil bringt sie von Moskau nach Leningrad, wo der Satiriker Michail Soschtschenko (Autor der Sammlung *Erzähl mir was, Genosse!*) sich der Gesellschaft anschließt. Nach einer weiteren Nacht erreicht der Zug die abgelegene Forststation Medweschaja Gora (Bärenberg), den Sitz der Belomor-Lagerleitung.

Eine erfolgreiche Exkursion ist für Gorkis Prestige von größter Bedeutung. Der herzliche Empfang durch Stalin hat den Schriftsteller von einem chronischen Zweifel kuriert. Seine einstige Furcht, rote Bauernhorden könnten Kultur und Zivilisation vernichten, ist einem tiefen Respekt vor den Werktätigen gewichen. »Der Mensch wird erst zum Menschen, wenn er ein Arbeiter ist«, erklärt er mit religiöser Tiefgründigkeit.

Gorkis Mission ist es, eine Sowjetliteratur mit eigener Stimme und eigenem Stil ins Leben zu rufen. Die *Literaturnaja Gaseta* schreibt: »Die Massen fordern von den Kunst- und Kulturschaffenden der Sowjetunion einen sozialistischen Realismus.« Doch was bedeutet das? Was unterscheidet die Sowjetliteratur von vorigen Literaturen?

Bei der Beantwortung dieser Fragen ging Gorki systematisch vor. Zunächst einmal hörte er sich bei den Arbeitern und Bauern um, denen in einer Diktatur des Proletariats auch das Geschmacksmonopol zustand. Der Schriftsteller konnte dabei auf existierende Meinungsumfragen zu den Präferenzen im Volk zurückgreifen: Im Zusammenhang mit den Alphabetisierungskampagnen hatte es bereits in den 20er Jahren Befragungen unter der ständig wachsenden Leserschaft gegeben. Sobald die Zöglinge ihren Namen buchstabieren konnten, hatte man ihnen Gedichte von Majakowski und Blok, Romane von Gorki oder *Die Reiterarmee* von Babel in die Hand gedrückt und sie um ihre Meinung gebeten.

»Nützlich«, urteilte eine 18jährige Bauerntochter über *Die Mutter*. »Man lernt, wie man als Frau leben soll.«

»Nur Gorki kann so unterhaltsam schreiben«, meinte ein 48jähriger Fabrikarbeiter. »Und alles ist gut zu begreifen.«

Viehzüchter und Kartoffelbauern, die Erde noch unter den Fingernägeln, sollten zu Opern- und Ballettaufführungen Rezensionen schreiben. So waren die Zeiten. Schüchtern drängten sie sich bei Peter Tschaikowskis *Schwanensee* im Moskauer Bolschoi-Theater. »Es geht um die Liebe eines Prinzen zu einer Prinzessin und, infolge seines Verrats, um einen sterbenden Schwan. Und zwar in vier Akten«, notierten sie am Schluß in ihrem Fragebogen. »Von den langweiligen Geschichten ist das wohl die allerlangweiligste. Das interessiert nun wirklich keinen.«

Hatten sich die Arbeiter und Bauern gerade des Adels entledigt, schlich sich dieser wie Natterngezücht über die Theater wieder in die Gesellschaft ein.

»Drei von uns – wir waren zu siebt – fielen immer wieder in Schlaf. Sie bekamen ab und zu einen Stoß von den Leuten hinter uns: ›Kinder, nicht schnarchen.‹ Und wir? Wir haben *so* gelitten.«

Diese Theaterkritik stand in dem 1926 erschienenen Buch *Arbeiter über Literatur, Theater und Musik*, in dem das Proletariat mit Puschkin, Tschechow, Tolstoi abrechnet und überhaupt mit allem, »was vorbei und gestorben ist«.

Doch auch das neue, experimentelle Theater der 20er Jahre sprach die Arbeiter- und Bauernschaft nicht an. Ein werktätiger Rezensent, der im Auftrag seiner Fabrik einer Vorstellung des avantgardistischen Wachtangow-Theaters beiwohnte, fühlte sich absolut nicht wohl. Im Publikum bemerkte er drei, höchstens vier andere Arbeiter, »der Rest der Zuschauer schien aus Adligen, aufgedonnerten Damen und gepuderten Fräuleins mit Ringen und Armbändern zu bestehen«.

Bewohner einer städtischen Genossenschaftssiedlung, denen man ein Gedicht von Boris Pasternak zur Beurteilung vorgelegt hatte, waren sich einig:

»Man wird nicht schlau daraus. Das Gedicht gackert wie ein kahlgerupftes Huhn. Schrecklich.«

»Was hier steht, ist Müll und Dreck.«

»Ich habe nichts gegen diesen Pasternak. Aber ich fand sein Gedicht so ekelerregend, daß mir schlecht davon wurde.«

»Die Worte sind russisch, aber sie sagen mir nichts.«

»Sie fliegen dir wie Mücken um die Ohren, bzzz-bzzz-bzzz!«

Gorki nahm sich die Kritik dieser Volkstribunen zu Herzen. Es störte ihn schon länger, daß sich die nachrevolutionäre Schriftstellergeneration nicht um die Lesbarkeit ihres Werks und das Auffassungsvermögen der Arbeiter scherte. »Nein, man beschäftigt sich lieber mit Kunst um der Kunst willen!« Gorki ist der Ansicht, die Form müsse immer dem Inhalt untergeordnet werden. Die »Tricks« der Formalisten und anderer experimenteller Künstler hingen ihm zum Halse heraus.

Und wie macht man es richtig?

Im Jahre 1927 erschien bei der Hauptverwaltung für Literatur ein Leitfaden für Schriftsteller mit dem Titel: *Was für ein Buch braucht der Bauer?*

»Bauern wollen eine gut strukturierte Geschichte und einen logischen Handlungsablauf. Der lesende Bauer will kein Buch, das beklemmende Gefühle auslöst. Jede Form von Rhetorik, übertriebener Manieriertheit oder Formenspielerei widersprechen seinem Lesegeschmack und stoßen ihn ab.«

In seiner Kaufmannsvilla läßt Maxim Gorki diese und ähnliche Beobachtungen auf sich einwirken. Es ist seine Aufgabe, dem Ganzen eine theoretische Grundlage zu geben, die auf den Lehren von Marx und Lenin beruht.

Mit der Leninschen Lehre kommt er schnell zurecht. Gorki glaubt, daß Lenin die seltene Gabe besaß, »von den Höhen, die das Volk in Zukunft erreichen wird«, auf die sumpfige Gegenwart hinabzuschauen. Sowjetische Schriftsteller sollten sich diese Leninsche Lehre zu eigen machen, damit sie als zuverlässige Führer den Weg aus dem Morast in die lichte Zukunft weisen können.

Den Marxschen Werken entnimmt der Schriftsteller wiederum sein Hauptthema: die greifbare Wirklichkeit um ihn herum, das »materialistische Fundament«, das in der Sowjetunion eine revolutionäre Umgestaltung erlebt.

Schluß mit den Märchen und Liebesgeschichten. Schriftsteller sollen den Aufbau des Landes dokumentieren und sich mit ihren literarischen Fähigkeiten auf U-Bahn-Tunnel, Bergwerke und Erzhütten richten. Gorki spricht von einer »neuen, wesentlichen Strömung, dem sozialistischen Realismus, der ausschließlich auf der Grundlage sozialistischer Erfahrungen geschaffen werden kann.«

Der Realismus im Begriff »sozialistischer Realismus« sind die Bauwerke, die aus der Sowjeterde ragen: die Zementfabriken, Kulturhäuser und Kolchosen. Der soziale Auftrag, das ist das Versprechen einer strahlenden Zukunft, der Klassengleichheit, der Freundschaft zwischen den Völkern und der Paraden zum Ersten Mai mit Akrobatik und Gymnastik.

Alles läuft darauf hinaus, daß die Partei, die die Arbeit der Massen steuert, durch Fisiki und Liriki unterstützt wird. Die Fisiki sind die Ingenieure und Architekten, die Hydrologen und Elektrotechniker, die die physikalische Wirklichkeit über einen sozialistischen Leisten schlagen. Die Liriki sind die Schriftsteller, Filmemacher, Komponisten, Bildhauer und Maler, die die parallel laufende Umwandlung von Mensch und Gesellschaft begleiten.

»Ich sehe zuwenig lachende Gesichter«, sagt Gorki – der Bittere – anläßlich einer Gemäldeausstellung im Jahre 1933. »Zuwenig spontane Freude.«

Heiterkeit ist fortan Pflicht. Von Romanfiguren fordert Gorki, daß sie entweder gut oder schlecht sind. Für Zweifler und Grübler (wie auch für »Oblomows«, die nicht aus dem Bett finden) ist kein Platz mehr. Die russischen Literaten des 19. Jahrhunderts, allen voran Dostojewski und seine Jünger, haben ihm zufolge wertlose Werke hervorgebracht, »in denen es nur so von nutzlosen Helden wimmelt«. Helden müssen aus einem Stück gegossen sein. Ihre Charaktere sind transparent, und sie hüllen sich vorzugsweise in lange Mäntel, unter denen sich keine sexuellen Wünsche verbergen. Diese Asketen, Mitglieder der Kommunistischen Partei, sind zugleich Kämpfernaturen und Drachentöter, doch ohne »das Kollektiv« würden sie es nicht schaffen.

Gorki erklärt den Individualismus für überholt. In der kapitalistischen Hemisphäre gedeiht er, weil die Individualisten, die dem »animalischen Stadium« noch nicht entwachsen sind, dem Privateigentum nachjagen müssen. Führt man die Argumentation weiter, dann ist laut Gorki auch der Schriftsteller als Individuum ein Anachronismus. Kunst wird im Kommunismus vom Volk erschaffen; über kurz oder lang spielt der Name des Autors keine Rolle mehr.

Gorki meint dazu: »Wenn Arbeiterbrigaden Beton gießen, warum sollten Schriftstellerbrigaden kein gemeinsames Buch produzieren können?«

Auf den Spuren der 120köpfigen Schriftstellerdelegation ließ ich mich im Herbst des Jahres 2000 von der Russischen Eisenbahn nach Bärenberg (Medweschaja Gora) bringen. Ich nahm den »Roten Pfeil« nach St. Petersburg und stieg dann in den Expreßzug Richtung Murmansk um. Die Reise dauerte mehr als einen Tag. Nördlich von St. Petersburg beschränkte sich die Aussicht auf die schemenhafte Taiga und ein gelegentliches Rangiergelände. In offenen Güterwaggons lagen Stapel gefällter Birken.

Ich bestellte bei der Waggonältesten ein Glas Tee und las in einem Buch mit dem Titel *Belomor,* das die Schriftsteller nach ihrem Gulag-Besuch geschrieben hatten. Es war unter Gorkis redaktioneller Leitung von einem 36köpfigen Autorenkollektiv geschaffen worden, keine lose Essaysammlung, sondern »kollektive Literatur«. Anonyme Übersetzer hatten in Moskau eine englischsprachige Version für uns, die Kapitalisten, angefertigt. Diese ausländische Ausgabe von *Belomor* war 1935 bei Harrison Smith & Robert Haas erschienen, einem New Yorker Verlag, der auch Werke von William Faulkner, Antoine de Saint-Exupéry und André Malraux herausgab.

Zu Hause in Moskau hatte ich binnen weniger Mausklicks bei einem Online-Antiquariat in Burbank, Kalifornien, ein Exemplar gefunden. Obwohl die Bestellung und die Abrechnung alles in allem weniger als eine Minute gedauert hatten, ließ das Päckchen drei Wochen auf sich warten.

Es war ein Buch mit Illustrationen. Ich roch am Schutzumschlag, schlug das Buch auf und sah das Bild eines makellosen und jugendlichen Josef W. Stalin, ohne eine Falte oder sonstige Unebenheiten. Erst bei näherer Betrachtung fiel auf, daß das Foto sorgfältig retuschiert worden war.

Der Titel lautete in voller Länge: *Belomor, die Baugeschichte des nach J. W. Stalin benannten Kanals zwischen dem Weißen Meer und der Ostsee.*

In einem furiosen Tempo, in nur 20 Monaten, war die 227 Kilometer lange Wasserstraße von 126 000 Strafgefangenen per Hand ausgehoben worden.

»Unsere Schriftsteller liefern zunächst einen Tatsachenbericht, und erst danach werden diese Fakten einer künstlerischen Reflexion unterworfen«, erläutert Maxim Gorki im Vorwort.

Im holprigen monotonen Rhythmus eines russischen Expreßzugs führte ich mir *Belomor* in Ruhe zu Gemüte und stieß auf zahllose, auf den ersten Blick unwiderlegbare Fakten, Daten und Zahlen: hart wie das Gestein, aus dem die Fahrrinne des Belomor-Kanals (länger als der Panama-Kanal) geschlagen worden war.

Vor dem eigentlichen Text war ein »Produktionskalender« veröffentlicht:

> 13. August 1933: Das Redaktionskollegium des Verlags Geschichte der Fabriken und Betriebe beschließt, ein Buch über den Bau des Weißmeer-Ostsee-Kanals in sein Programm aufzunehmen.
> 17. August 1933: Eine Delegation von 120 Schriftstellern unternimmt eine Reise entlang des Kanals.
> 10. September 1933: Die Gliederung des Buchs wird festgelegt und die Arbeit unter 36 Autoren verteilt.
> 20. Oktober 1933: Das Autorengremium diskutiert über das Manuskript.
> 12. Dezember 1933: Das Manuskript ist druckreif.
> 20. Januar 1934: Das Buch erscheint.
>
> Gedruckt und gebunden wurde das Buch von einer ausgewählten Gruppe von 122 Vorzeigearbeitern, die diese Arbeit in 38 Tagen erledigt haben.

In meinem *Belomor*-Exemplar stand eine handgeschriebene Widmung: »Xmas 1936. A merry christmas to Polly and Clayt. Dorothy.«

Ich fragte mich, wer Dorothy war. Und auch, ob Polly und Clayt einander unter dem Weihnachtsbaum *Belomor* vorgelesen hatten. Sollten die zur Schau gestellten Leistungen der Sowjetmacht sie verblüfft haben?

Gerade in den Krisenjahren begann der Kontrast zwischen dem »Hier« und »Dort« groteske Formen anzunehmen. Die

Geldmärkte im Westen waren zusammengebrochen, dagegen erhöhten sich die Wachstumsziffern der sowjetischen Planwirtschaft. »Selbstverwaltung« war ein Schlüsselbegriff im Stalinschen Fünfjahrplan. Die Sowjetunion sonderte sich mit Reisebeschränkungen, Stacheldraht und Importverboten vom Rest der Welt ab. Kritische Geister kamen nicht mehr ins Land hinein; Holzhändler und andere Wirtschaftsvertreter aus Übersee wurden zu unerwünschten Personen erklärt.

Auf der anderen Seite versperrte man suspekten Sowjetbürgern die Einreise in den Westen. 1932 verweigerte die niederländische Regierung Maxim Gorki ein Visum, als dieser an der Spitze einer sowjetischen Delegation den internationalen »Antikriegskongreß« in Amsterdam besuchen wollte.

Der Meinungsaustausch stagnierte, der Blick auf das sozialistische Experiment verblaßte. In den Niederlanden durften Propagandafilme aus der UdSSR – aus Angst vor der roten Gefahr – ausschließlich registrierten Mitgliedern des Vereins »Freunde der Sowjetunion« gezeigt werden.

Ich versuchte aufzulisten, was sich Anfang der 30er Jahre aus europäischer Distanz mehr oder weniger objektiv über die Sowjetunion sagen ließ. Rechnete man alle ideologiegetränkten Pro- und Kontra-Schriften gegeneinander auf, was blieb dann noch übrig?

Diplomatische Beziehungen gab es kaum, diese wurden erst nach Hitlers Machtübernahme offiziell aufgenommen. Auf beiden Seiten wurde die Post kontrolliert und zensiert. Es gab lediglich vereinzelte Tourneen oder gegenseitige Besuche einer Sportgruppe oder eines Zirkus.

Der Export russischen Weizens fand zu Dumpingpreisen statt. 1930 und 1931 waren es noch insgesamt 10 Millionen Tonnen, danach kam der Export zum Erliegen. Die Ausfuhr von Gruben- und Papierholz nahm immer weiter ab. 1933 verließen nur noch fünf Schiffsladungen den Hafen von Odessa.

Es gelangte wenig über die Grenze. Auf Grund natürlicher Gegebenheiten blieben die Flüsse Dnjepr, Don und Wolga von der Quelle bis zur Mündung auf dem Territorium der Sowjetunion. Und so konnte das Tempo der Industrialisierung, dessen

Stalin sich rühmte, nicht einmal am Verschmutzungsgrad der Flüsse abgelesen werden.

Schließlich gab es da noch das »ornithologische Rätsel«: das plötzliche und unerklärliche Fernbleiben der Zugvögel. Vor allem die Zahl der Ringelgänse, die sich jeden Winter auf den nahrungsreichen Schlickbänken des niederländischen Wattenmeeres niederließen, ging in den frühen 30er Jahren spürbar zurück. Normalerweise kamen sie in mächtigen V-Formationen von den unberührten Küsten jenseits Nowaja Semljas, wo sie in Flußdeltas gebrütet hatten, über das Weiße Meer, die Seen Kareliens, den finnischen Meerbusen und die dänische Halbinsel in die Niederlande. Nach 1932 wurde in den nordniederländischen Entenkörben jedoch fast keine Ringelgans mehr gefangen.

Beim ersten Sonnenlicht wurde ich durch zwei Finnen geweckt, die sich mit einer Kiste Bier in mein Abteil zwängten. Wir standen im Bahnhof von Petrosawodsk. In dieser Stadt befand sich die Bronzegießerei, in der Zar Peter seine Kanonen und Anker bestellt hatte. In Sowjetzeiten hatte man die Fabrik umgerüstet und sich auf die Herstellung von Grab-, Schürf- und Schiebevorrichtungen für Maschinen und Geräte spezialisiert. Ich begab mich zum Frühstück in den Speisewagen. Statt eines Kellners erschien ein Jäger mit einem Arm voller Pelze an meinem Tisch. »Für Ihre Frau oder Freundin«, drängte er, während er über die Hermelinschwänze strich.

Ich lehnte dankend ab, schob die Vorhänge zur Seite, um die Morgendämmerung zu vertreiben, und nahm *Belomor* wieder zur Hand.

Der Ton war voller Enthusiasmus: »Im Jahre 1931 erwachte die Landkarte Rußlands zu neuem Leben. Man konnte auf ihr eine Unzahl von Fabriken, Bergwerken und ganzen Städten entdecken, die aus dem Nichts entstanden waren und die durch einen geologischen Kraftakt an die Oberfläche kamen. Neue Namen tauchten auf der Karte der UdSSR auf: Magnitogorsk, Igarka, Saporoshe [...]. Fabriken und Großstädte waren im Begriff, sich aus den Steppen zu erheben.«

Schadenfreudig berichten die Mitglieder des Schriftstellerkollektivs von den vorrevolutionären Versuchen profitgieriger Holzhändler und Transporteure, das undurchdringliche, an Finnland angrenzende Karelien zu erschließen und wirtschaftlich zu nutzen. Der Schlüssel hierzu war eine Schiffahrtsverbindung von St. Petersburg über den befahrbaren Ladoga- und Onegasee zum Weißen Meer. Ein gewaltiges Hindernis war das Nordufer des Onegasees, dessen niedrigster Punkt immer noch 108 Meter über dem Meeresspiegel lag. Eine Durchfahrt erforderte nicht nur einen Kanal, sondern auch ein Schleusensystem auf der Höhe der Gemarkung Powenez, um den Höhenunterschied auszugleichen.

Niemand zweifelte am Nutzen einer solchen Fahrrinne, da sie die Umschiffung der skandinavischen Halbinsel überflüssig machte. Bereits im Jahre 1702 hatte Zar Peter zwei Fregatten aus dem Hafen von Archangelsk über diese direkte Verbindung in seine neue Hauptstadt bringen lassen. Die Schiffe aus Holz mußten auf Schlitten durch die Wälder zum Onegasee gezogen werden: eine Strecke von mehr als 100 Kilometern. Das Schleppen der Boote, das Treideln, hatte in Rußland eine lange Tradition. Die Burlaki, derbes, zottiges Bauerngesindel, verkauften sich für 100 Gramm Wodka und einen Kanten Brot als Lastesel und ließen sich in Geschirr vor die Schiffe spannen. Gorkis Großvater verdingte sich noch als Wolgatreidler, und Stalins Lieblingsmaler Ilja Repin schuf mit seinen *Wolgatreidlern* ein Gemälde, das in den Schulbüchern der Union der Sozialistischen Sowjetrepubliken als Anklage gegen die Sklaverei in der Zarenzeit abgebildet war.

Für einen ständigen Transportdienst mit Hilfe der Wolgatreidler war die Entfernung zwischen dem Weißen Meer und dem Onegasee zu groß, das hatten auch die Kaufleute und Konzessionäre eingesehen. Ein Kanal würde die Fahrzeit von St. Petersburg nach Archangelsk von 16 Tagen auf weniger als eine Woche verkürzen. Zahllose Streckenverläufe wurden untersucht, die Skizzen lagen bereit, aber die Herren Kapitalisten konnten sich nicht über die Finanzierung einigen.

»Wälder, Sümpfe und Seen blieben unangetastet«, konstatierten die Verfasser in *Belomor.* »Noch war Karelien das Land der unerschrockenen Vögel.«

Im Jahre 1931 beschlossen die Genossen per Dekret den Bau des Belomor-Kanals. »Nicht irgendwann in der Zukunft, sondern jetzt mußte gebaut werden. Sollte der Sowjetunion gelingen, woran das zaristische Rußland gescheitert war?«

Ich schlug die Seiten mit den Schwarzweißfotos auf. Auf Seite 253 setzt eine Frau mit einer Bleischürze einen Preßlufthammer in den Boden. »Wenn der Mensch die Natur verändert, verändert er sich auch selbst«, lautet die Bildunterschrift.

Da war etwas dran.

Belomor bot heldenhafte Impressionen über die Tiefbauarbeiten. »Nachts leuchtet die Baustelle wie die Gorkistraße in Moskau. Rauchschwaden treiben durch den dunklen Himmel. Lokomotiven pfeifen. Auf der Erde dagegen, an den Uferböschungen und in den Wäldern wimmelt es nur so von Arbeitern. So eine gewaltige Kulisse ist noch nicht einmal in einem Film gezeigt worden. Und nun muß man sich noch vorstellen, daß diese Vorarbeiter eigentlich alles Verbrecher sind.«

In ein und demselben Kollektiv schuften kaukasische Viehdiebe, jüdische Börsenspekulanten und sibirische Diamantenschmuggler Seite an Seite. Das Gros der Gulag-Häftlinge bilden jedoch die Kulaken, die in großer Zahl die Kollektivierung der Landwirtschaft behinderten, indem sie Getreide oder Vieh zurückgehalten haben. Diesen etwas reicheren Bauern wird genauso wie den übrigen Kanalarbeitern »in der Schule der sozialistischen Arbeit« eine zweite Chance geboten.

Eine besondere Kategorie unter den Gefangenen sind die sogenannten »Ingenieur-Saboteure«. Die Angehörigen eines über die gesamte Sowjetunion versprengten, konterrevolutionären Netzwerks waren bei der mutwilligen Untergrabung des Fünfjahrplans ertappt worden. Sie hatten versucht, durch absichtliche Falschberechnungen und gut getarnte Entwurfsfehler Sand in das sozialistische Getriebe zu streuen. Ihr Anführer war ein gewisser Professor Riesenkampf, ein Wolgadeutscher, der für das Mißlingen einer Bewässerungsanlage in der zentralasiatischen Wüste gesorgt hatte. Zur Wiedergutmachung des Schadens werden Riesenkampf und seine Mitarbeiter zur Planung des Belomor-Kanals verurteilt. Zunächst findet die Planung in den Amtsräumen der Moskauer Lubjanka statt, dem Hauptsitz der Staatssicherheit.

Die »Ingenieur-Saboteure«, auffallenderweise allesamt Hydrologen, müssen Erddämme planen, um die karelischen Seen im Kanalverlauf befahrbar zu machen. Danach soll ein System von 19 Kammerschleusen, davon 13 mit Doppelkammern, entworfen werden. Bei den Berechnungen ihrer Konstruktionen dürfen sie nicht davon ausgehen, daß für den Bau Zement oder Metall zur Verfügung stehen. Außer dem vor Ort im Überfluß vorhandenen Holz wird es kein Baumaterial geben.

Auf der Baustelle verfügen die Gefangenen über 70 000 Schubkarren und 15 000 Pferde. Mangels Zugtieren schieben sie außerdem 12-Stunden-Schichten, die als die »vorübergehende Durchführung der Aufgaben eines Pferdes« umschrieben werden. In diesem Falle legen sie wie die Wolgatreidler das Geschirr an und schleppen Baumstämme heran. Es gibt keine Aufseher, die die Arbeiter mit knallenden Peitschen antreiben. Im Gegenteil: Die Gefangenen werden mit Akkordeon- und Trompetenmusik zu höheren Leistungen und gegenseitigem Wetteifer angespornt.

Die Agitationsbrigade ehemaliger Diebe zieht entlang aller im Bau befindlichen Schleusen und singt in schrillem Falsett: »Wenn wir der Natur eine Lehre erteilen, wird uns bald die Freiheit ereilen.«

Es gibt Rückschläge, Schneestürme, Damm- und Deichbrüche, aber auch Erfolge. Reißende Flüsse werden mit vereinten Kräften gezähmt oder gestaut. *Belomor* schäumt über von Geschichten mit einem Happy-End. Puffmütter aus der Ukraine und Banditen aus Georgien bekennen sich reihenweise zum Sozialismus. Einer der ehemaligen Saboteure, der 40jährige Ingenieur Maslow, ist nach der Pferdekur und nach der ganzen Rackerei wie neu geboren. Für den Entwurf von Schleusentoren, die schräg zueinander angeordnet sind wie bei einem Diamantschliff, empfängt er den Rotbannerorden. 1933 wird Maslow vorzeitig entlassen, doch er beschließt zu bleiben und sein weiteres Leben freiwillig in den Dienst der »sozialistischen Hydrotechnik« zu stellen.

Der eigentliche Held in *Belomor* ist ein Staatssicherheitsbeamter, der in seiner Funktion als Lageraufseher die »Leibwache des Proletariats« verkörpert. Er trägt entweder »einen langen, aschgrauen Mantel« oder »eine Lederjacke«, steht breitbeinig in der Türöffnung der Baracken oder auf einem Floß. Unermüdlich, seine Mütze bis zu den Augenbrauen heruntergezogen, erläutert er »den Sinn des Sozialismus und der Wahrheit«. Seine Aufgabe – die Umerziehung – erfordert Beherrschung und Engelsgeduld, »angesichts der Tatsache, daß Menschenmaterial sich unendlich schwerer bearbeiten läßt als Holz«.

Ungefähr in der Mitte von *Belomor* stieß ich auf den Speiseplan des Lagers, der mich an die Erzählungen des jüngsten Mitgliedes der Schriftstellerbrigade Sascha Awdejenko denken ließ. In seinem Rückblick hatte er erzählt, daß er das Begrüßungsessen in Bärenberg mit Huhn à la Kiew in bleibender Erinnerung behalten hätte. »Solch ein kulinarischer Genuß, und das in diesen kargen Zeiten!«

In allen Baracken hing der mit einem Blumenmuster geschmückte Speiseplan und gab Auskunft über die Tagesration, die den Gefangenen zustand:

Kohlsuppe – ½ Liter
Fleischbrei – 300 Gramm
Fischkoteletts mit Soße – 75 Gramm
Blätterteig mit Weißkohl – 100 Gramm

Sascha Awdejenko hatte zu seinem Erstaunen festgestellt, daß dies eine vollwertige Mahlzeit und eine Seltenheit in Zeiten der Hungersnot war. Aber bekamen die Kanalarbeiter ihre Portion auch wirklich? In *Belomor* gab es dazu keine ausführliche Erklärung, nur die beiläufige Meldung, daß es zum Schluß keine roten Orden, sondern nur noch »Belohnungsbrötchen« für die besten Bauarbeiter gab. Auf einem der Schwarzweißfotos stand eine Lagerwache mit geschultertem Gewehr, die von einer Ladefläche die zusätzlichen Rationen austeilt, umlagert von gierig ausgestreckten Händen.

Die wenigen Fahrgäste, die in Bärenberg ausstiegen, wurden mit Eimern voll Beeren und Pfifferlingen, Töpfen mit Honig und Körben getrockneten Fisches empfangen. Gekrümmte Mütterchen, die diese Waren feilboten, reichten mit ihren Armen kaum bis zu den Waggonfenstern. Sobald der Zug wieder pfeifend in der Taiga verschwand, lösten auch sie sich in nichts auf.

Der Bahnhof glich einem Ferienheim in den Alpen, doch anders als in einem Skiort war in diese 20000-Seelen-Gemeinde noch keine Reklame vorgedrungen. Nirgendwo auf den Bahnsteigen sah ich den in Rußland allgegenwärtigen Marlboro-Mann oder Fanta trinkende Windsurfer. Die einzige handgemalte Reklametafel warb für den örtlichen Jagdverein.

»Felix-Dsershinski-Straße Nummer 208«, notierte ich.

Es stellte sich heraus, daß eine schnurgerade Allee durch den volkseigenen Wald lief, die Dsershinski-Straße. Die Tatsache, daß hier 126000 Volksfeinde entlangmarschiert waren, ließ mir einen Schauder über den Rücken laufen.

Die blätterübersäte, asphaltierte Straße führte zu einem Platz mit einem Hotel. Die Belomor-Häftlinge hatten diesen Koloß errichtet, um Stalin auf angemessene Weise willkommen zu heißen. Ich wollte mich in dem Hotel einquartieren, doch das auf bröckelnden Säulen gestützte Bauwerk sah nicht gerade einladend aus. Aus der Dachrinne ragten Grasbüschel und Birkensprößlinge. Die einzige Tür, die sich öffnen ließ, führte zu einem Keller unter einem der Seitenflügel. Das Treppenhaus roch nach Sägemehl und Harz: In den Katakomben des »Stalinhotels« befand sich jetzt eine Zimmerwerkstatt.

Eine dürre Gestalt in einem Arbeitskittel sah von ihrer Arbeit auf und nahm Haltung an. Zimmermann Nikolai Jermantschuk. Offenbar hielt er mich für einen Beamten des Finanzamts oder für einen anderen Vertreter der Neuzeit. Erst als ich mit ausländischem Akzent nach dem Gästeeingang fragte, entspannte er sich und schüttelte die Sägespäne von seinen Manschetten.

»Das Hotel ist schon seit Jahren geschlossen«, sagte er.

Ich fragte ihn, ob er wisse, wie es ursprünglich einmal ausgesehen hatte, worauf der Zimmermann einige knappe Informationen preisgab.

Die seegrünen Fliesen sind Überreste eines türkischen Bads, erzählte er. »Und auf der anderen Seite des Flurs war früher ein Schießstand.«

Gehörte der zur Standardeinrichtung?

»Ja. Jagen ist bei uns ein Volkssport. Als wir hier mit der Werkstatt einzogen, hingen die Schießscheiben noch an der Wand.«

Nikolai gewährte mir durch einen Spalt einen Blick in die verbarrikadierte Hotellobby, die wegen Einsturzgefahr nicht betreten werden durfte. Gegenüber dem Fahrstuhl entdeckte ich eine Art Wachhäuschen im Telefonzellenformat, von dem aus ein KGB-Agent die Besucher bis zum bitteren Ende der Sowjetunion beobachtet hatte.

Im zweiten Stock befand sich ein Restaurant mit Ballsaal, der etwa 200 Gäste faßte. Zur Qualität der Küche konnte der Zimmermann nichts sagen. »Ich habe da nie gegessen«, entschuldigte er sich. »Das war ein Treffpunkt der besseren Gesellschaft.«

Als Fachmann war er jedoch über die Besonderheiten des rechteckigen Aussichtsturms in der Verlängerung des Fahrstuhlschachtes informiert. Der oberste Stock, der mir schon draußen auf dem Vorplatz aufgefallen war, bestand aus einem Kubus aus Glas und grazilen Rahmen. Voller Ehrfurcht sprach Nikolai von einem Atrium, in dem auch Lehnstühle und Topfpflanzen standen. »Damals war dies der höchste Punkt in Bärenberg.«

Von dieser Ehrenloge aus konnte man wie ein Feldherr die gesamte Umgebung überblicken: den Onegasee mit den Treibholzstapeln entlang der Küsten und in der Ferne die majestätische Einfahrt in den Belomor-Kanal beim Dorf Powenez. Geplant war, daß Stalin vom Glaskubus aus durch ein Kupferfernrohr die sieben Schleusen der »Treppe von Powenez« betrachten sollte, bevor er an Bord eines Motorschiffs den Kanal befuhr.

»Stalin hat das Hotel hier nie betreten«, sagte Nikolai. »Er ist nur kurz in Bärenberg gewesen und dann sofort weitergereist.«

Hörte ich einen Anflug von Bedauern in seiner Stimme? Ich dankte ihm für die Auskunft und fragte zum Abschied, ob sich in Bärenberg seit dem Fall dem Kommunismus viel verändert habe.

Der Zimmermann nickte zustimmend. »Na und ob. Seit zehn Jahren wird nichts mehr gebaut.«

Auf dem Weg zum Kanal kam ich beim örtlichen Jagdverein vorbei, jedenfalls hing dort an einem Holzschuppen genauso ein Plakat, wie ich es am Bahnhof gesehen hatte. Draußen stand ein Kommandeur-Jeep. Das Vereinshaus sah von innen wie ein Schaukasten aus: Von den Wänden ragten Elchgeweihe, und auf kleinen Ästen hockten Enten, Wiesel und Fasane. Mitten in dieser Trophäensammlung saßen zwei Jäger, die an einem mit Holz befeuerten Ofen die Eröffnung der Jagdsaison feierten.

Ich bekam Tee mit einem Schuß Branntwein, und obwohl mich vor allem die Geschichten über Belomor interessierten, drehte sich das Gespräch hauptsächlich um den rückläufigen Wildbestand, die Präzision doppelläufiger Gewehre und die immer geringer ausfallende staatliche Prämie (noch 410 Rubel) für jeden erlegten Wolf.

»Aber glaub ja nicht, daß du die Rubelchen heutzutage noch ausbezahlt kriegst«, sagte der örtliche Jagdaufseher. Er hieß Alexander und hatte eine Militärweste an, die an jenen Stellen mit Patronenreihen ausgestattet war, wo Veteranen ihre Medaillen tragen.

Sein Kumpan Pawel war ein arbeitsloser Pelztierzüchter mit Goldzähnen. »Es gibt kein Geld, also bekommen wir für jeden erlegten Wolf eine Lizenz für die Tötung eines Elches.«

Meine Gastgeber zeigten mir ein Fotoalbum mit blutrünstigen Abbildungen: Jäger mit ihrer Beute, einmal stolz mit einem Stiefel auf dem zermalmten Kopf eines Wildschweins, dann wieder mit erhobenem Wodkaglas in Gesellschaft eines toten Bären.

»Wir sind nicht von Greenpeace«, bemerkte Alexander.

Plötzlich kam es mir so vor, als ob die Bewohner von Bärenberg durch den Wegfall des Sowjetstaates um ein paar Jahrhunderte zurückgeworfen worden waren, nämlich ins Zeitalter der Jäger und Sammler. Boten die Mütterchen auf dem Bahnhof nicht Körbe voll Fisch und Eimer mit selbstgepflückten Waldfrüchten feil?

Ich fragte die Männer, ob sie aus sportlichen Beweggründen auf die Jagd gingen oder wegen der Häute.

»Schaschlik aus Bärenfleisch erhöht die Potenz«, sagte Pawel, und seine Goldzähne blinkten. »Das sagt meine Frau, und die weiß, wovon sie spricht.«

Der Jagdaufseher blieb ernst. »Bis vor kurzem war die Akademie der Wissenschaften für uns zuständig«, sagte er und massierte sich mit den Fingerspitzen die Stirn. »Wir hatten alle Arbeit, so wie Pawel in der Mardersowchose. Gejagt haben wir in unserer Freizeit. Unseren Jahresbericht schickten wir ebenso wie die Vogelringe für die Wanderungsstudie nach Moskau ...«

Ich wollte ihm ins Wort fallen, doch Alexander hob die Hand, er war noch nicht fertig.

»Davor war GosPlan, die staatliche Plankommission, für uns zuständig. Genau wie alle anderen hatten wir in jeder Saison die zuvor festgelegte Menge an Wild und Geflügel abzuliefern.« Er sah mich an und fragte, ob ich wisse, daß die Jagd im Fünfjahrplan festgeschrieben war. »Was haben Sie denn gedacht! Stalin hatte befohlen, die Reichtümer am Polarkreis nutzbar zu machen, also mußte der Belomor-Kanal angelegt und die Eisenbahnlinie bis Murmansk durchgezogen werden. In Workuta, das noch östlicher lag, gab es Braunkohle genug und in Norilsk Nickel und Gold. Es herrschte allerdings ein akuter Arbeitskräftemangel, und deshalb setzte er die sogenannten Volksfeinde ein. Aber die sterben schließlich auch, wenn man ihnen nichts zu essen gibt.«

Alexander erzählte, daß im Jagdplan der Abschuß einer halben Million Vögel pro Jahr vorgesehen war.

»Ringelgänse!« sagte ich.

»Ja, richtig!« Der Jagdaufseher zeigte auf ein Exemplar, das auf der Fensterbank stand. »Die kommen aus Holland, nicht wahr?«

Während ich die schwarze Brust aus Daunen und die noch schwärzeren Perlenaugen des Tieres studierte, schossen mir Satzfetzen aus *Belomor* durch den Kopf. »Noch war Karelien das Land der unerschrockenen Vögel.« Ich erinnerte mich, daß die erste Reise Stalins »unter dem Gekreisch der Zugvögel« stattfand und die Lageraufseher »leidenschaftliche Gänsejäger« waren.

Sollte die Gänsejagd in so großem Stil betrieben worden sein, daß der Bestand dadurch dramatisch abgenommen hatte?

»Was dachten Sie denn? Der Gulag war zum großen Teil davon abhängig. Wenn der Vorrat knapp wurde, stellte die Lagerleitung Jagdbrigaden zusammen.«

»Sie haben doch den Gefangenen keine Gewehre in die Hand gedrückt«, wandte ich ein.

»Gewehre? In den Regionen oberhalb des Polarkreises reicht ein Stock. Die Gänse, die bei euch überwintern, mausern bei uns im Sommer nach dem Brüten. Dann verlieren sie ihre Flugfedern und können drei Wochen lang nicht fliegen. Man treibt die Gänse zusammen und knüppelt sie tot. Salzt man sie nach dem Rupfen ein, sind sie monatelang haltbar.«

Ich erzählte über das ornithologische Rätsel der 30er Jahre und das plötzliche Fernbleiben der Ringelgänse im Wattenmeer.

Doch Pawel, der Pelztierzüchter, begriff nicht, worauf ich hinauswollte. »Gänse sind dumme Tiere«, sagte er. »Man sät ein Feld mit Hafer ein, stellt einen Lockvogel auf, und die Ringelgänse lassen sich gleich in Schwärmen darauf nieder. Zweimal im Jahr, auf der Hin- und der Rückreise.«

Jagte er denn Ringelgänse?

Pawel steckte sich eine Zigarette der Marke »Pjotr I.« an: »Ist das etwa verboten?«

Der Bestand hat also wieder zugenommen?

»Er hat sich in den 60er Jahren wieder erholt«, sagte Alexander, der Jagdaufseher. »Aber das ist logisch, wenn man bedenkt, daß die letzten Lager am Polarkreis Ende der 50er Jahre geschlossen worden sind.«

Am Nachmittag brachte Pawel mich in seinem Jeep nach Powenez. Ich drehte die Fensterscheibe herunter, um die Gerüche des Herbstes hereinzulassen. »Unsere Politik ist Weltpolitik – W. I. Lenin«, stand auf einer verwitterten Tafel am Rathaus. Meine Gedanken waren noch bei dem schwarzbäuchigen Vogel im Jagdhaus: Die abnehmende Zahl der Ringelgänse überbrachte insgeheim Botschaften über die Geschehnisse im Gulag, die seinerzeit niemand interpretieren konnte.

Nicht weit von Powenez entfernt öffnete sich die Landschaft. Die Felder waren mit Findlingen übersät. Pawel erklärte, daß die Bäume beiderseits der Fahrrinne wegen des Schleusenbaus gefällt worden waren. Wir fuhren an einem Backsteingebäude der Belomor-Kanalverwaltung und einem Platz mit einer gußeisernen Glocke vorbei, die dort zum Gedenken an den Zweiten Weltkrieg aufgestellt worden war.

Der Jäger wohnte mit Frau und Tochter hinter der Schleuse Nummer 2. Ihr Gemüsegarten mit Rot- und Weißkohl in kleinen Beeten aus Traktorreifen zog sich zum Kanalufer hoch. Natascha, Pawels 17jährige Tochter, lief mit uns zur Brücke, von wo aus man die Schleusentreppe (sieben aufeinanderfolgende Niveaus von jeweils 15 Metern) am besten sehen konnte. Von oben betrachtet, hatte das Wasser eine schmutzigbraune Farbe, und man sah lange Schlieren darin treiben. Natascha behauptete steif und fest, daß es keine Verschmutzung sei, sondern gelockerte Moorbodenfladen. »Wirklich, ich habe im Sommer hier noch gebadet.«

Ich hatte gehofft, auf Überlebende des Kanalbaus zu treffen, doch Pawel nahm mir diese Illusion. »Die Bevölkerung von Powenez wurde im Zweiten Weltkrieg ausgerottet«, sagte er. »Der Kanal bildete die Frontlinie, und die Finnen kamen dort von der Westseite, wo jetzt unser Haus steht. Die Soldaten der Roten Armee hatten sich auf der gegenüberliegenden Seite verschanzt.«

Ende der 40er Jahre war das gepeinigte Dorf von der kommunistischen Jugend in Beschlag genommen worden, die hier eine Mardersowchose aufbauen sollten. Pawels Eltern waren fanatische Komsomolanhänger und gehörten damals zu den ersten Pelztierzüchtern. Die einstigen Bewohner sind nie wieder hierher zurückgekehrt, und deshalb gibt es auch niemanden, der sich an die Kanalarbeiter erinnern kann, geschweige denn an den Blitzbesuch Stalins oder die Schiffsreise der Schriftstellerbrigade Gorkis.

»Die Sowchose wurde 1993 privatisiert und zwei Jahre später für bankrott erklärt«, sagte Pawel. »Es gibt keinen Markt mehr für Pelze.«

Wir wollten schon wieder zurückgehen, als sich in der Ferne ein Schleusentor öffnete. Ein tiefliegendes Frachtschiff schob eine Welle braunen Wassers vor seinem Bug her, ein Signal sprang auf Rot, eine Klingel ertönte, und das Straßenstück, auf dem wir standen, drehte sich mit der Reling um 90 Grad. Die »STK-102« aus St. Petersburg mit einer Aluminiumladung glitt in die Schleusenkammer, die dann mit einem Metalltor abgeschottet wurde. Zentimeter um Zentimeter begann sich das Schiff von der vorletzten zur letzten Stufe der Powenez-Treppe zu senken.

Abends erzählte Natascha in der mit Holz verkleideten Küche, daß sie bei einem Schulausflug einen Metallöffel gefunden habe, unweit der fünften Schleusentreppe. Sie brachte das zerbeulte Stück zum Vorschein. »Schau mal«, sagte sie. »Dort sind Initialen eingeritzt.«

Gebeugt unter dem Lampenlicht lasen wir: »P.M.I.« Darunter stand ein »S«, der Rest ließ sich nicht entziffern. An einer anderen Stelle stand noch ein Name: »Marosow«, buchstabierte Pawel. Doch seine Tochter widersprach ihm. »Wo siehst du denn ein ›s‹? Es heißt eher Maronow.«

Natascha hatte den Fund ihrem Geschichtslehrer gezeigt. Der hatte den Löffel in der Klasse herumgehen lassen und erzählt, daß er von mindestens drei Gefangenen benutzt worden sein muß.« Jetzt fragte sich Natascha, wer Maronow und die beiden anderen gewesen waren. Mußten sie sich diesen Löffel teilen, oder hatten sie ihn nacheinander bekommen?

»Was für eine unsinnige Frage«, sagte ihr Vater. »Darüber kann man den Rest seines Lebens grübeln, ohne jemals dahinterzukommen.«

Am Ende ihrer erschöpfenden Arbeit hatte Maxim Gorki den inhaftierten Kanalarbeitern eine Rede gehalten. »Das Jahr, der Monat, der Tag, an dem Umerziehungslager nicht mehr notwendig sind, ist nahe.« Gorki pries den Sieg »Tausender unterschiedlicher Persönlichkeiten über die Natur und über sich selbst«.

Von den 126 000 Volksfeinden wurden 12 484 unmittelbar nach der Fertigstellung des Belomor-Kanals freigelassen, 59 516 erhielten eine Haftverkürzung. Sie und die übrigen Überlebenden wurden zum Arbeitsdienst entlang des 128 Kilometer langen Kanals gezwungen, der Moskau innerhalb von drei Jahren mit der Wolga verbinden sollte.

»Ich beglückwünsche Sie zu dem, was aus Ihnen geworden ist«, sprach Gorki. »Ich beglückwünsche unsere weise Partei und ihren ersten Vorsitzenden, den Mann aus Stahl, den Genossen Stalin.«

Die abschließende Rede Gorkis ist als Epilog im *Belomor*-Buch aufgenommen worden. Danach folgt Gorkis Porträt. Der Volksschriftsteller trägt einen Arbeitsanzug, der Kragen seines Hemds ist zerknittert. Er sieht müde und abgekämpft aus, die Schnurrbartenden hängen herab, zwischen den Augenbrauen verläuft eine Furche, und die Hundeaugen glitzern feucht. Sein linkes Ohr steht ab, so als ob er andächtig lauschen würde.

»Ihr habt die Begeisterung von 100 Schriftstellern entfacht«, so hatte er den Kanalarbeitern versichert. »Das ist von großer Bedeutung. Fortan wird die Literatur durch eine neue Leidenschaft in die Höhe getrieben werden, bis auf das Niveau eurer größten Werke.«

Botaniker in der Wüste

Paustowski verabscheute Krasnowodsk und die Karakumwüste. Vielleicht lag es am Klima – »die Luft ist hier so dick und zäh wie Glyzerin« –, vielleicht aber auch an seiner Gemütsverfassung. Vom Meer aus gesehen erschien ihm der Hafen mit den schwarzgezackten Felsen im Hintergrund wie »ein Schlund des vor Hitze glühenden Asiens«. Beim besten Willen konnte der Schriftsteller in dieser Kulisse kein von der Natur geschaffenes Amphitheater erkennen.

Die Hafenanlagen wirkten fade auf ihn. »Alles erschien durch die Hitze wie erstarrt, so daß das Rollen der Brandung erstaunte. Es war unbegreiflich, wie das träge Meerwasser die Kraft hatte, über das heiße Ufer zu zischen und sich dann sprudelnd und rauschend zurückzuziehen.«

Paustowski war im Sommer des Jahres 1931 an dieser Küste gestrandet. Für die letzte Etappe zu den Salzwerken von Kara-Bugas war er auf zwei Tanker angewiesen. Die »Frunse« und die »Dsershinski« transportierten Quellwasser aus dem Kaukasus ins Chemiekombinat. »Fliegende Holländer«, wetterte er. »Schiffe ohne Zeit und Ziel.« Einen Fahrplan gab es nicht, und weder der Reeder noch der Hafenmeister konnten Auskünfte über die Abfahrtszeiten erteilen. In der Hoffnung auf Neuigkeiten kurbelte er verzweifelt und so lange an dem Bakelitapparat im Hafenamt, bis ihm eine beflissene Telefonistin ins Ohr trompetete: »Legen Sie gefälligst den Hörer wieder auf und machen Sie nicht so eine Panik, als wäre ein Feuer ausgebrochen.«

Über die Entstehung der *Kara-Bugas*-Erzählung berichtet Paustowski fragmentarisch und in mehreren Kapiteln seiner Memoiren *Erzählungen vom Leben*, die er nach dem Zweiten Weltkrieg geschrieben hatte. Nüchtern stellt er fest: »Dies ist das erste Buch, das mir gelungen ist, weil es von der Wirklichkeit handelt.«

Merkwürdigerweise erwähnt Paustowski in den Memoiren mit keiner Silbe die Kara-Bugas-Bucht selbst, die Salzwerke oder den »Seewasserfall« im Kaspischen Meer. Die Weglassungen stehen im krassen Gegensatz zu der Redundanz, mit der Paustowski die Anfänge seiner literarischen Laufbahn schildert. Mir fiel plötzlich eine Schablone in seinem Schreibstil auf: Jedesmal, wenn Paustowski fast bei der Bucht angelangt ist, wechselt er das Thema oder greift zu Floskeln: »Die Fortsetzung/alles weitere/das Ende der Geschichte ... können Sie in *Kara-Bugas* lesen.«

Er bleibt auch die Antwort auf die Frage schuldig, ob die »Frunse« oder die »Dsershinski« jemals auf der Reede von Krasnowodsk erschienen sind.

Aus den Ursprüngen seiner Kara-Bugas-Faszination macht Paustowski kein Geheimnis. Als Kind nahm ihn sein Vater, ein Buchhalter bei der Eisenbahn, eines Abends mit zu einer Wanderung auf die Wladimirberge oberhalb des Dnjepr. Dort tauchte ein komischer Kauz mit einem zerfransten Hut und einem Fernrohr auf einem dreibeinigen Stativ auf und ratterte monoton los: »Sehr verehrte Signori und Signorini. Buona Giorno! Für fünf Kopeken reisen Sie von der Erde zum Mond und zu den Sternen. Ich empfehle Ihnen besonders den Blick auf den unheilverkündenden Planeten Mars, der die Farbe von Menschenblut hat.«

Konstantin – Kostik – durfte nach Einwilligung seines Vaters das Teleskop auf den Mars richten. »Ich sah ein schwarzes Nichts und eine rötliche Kugel, die ohne jeglichen Halt in diesem Nichts baumelte.« Die Kugel rollte langsam an den Rand des Kupferringes, der sich am Fernrohr befand. Der Sterndeuter verstellte sein Gerät um einige Grad, doch der Mars verschwand erneut aus dem Blickfeld.

»Und?« fragte mein Vater. »Siehst du etwas?«

»Ja«, antwortete ich. »Ich sehe sogar die Marskanäle.«

Der Mars mit seinen Marsbewohnern und den von dem Italiener Schiaparelli entdeckten Marskanälen ängstigten den Jungen auf unerklärliche Weise. Sein Vater erläuterte, daß der Mars ein »sterbender Planet« sei, auf dem die Meere und Flüsse ausgetrocknet waren. Das einstige Grün war verdorrt und die Bergketten verwittert. Übriggeblieben war eine große Sandwüste.

»Dann ist der Mars also eine Kugel aus Sand?«

»So könnte man es nennen«, bestätigte mein Vater. »Was auf dem Mars passiert ist, kann auch auf unserer Erde geschehen.«

Zu Hause hörte Kostik von seinem ältesten Bruder Dima, daß die Hälfte der Erdoberfläche aus Wüste besteht. »Seitdem«, so Paustowski »nahm meine Furcht vor der Wüste – obwohl ich sie nie gesehen hatte – einen panischen Charakter an.«

Es sollte nicht lange dauern, und Kostiks bangster Traum wurde Wirklichkeit. Es geschah, als die Familie sich in diesem Sommer auf das Familienlandgut außerhalb der Stadt zurückzog.

Die Paustowskis waren ihrer Herkunft nach Saporoshe-Kosaken, die als Diener des Zaren und mit wechselndem Erfolg den Unterlauf des Dnjepr verteidigt hatten. Bei einem Überfall der Türken waren die Kosaken besiegt und verjagt worden. Daraufhin hatte sich Kostiks Großvater weiter landeinwärts niedergelassen, auf einer länglichen Insel in der Ros, einem schnellfließenden Seitenarm des Dnjepr.

Für Kostik war das Landgut »sicher der geheimnisvollste Fleck auf Erden«. In dem Wäldchen hinter den Bienenstöcken tobten er und seine beiden Brüder sich bei dem Spiel »Saporosh« aus, in dem Zarentreue und Heldentum gefragt waren.

An einem lauen Nachmittag saßen er und sein Großvater am Fluß und angelten. Plötzlich fuhr der Großvater erschreckt hoch und schirmte die Augen mit den Händen ab. »Da hast du den Wüstenwind. Der Wind, der aus der Buchara kommt.« Er spuckte verärgert auf den Boden. »Verflucht höllische Hitze. Das ist eine echte Katastrophe. Gleich werden wir keine Luft mehr kriegen.« Der Junge rannte vor dem heranstiebenden grauen Schleier nach Hause, doch die ersten heißen Windstöße holten ihn ein, sein Hemd klebte vor Hitze auf dem Rücken. Am nächsten Tag sollte jegliches Grün – vom Fenchel im Gemüsegarten bis zum Blatt der Kopfweide – zu einem riesigen Strohblumenstrauß verdorren.

»Die Ernte ist verloren«, stellte sein Vater fest. »Die Wüste rückt in die Ukraine vor.«

Paustowski-Kenner vermuten, daß dieses Erlebnis das Interesse des Schriftstellers an der Pflanzenkunde geweckt hat. Ob er jemals vierblättrige Kleeblätter und Rohrkolben zwischen seinen 10-Kopeken-Bänden der Universalbibliothek trocknete und in ein Herbarium klebte, ist nicht bekannt. Bekannt ist aber, daß er sich nach seinem Abschluß des ersten Kiewer Gymnasiums an der Fakultät für Naturgeschichte einschrieb. In den zwei Jahren, die ihm bis zum Ausbruch des Ersten Weltkriegs an universitärer Ausbildung noch blieben, schulte er sich in der Botanik.

»Sein fast enzyklopädisches Wissen über Blumen und Pflanzen sowie deren äußerst genaue Beschreibung bereiten Übersetzern oft Kopfzerbrechen«, erklärt ein englisch-russisches Übersetzerpaar im Vorwort eines Erzählbands. Als Leser streunt man regelmäßig knietief oder gar hüfthoch durch taufrische Gräser und Kräuter. Und wenn Paustowski die Forstwirtschaftlerin Mascha Klimowa wilde Rosen an der Wolga pflücken läßt, dann kleben an ihrem Kleid Heidekraut, Krebsschere, Wasserwegerich, Wasserknöterich, Wilde Malve, Wiesenklee, Blaubeeren und Labkraut.

Es ist deshalb auch nicht verwunderlich, daß Nobelpreisträger Iwan Bunin Paustowskis Lieblingsautor ist. Bunin setzte die russische Tradition der Landschafts- und Naturschilderungen im 20. Jahrhundert fort, wenn auch im Pariser Exil. Bunin konnte einen Wald »mit menschlichen Gedanken und Stimmungen beleben«, meinte Paustowski voller Ehrfurcht. Er selbst aber hänge so sehr an der russischen Sprache und den riesigen russischen Wäldern, daß ihm der Gedanke an eine Emigration niemals in den Sinn käme. Bei einer Aufzählung »notwendiger Bedingungen« für gutes Schreiben nennt Paustowski – neben

»der poetischen Kraft und dem Einfühlungsvermögen« – die »lebendige Beziehung zur Natur«. Kein Wort über Klassenbewußtsein oder soziales Engagement. Es ist die Natur, die durch gründliches Studium »zu einem zweiten Universum im Herzen des Schriftstellers« werden muß. Als ich dies las, begriff ich plötzlich, in welchem Spannungsfeld sich Paustowski als junger Sowjetschriftsteller befunden haben muß. Die Fünfjahrpläne waren erklärte Angriffe auf die »unberührte Natur«. Gorki verkündete, daß der Sowjetmensch nach erfolgreichem Klassenkampf auch noch seinen letzten Feind besiegen müsse: die Natur.

In *Kara-Bugas* gibt Paustowski nach und ordnet sich unsentimentalem Verwaltungsdenken unter. »In der uns umgebenden Natur besteht nahezu nichts, was nicht zum Nutzen und Wohl des Menschen angewandt werden kann«, schreibt Paustowski. In der Geschichte wird dem Bau chemischer Fabriken sowie der »Industrialisierung der Wüste« zugejubelt. Aufgrund dieser Handlung erntete der Autor Ruhm und Anerkennung.

Ich fragte mich, ob Paustowski *Kara-Bugas* wirklich von Herzen geschrieben hat oder ob er dafür seine eigene Überzeugung verleugnen musste.

»Soweit wir feststellen konnten, ist Konstantin Paustowski niemals in der Bucht von Kara-Bugas gewesen.«

Professor Ilja Iljitsch neigte den Kopf zur Seite, die fleischigen Wangen verschoben sich dadurch leicht und der Pferdeschwanz im Nacken wurde sichtbar. Ich bin nie dahintergekommen, *worin* dieser reizende Mann Professor war. Nennen wir es einfach Paustowski-Kunde. Ich schätzte ihn auf Anfang Sechzig. Sein Haar war gleichmäßig grau, streng aus dem Gesicht gekämmt und in einem Büschel, das bis auf die Schultern reichte, kunstvoll zusammengebunden. Das machte ihn um etwa zehn Jahre jünger.

Ilja Iljitsch war Direktor des Paustowski-Instituts in Moskau. Beim Inline-Skaten im Kusminki-Park, einem adligen Besitz, den die Kommunisten mit Asphaltwegen erschlossen hatten, war ich bereits ein paarmal an einer Art Hexenhaus vorbeigerollt. Ich wußte damals jedoch nicht, daß hier der Gärtner gewohnt hatte und im Dachgeschoß jetzt Leben und Werk Konstantin Georgijewitsch Paustowskis erforscht wird. Am Holzgiebel des zweistöckigen Hauses hing das Bildnis des Schriftstellers im Flachrelief.

Als ich dort an einem Frühlingstag klingelte, erschien eine zerbrechliche Dame mit pergamentartiger Haut an der Tür. »Ilja Iljitsch!« krähte sie in Richtung Dachboden. »Besuch aus Holland.«

Ich polterte hinter ihr die Treppe hoch, wo der Direktor bereits eifrig damit beschäftigt war, einen Tisch vom Papier zu befreien. Er und seine Assistentin, die ich trotz ihres fortgeschrittenen Alters einfach Monika nennen durfte, waren die einzigen bezahlten Mitarbeiter des Paustowski-Instituts. »Schneiden wir den Osterkuchen an«, schlug Ilja Iljitsch vor. »Monika kocht Kaffee. Darf es löslicher sein?« Untertassen klirrten, der Direktor wischte ein Brotmesser ab und wurde sofort wie ein Kind zurechtgewiesen. Seine Assistentin war der Ansicht, das Messer müsse erst abgewaschen werden.

»Los, Monika, Schätzchen, koch bitte Kaffee.« Mit Kußbewegungen dirigierte Ilja sie in die Küche.

Womit konnte er mir helfen?

Nicht nur aus Höflichkeit, sondern weil ich es auch aufrichtig meinte, erzählte ich, wie sehr mich die Verehrung der Russen für ihre Schriftsteller überrascht hatte. Man begegnete ihnen überall: dem in Gedanken versunkenen Dostojewski vor der Leninbibliothek, Majakowski mit seinem stolzen Haarschopf an einer U-Bahn-Station, größere und kleinere Gogols in den Parks. Es ist unglaublich, daß für Paustowski ein ganzes Forschungszentrum errichtet worden ist.

»Uns gibt es bereits seit 26 Jahren«, erzählte der Professor und strahlte vor Stolz. Persönlich hatte er Paustowski leider nicht gekannt. »Monika auch nicht. Wir sind uns zum ersten Mal bei Paustowskis Begräbnis im Jahr 1968 begegnet. Und da ist die Idee für die Gesellschaft entstanden.«

»Aber nein, das war erst später«, fiel Monika ihm ins Wort, wobei ihre Glockenfrisur hin- und herschwang. Mit dem Wasserkocher in der Hand hatte sie sich zu uns gesetzt. Das sei ja auch egal, beschwichtigte Ilja sie. Es ginge hier allgemein um die literarischen Aktivitäten und in erster Linie um die Zeitschrift *Die Welt Paustowskis*, die das Zentrum zweimal im Jahr herausgab. Ich bekam die aktuellen vier – daumendicken – Nummern zugesteckt. Neben dieser Chronik publizierte die Gesellschaft, die auf eine Schar ehrenamtliche Mitarbeiter zurückgreifen konnte, Liebhaberausgaben und organisierte kulturelle Abende. Monika reichte mir als Beispiel ein russisches Wörterbuch herüber, in dem jedes Stichwort anhand eines Paustowski-Zitats erläutert wird. »Im russischen Sprachraum gibt es so etwas Ähnliches nur noch zu Puschkin«, sagte sie mit brüchiger Stimme.

Ich hatte noch nichts zu dieser handlichen Paustowski-Bibel sagen können, als ich sie auch schon geschenkt bekam. Es tat mir leid, daß ich mit leeren Händen gekommen war. Vor allem weil ich kurz davor berichtet hatte, daß gerade eine neue *Kara-Bugas*-Übersetzung in niederländischer Sprache erschienen ist.

Ilja Iljitsch nahm ein schmuddeliges Heft von der Fensterbank, setzte seine Lesebrille auf und überflog eine handgeschriebene Liste mit Paustowski-Übersetzungen. »*Kara-Bugas* wurde ins Dänische, Deutsche, Griechische, Japanische und ins Niederländische übersetzt. Pegasus Verlag, Amsterdam, 1935. Übersetzt von ›Ban het Reve‹. Spreche ich das richtig aus?« Der Professor sah mich triumphierend über seine Halbgläser hinweg an.

Ich war verblüfft. Ich wußte, daß Gerard van het Reve senior, Vorsitzender des Vereins Freunde der Sowjetunion, zusammen mit seinem Sohn Karel, in den 30er Jahren zwei Paustowski-Werke übersetzt hatte (*Kara Bogaz* und *Kolchis, het land der nieuwe argonauten*). Aber ich hatte nicht zu vermuten gewagt, daß die Tatsache bis zu diesem Moskauer Abstellboden vordringen konnte.

Ilja Iljitsch notierte sich die bibliographischen Angaben zur neuesten niederländischen Übersetzung – beim Verlagsnamen »De Arbeiderspers« zog er ungläubig die Augenbrauen hoch –

und versprach, diese in der nächsten Ausgabe der *Welt Paustowskis* zu erwähnen. Ich versprach wiederum, ihm die Neuausgabe so schnell wie möglich zukommen zu lassen.

»Dürfte ich Sie einmal fragen«, fuhr der Professor fort, »woher Ihr spezielles Interesse an *Kara-Bugas* rührt?«

Ich erzählte, daß ich in die Kara-Bugas-Bucht reisen wolle. »Auf den Spuren Paustowskis – beinahe 70 Jahre später.«

Dies war der Augenblick, in dem Ilja Iljitsch den Schleier lüftete und mich, den Kopf zur Seite geneigt, ein paar Sekunden mitleidig betrachtete. Paustowski hatte Kara-Bugas, den Handlungsort seines erfolgreichen Debüts »über die Wirklichkeit«, niemals mit eigenen Augen gesehen.

»Er ist bis Krasnowodsk gekommen, dort gingen Geld und Vorräte zur Neige, und dann ist er über Baku wieder zurückgereist.«

»Die Schiffe, auf die er wartete, sind also nicht gekommen?«

Ilja Iljitsch nickte behutsam, aus Angst, ich könnte nun von Paustowski enttäuscht sein.

Enttäuscht war nicht das richtige Wort. Ich war bestürzt, daß Paustowski sogar in seinen Memoiren derart leichtfertig mit den Fakten jongliert hatte. Eine Geschichte »über die Wirklichkeit« war das eine, doch den eigenen Lebenslauf den Gesetzen der Schreibkunst unterzuordnen war etwas anderes. Es verriet eine Existenz zwischen Wahrheit und Legende. Mir fiel ein Satz ein, aus dem ich abgeleitet hatte, daß Paustowski das Ziel seiner Reise erreicht hatte: »Ich wohne in einem Haus aus Sperrholz am Ufer der Bucht von Kara-Bugas«, zitierte ich laut. »Das war also nicht wahr?«

Der Direktor des Paustowski-Instituts nickte erneut und diesmal wie ein Arzt, der eine schlechte Nachricht zu überbringen hat. »Wir stoßen bei unseren Forschungen auch häufig auf solche kleinen Ungereimtheiten.«

Monika entfernte mit ihrem Finger einen Kuchenkrümel vom Tisch und erzählte, daß ihr sehr traurig zumute war, als sie über den Tod Loljas las: Paustowskis große Liebe, die im Ersten Weltkrieg in seinen Armen stirbt. Noch betrübter wurde sie jedoch, als sie hörte, daß die wahre Lolja noch viele Jahre nach ihrem literarischen Tod als Schauspielerin auf den Brettern eines bekannten Moskauer Theaters agierte.

»Das muß man sich einmal vorstellen«, ergänzte Ilja Iljitsch. »In seiner Autobiographie begräbt Paustowski sie eigenhändig an der Front unter einer Weide.«

Ich fragte mich, ob man den fiktiven Gehalt der sechsbändigen Erinnerungen Paustowskis nicht überprüfen konnte. Was war erfunden und was autobiographisch in den *Erzählungen vom Leben*?

Der Professor und seine Assistentin schauten sich an und nahmen mich mit in eine schmale Küche, auf der Anrichte war ein kleiner Altar aufgebaut: eine Ikone aus Plastik, eine Blume in einem Bierglas und ein Aschenbecher mit Kerzenstummeln. Die Reliquien standen in einem Halbkreis um das eingerahmte Foto eines Mannes mit einem unfreundlich wirkenden Brillengestell und einem graumelierten Bart. »Wadim Paustowski«, sagte Ilja Iljitsch. »Der Sohn des Schriftstellers. Er ist in der vorigen Woche gestorben, und deshalb trauern wir jetzt 40 Tage.«

Ich erfuhr, daß Wadim – seine Freunde nannten ihn Dima – 75 Jahre alt geworden war. Bis zuletzt verwaltete er das Werk seines Vaters. Er erschien regelmäßig im Forschungszentrum und diente als zuverlässiger Aufklärer, wenn es um unschlüssige Textstellen und Ungereimtheiten ging, mit denen sich die zwei Wissenschaftler herumschlugen. Meist konnte er Dichtung und Wahrheit sofort voneinander unterscheiden. Nicht selten zog er auch handschriftliche Briefe des Vaters zu Rate. Nun gab es diesen Zeitzeugen und Kenner der Wahrheit nicht mehr. Kurz vor seinem Tod hatte Dima in der *Welt Paustowskis* eine Abhandlung über das Privatleben seines Vaters geschrieben. Ilja Iljitsch schlug die Seiten für mich auf und sagte, es sei ein Schlüsselwerk, weil es um Paustowskis drei Ehen und deren Einfluß auf sein Schaffen ginge. Es begann so: »Sein ganzes Leben lang balancierte mein Vater zwischen Wahrheit und Dichtung. Ich betrachte es als meine Pflicht, ein Stück des Schleiers zu lüften, damit die ›Wirklichkeit‹ sichtbar wird.«

Mit Dimas Ausführungen in der Hand wurde es etwas einfacher, sich die Literatur Paustowskis zu erschließen. Der Sohn wies überzeugend nach, daß sein Vater nicht *Kara-Bugas,* sondern *Die Romantiker* als sein erstes echtes Buch betrachtet hatte. Obwohl dieses Werk erst im Jahre 1935 erschien, drei Jahre nachdem Paustowski sich als Sowjetschriftsteller einen Namen machte, hatte er bereits in der Zarenzeit mit der Arbeit daran begonnen.

»20 Jahre lang schleppte mein Vater das Manuskript mit sich herum«, schrieb Dima. »Es war für ihn eine Art literarisches Tagebuch, ein zweites Leben in der Phantasie, von dem er sich nicht lösen konnte.«

Paustowski behauptete in seinen Memoiren, daß er das Manuskript *Die Romantiker* in all den Jahren niemals als »druckreif« angesehen hatte. Doch Dima kam mit einer simpleren Erklärung: Als angehender Sowjetschriftsteller mußte Paustowski zunächst einmal den Wünschen der Partei entgegenkommen. Im Debüt sollte es vorzugsweise um den Alltag in der sozialistischen Produktion gehen: in der Schwerindustrie, beim Staudammbau oder im Bergwerk. Oder anders gesagt: Als Neuling konnte Paustowski den Verlagen in der Sowjetunion keinen Liebesroman vorlegen.

Im Roman *Die Romantiker* geht es um die Liebe. Der Protagonist ist ein junger Mann, der Schriftsteller werden will – Paustowskis Alter ego – und der sich in zwei Frauen gleichzeitig verliebt hat: in das »Naturkind« Chatidse und in Natascha, die Schauspielerin aus der Stadt. Er kann sich nicht entscheiden, doch schließlich wird ihm die Entscheidung abgenommen: Natascha stirbt während des Ersten Weltkriegs nahe der Stadt Minsk an Typhus.

»Chatidse war meine Mutter«, schreibt der 1925 geborene Dima. Auf ihrem Taufschein steht Jekaterina Stepanowna Zagorskaja, Rufnahme Katja. »Meine Eltern lernten sich 1914 im Zug auf einem Krankentransport hinter der polnischen Front kennen.« Katja und ihre Schwester Jelena (Lolja) arbeiteten dort als Krankenschwestern. Konstantin war Sanitäter, und gemeinsam mit Lolja übernahm er unzählige Male die Assistenz bei Amputationen. Er mußte die Gliedmaßen in einer Zinkwanne deponieren und beim nächsten Halt in die Erde scharren. Trotz dieser grauenhaften Tätigkeit war er – einem Foto aus dieser Zeit nach zu urteilen – »unbefangen«. Sein Augenausdruck ließ keine Spur von Zynismus erkennen. Er hatte ein faltenloses Gesicht, einen flaumigen Schnurrbart und ausrasierte Koteletten. Im Bombenhagel und inmitten verhängnisvoller Epidemien hatte sich Paustowski – so wie alle anderen Soldaten des Lazarettzugs Nummer 226 – in die unnahbare, fordernde Lolja verliebt, »ein eigenwilliges Mädchen mit einer etwas schleppenden Stimme und einem stets blassen Gesicht, wie von unterdrückter Emotion.« Obwohl auch sie ihn leidenschaftlich liebte, konnte er sie nicht für sich gewinnen – dafür war sie zu launenhaft. In einem Versuch, Lolja aus seinen Träumen zu verbannen, ließ Paustowski sie erst in seinem Roman *Die Romantiker* als Natascha an Typhus sterben und später dann als Lolja an schwarzen Blattern in den *Erzählungen vom Leben*. Am Schluß der letzten Geschichte zog er Lolja den schlichten Silberring vom Finger und steckte ihn zum Andenken in seine Feldtasche.

»Mein Vater straffte die wahren Geschehnisse. Was er mit einer geliebten Person durchgemacht hatte, konzentrierte er auf eine kurze Zeitspanne, dann mußte die Figur aus der Geschichte verschwinden, und meistens ließ er sie sterben.« Seinem Sohn zufolge hatte Paustowski sich dieses »literarische Verfahren« bei Iwan Bunin abgeschaut, der im *Leben Arsenjews* seine Heldin sterben läßt. Die Frau aber, die sich hinter der Figur verbarg, lebte noch viele Jahre.

Im Gegensatz zu den Schwestern Katja und Lolja sollten Konstantins Brüder den Krieg nicht überleben. In einer alten Zeitung, in der ein Stück Käse eingewickelt gewesen war, war Paustowski zufällig auf die Rubrik »Im Kampf gefallen« gestoßen. Aus dem dort veröffentlichen Bericht erfuhr er, daß seine zwei älteren Brüder an ein und demselben Tag, jedoch an unterschiedlichen Orten umgekommen waren: der eine in Riga, der andere in den Karpaten. »Fast am selben Tag«, präzisierte Dima.

Konstantins Vater war bereits vor dem Krieg an Kehlkopfkrebs gestorben: Dessen Begräbnis auf dem Landgut im Fluß Ros wird in der Eingangsszene der *Erzählungen vom Leben* dargestellt. Familienangelegenheiten kommen bei Paustowski ausführlich zur Sprache. Er geht jedoch mit keinem Wort auf seine eigene Hochzeit mit Loljas jüngerer Schwester Katja im Jahr 1916 ein, die in der Kirche von Katjas Heimatdorf vollzogen wurde. Das frischvermählte Paar kehrte unversehrt von der Front zurück und quartierte sich bei Paustowskis Mutter und der halberblindeten Schwester Galja ein.

Und was geschah dann? Ich war neugierig, wie Paustowski die Revolution erlebt hatte. In seinen Memoiren trennt er genau zwischen dem Sturz des Zaren im Februar 1917 und der Machtübernahme der Bolschewiki im Oktober desselben Jahres. »Ich persönlich begrüßte die Februarrevolution mit jugendlichem Elan, obwohl ich doch schon 25 Jahre alt war«, schrieb Paustowski. Es freute ihn, daß die zaristische Herrschaft »zerfiel wie ein verschimmeltes Stück Leinen« und in Rußland »innerhalb weniger Monate alles offengelegt wurde, worüber man jahrhundertelang geschwiegen hatte«.

Über den weiteren Verlauf der Ereignisse ist er zurückhaltender. Paustowski bekennt, daß das Wort »Proletariat« in seiner Umgebung selten oder nie benutzt wurde, so daß er bis zum Sturz der Zarenfamilie »nichts Richtiges über die revolutionäre Arbeiterbewegung zu sagen wußte«.

Als Kind aus einer Kosakenfamilie konnte er sich kaum in die Lage und Gedankenwelt der Streikführer in den Vorstädten St. Petersburgs oder Nishni Nowgorods hineinversetzen. In seiner Autobiographie verrät Paustowski nichts über seine ersten Begegnungen und Eindrücke mit den polternden Massen.

Glücklicherweise gab hier eine der Liebhaberausgaben Ilja Iljitschs mit Briefen und Aufsätzen des Schriftstellers aus dem Jahre 1917 Auskunft.

Aus diesen Briefen sprach unverhohlene Skepsis: Wie wollte dieser ungehobelte Haufen mit seiner Fahnenschwenkerei und dem Waffengeklirre einen Staat regieren? Paustowskis »Vorbehalte« – um es zurückhaltend auszudrücken – verwandeln sich in Abscheu, als er eine Gruppe Bolschewiki dabei beobachtet, wie sie Plakate an das Puschkindenkmal kleben. Ebenso wie Gorki fürchtet Paustowski den Untergang Rußlands, wenn die Ungebildeten an die Macht kämen. »Unsere Zivilisation geht unter!« warnt er einige Wochen vor der Oktoberrevolution. Zur Illustration führt er eine Szene bei der Kremlmauer an, wo ein Rotgardist zwischen seinen Zähnen Sonnenblumenkerne knackt und die Schalen in den Lauf einer antiken Kanone zu spucken versucht. Und keiner, der etwas dagegen tut!

Als Sowjetschriftsteller konnte Paustowski nicht so scharf in seinem Urteil sein. In seinen späteren Betrachtungen heißt es: »Uns mangelte es an seelischer Kraft und Zeit, um aus dem blitzschnellen Verlauf der Geschichte schlau zu werden« – was zweifellos auch wahr war.

Ebenso wie seine Frau Katja schrieb Paustowski für zahlreiche Zeitungen und Zeitschriften, die nur von kurzer Lebensdauer waren. Als Berichterstatter lauschte er den Reden Lenins, einmal zwischen mobilisierten Soldaten in einer Moskauer Kaserne, ein andermal im luxuriösen Hotel »Metropol« oder aus dem Orchestergraben des Bolschoi-Theaters heraus. »Es war nichts Steifes oder Monumentales an Lenin, keine Überheblichkeit oder Theatralik, und er hatte auch nicht das Verlangen, heilige Wahrheiten zu verkünden«, notierte der Schriftsteller in seiner Autobiographie. »Das Wort ›Brot‹, das bei anderen Rednern abstrakt und statisch tönte, wurde bei Lenin durch eine kaum merkliche Veränderung in der Intonation zu etwas Anschaulichem, zu schwarzem Roggenbrot, zu dem täglichen Brot, nach dem Rußland in dieser Zeit so sehr verlangte.«

War das wirklich die Meinung Paustowskis? Zu Hause, so behauptete Dima, bezeichnete sein Vater Lenin als »einen geistesgestörten Fanatiker«. Für ihn war die Oktoberrevolution »von zweifelhaftem Gehalt« und die bolschewistische Machtübernahme »nach den klassischen Gesetzen des Dschungels verlaufen«.

Aber solche Meinungen konnten bald nicht mehr veröffentlicht werden. Die unabhängigen Zeitungen, für die Katja und er arbeiteten, wurden im Sommer 1918 aufgehoben, ihr bevorzugtes Journalistencafé geschlossen. Paustowski schreibt, daß er die neue Regierung in den ersten Jahren aus der Distanz beobachtete, 1920 jedoch beschloß, »vom Zuschauer zum Teilnehmer zu werden«. Seine Erklärung ist knapp: »Ich begriff, daß kein anderer Weg möglich war als der, den mein Volk gewählt hatte.«

Als Schriftsteller im Zeichen des Sowjetsterns beugte Paustowski sich der Forderung seiner Zeit. Er pries den Aufbau des Sozialismus, und obwohl er kein Mitglied der Kommunistischen Partei war, sang er das Loblied, das von ihm erwartet wurde. Ich fragte mich, ob er eine Kröte hatte schlucken müssen, bevor er seine Talente in den Dienst der Diktatur des Proletariats stellte. Oder hatte er aufrichtig an die Versprechungen einer besseren Zukunft zu glauben begonnen?

In einem Punkt jedoch ging Paustowski keinerlei Konzessionen ein: in seiner Haltung zur russischen Sprache. Er war sich mit Gorki einig, Literatur und Kunst hatten nur dann einen bleibenden Wert, wenn sie allgemein verständlich blieben. »Von einer Literatur, die für die breite Leserschaft unverständlich, düster oder gewollt kryptisch ist, hat nur der Autor selbst etwas, doch nicht seine Leser.« Paustowski distanzierte sich von den Futuristen und Formalisten, die sich von der Revolution zu allerlei Formexperimenten hinreißen ließen und die seit der Rückkehr Gorkis wegen ihrer intensiven Beschäftigung mit der »Kunst um der Kunst willen« angeprangert wurden. Seine Verwandtschaft zu den Ideen Gorkis ersparte Paustowski den Widerstand und Druck, den die Erneuerer erfuhren. Allerdings lehnte Paustowski eine Vereinfachung der Sprache – so wie die sowjetische Führungsriege es propagierte – ab. Natürlich stellte Paustowski sich nicht gegen die Alphabetisierungskampagnen, er hatte lediglich Bedenken hinsichtlich der Art und Weise, in der das Instrument Sprache unter dem Volk verbreitet wurde. Im Russischen hieß diese Kampagne Likwidazija besgramotnosti – Liquidierung des Analphabetismus. Angesichts der Tatsache, daß dies ein Zungenbrecher war, insbesondere für Analphabeten, wurde dieser Begriff mit LikBes abgekürzt. Es gab »LikBes«-Schulen und »LikBes«-Lehrer. Zur selben Zeit kamen ProletKult (Proletarische Kultur) und AgitProp (Agitationspropaganda) in Mode, beides zur Unterstützung der KomPartija (Kommunistische Partei). Paustowski grauste es bei diesen »lächerlichen Abkürzungen«, die innerhalb weniger Jahre »den Umfang einer Katastrophe« annahmen. Sie verwandelten die russische Sprache in gutturales Gestotter. Das Institut, das sich mit dem Wasserbau in Zentralasien beschäftigte, hieß SredAsHidroProjekt, und dessen Schwesterorganisation, die sich auf Baumwollzucht konzentrierte, hatte die Abkürzung SredAsHidroWodChlopok. Innerhalb der Grenzen, die die Zensurstelle GlawLit ihm einräumte, widersetzte sich Paustowski mit all seiner lyrischen Kraft gegen das Beamtenkauderwelsch. Die Abkürzungen der sozialistischen Spracharchitekten bezeichnete er als »Plattheiten, durch die unsere Sprache verlottert«.

Paustowski dachte keinen Augenblick daran, seinen Sohn Wladilen (Kurzform für Wladimir Iljitsch Lenin) oder Rem (Revolution-Engels-Marx) zu nennen – so wie es die echten Anhänger des Kommunismus und die Karrieristen taten. Wadim hatte seinen Namen nach dem ältesten Bruder Paustowskis erhalten, der als Fähnrich bei der Schlacht um Riga gefallen war.

Als ich Professor Ilja Iljitsch ein paar Wochen nach unserem ersten Treffen anrief und ihn fragte, ob ich die niederländische Ausgabe von Paustowskis *Kara-Bugas* vorbeibringen könne, vernahm ich ein Zögern in seiner Stimme. Er bat um kurze Bedenkzeit. Dem Krächzen in der Leitung nach zu urteilen, drückte er den Hörer gegen seine Handfläche, um sich mit Monika zu beratschlagen.

»Können Sie nächsten Mittwoch kommen?« lautete sein Vorschlag.

Arglos notierte ich den Termin in meinem Kalender: 30. Mai, zwischen 14 und 15 Uhr.

Zum genannten Datum und zur vereinbarten Zeit stand vor dem Haus im Kusminki-Park ein Übertragungswagen des Fernsehens. Kabel liefen über den Kiespfad die Treppe hinauf bis in das Dachgeschoß. Ein gewichtig dreinschauender Ilja Iljitsch, die Stirn mit einem Taschentuch abtupfend, stand unter einer Kameralampe und gab ein Interview. Es war der 108. Geburtstag Paustowskis. Bevor ich wußte, wie mir geschah, wurde ich unter einen silbernen Beleuchtungsschirm komplimentiert, um dem Direktor des Paustowski-Instituts die niederländische *Kara-Bugas*-Ausgabe zu überreichen.

»Paustowski ist sogar in Holland ein Begriff«, kündigte die Berichterstatterin ihren Beitrag im Moskauer Fernsehen an.

Nach den Aufnahmen versammelten sich das Kamera-Team und die zusammengetrommelten Paustowski-Experten noch kurz um den Tisch. Monika schnitt einen frischen Käse in kleine Scheiben, Ilja öffnete eine Flasche armenischen Weins; Branntwein, wenn man nach dem Geschmack ging. Es wurde auf Paustowskis internationalen Erfolg und die Freundschaft zwischen den Völkern angestoßen. Das niederländische *Kara-Bugas*-Exemplar wanderte unterdessen von Hand zu Hand, fand jedoch beim Fanclub keinen uneingeschränkten Zuspruch.

»Ziemlich übertrieben, dieser Umschlag«, sagte einer der Paustowski-Kenner.

Ich wies ihn auf das Fragment des Gemäldes von Kasimir Malewitsch hin, das man für die Umschlaggestaltung benutzt hatte. Dies hätte ich lieber nicht tun sollen. Denn jetzt entzündete sich eine Diskussion über die eventuell vorhandene Absicht, Paustowski in den Schatten des Avantgardisten Malewitsch zu stellen.

Ilja Iljitsch, der daraufhin noch mal mit der Flasche armenischen Weins herumging, sah mich mit herabgezogenen Mundwinkeln an. Sein Gesichtsausdruck verriet mir, was er mir eigentlich lieber sagen wollte. »Ich kann auch nichts dafür.«

Die Experten sahen noch einmal genau hin und entdeckten auf dem Umschlag das Wort »Roman«. »Aber Sie wissen doch, daß *Kara-Bugas* kein Roman ist?«

Ich fühlte, daß ich mir – im Namen des niederländischen Volkes – eine glaubwürdige Entschuldigung für dieses Vergehen einfallen lassen mußte, und begann über den romanesken Charakter des Buchs zu sprechen. »Die Geschichte stützt sich letztlich auf das Einfühlungsvermögen und die Vorstellungskraft des

Schriftstellers«, versuchte ich vorsichtig. »Sie verstehen nicht«, wandten die Puristen ein. »Es geht darum, daß Paustowski selbst von einer ›Erzählung‹ sprach.«

Einer der Anwesenden griff zu den *Gesammelten Werken*, die in neun Bänden im Regal standen. Er ließ die Seiten vorwurfsvoll knistern und legte einen Finger auf das Wort »powest«. »Oder glauben Sie, daß dies dasselbe ist wie ein Roman?«

Ich kapitulierte. Auf dieses Argument konnte ich nichts entgegnen. Glücklicherweise waren Kamera und Mikrofon schon verstaut, das Filmteam machte Anstalten zu gehen. Ilja Iljitsch geleitete sie hinaus, und als er zurück war, winkte er mich in sein Arbeitszimmer. Er schloß die Tür, entschuldigte sich für die »orthodoxe Literaturauffassung« des durchschnittlichen russischen Paustowski-Liebhabers und sagte: »Sie interessieren sich doch für die Entstehung von *Kara-Bugas*? Dann habe ich etwas für Sie.«

Ilja Iljitsch drückte mir einen Stapel Kopien von Briefen und Dokumenten aus Paustowskis privatem Archiv in die Hand.

»Ich glaube, da kommt noch mehr«, sagte Ilja Iljitsch. Da die vierzigtägige Trauerphase jetzt vorbei war, wollte Iljitsch in nächster Zeit die Wohnung des Verstorbenen auflösen. »Die Einrichtung hat Wadim dem Institut überschrieben. Ich werde also aufpassen, vielleicht fällt mir etwas in die Finger, das für Sie interessant sein könnte.«

Bis 1930, als Paustowski das Wundersalz von Turkmenistan entdeckte und damit ein Buchthema, »das aus dem vollen Leben und wahren Leben gegriffen war«, haderte er fortwährend mit seiner Schriftstellerei. Seine frühen Werke – sowohl die veröffentlichten als auch die unveröffentlichten – bezeichnete er als »krumme Nägel«. Er hatte keine Lust, sie geradezubiegen: Das würde doch niemals gelingen.

Je mehr er an seinen eigenen Fähigkeiten zweifelte, um so mehr sah er zu Majakowski auf (mit dem er einmal eine Partie Schach gespielt hatte) und zu anderen Koryphäen wie Babel (seinem Lehrmeister) und zu Bunin (dem er einmal begegnet war, den er jedoch nicht anzusprechen gewagt hatte).

Mit Isaak Babel hatte er sich 1921 in Odessa angefreundet. Paustowski bezeichnete Babel in seinen Memoiren als den »ersten echten Sowjetschriftsteller«. »Wir alle lebten ein wenig im Schatten seines Talents.«

Babel tauchte in der Redaktion des *Morjak* auf, der Hafenzeitung von Odessa, bei der Paustowski während des Bürgerkriegs eine Anstellung gefunden hatte. Babel lieferte dort unter anderem Manuskripte zu den Geschichten »Der König« und »Ljubka, der Kosake« ab, die später weltberühmt werden sollten. »Krumm durch sein Asthma, mit einer Entennase und runzeliger Stirn« machte der bekannte und angesehene Autor anfangs einen etwas tristen Eindruck auf Paustowski. Doch sobald Babel zu reden begann, glänzte er durch seinen genialen Erzählstil und perfekte Enthüllungstechniken.

In den *Erzählungen vom Leben* kam Paustowskis Frau Katja nicht vor, obwohl sie in Dimas Augen eine wesentliche Rolle gespielt hatte. Seine Mutter arbeitete auch beim *Morjak*, und zwar als Redaktionsleiterin der Auslandsabteilung. Sie sprach, ebenso wie Babel, fließend Französisch. Sie hatte vor dem Ersten Weltkrieg an der Sorbonne studiert und in Paris unter anderem die Kunst des Handlesens gelernt. Zu Hause hatte Dima des öfteren gehört, daß seine Mutter Babels literarischen Erfolg sehr detailliert voraussagen konnte. Als Babel später während eines Parisaufenthalts eine Geburtsanzeige der Paustowskis bekam, schickte er als Geschenk ein Paket mit Babykleidung.

Ein dreiviertel Jahrhundert später schien Dima noch immer sehr davon beeindruckt gewesen zu sein: »Bis zu meinem dritten Lebensjahr habe ich mit Hemden geprunkt, die von feinster französischer Qualität waren.«

Paustowski beschränkt sich in seinen Memoiren auf die Gespräche und Auseinandersetzungen mit Babel über Literatur. Halbe Sommernächte sitzen sie auf einer kleinen Küstenmauer und lassen flache Steine über das Wasser des Schwarzen Meeres flitzen. Sie fachsimpeln. Es geht um Sprache und Stil, um Textanalyse und Metapherauswahl. Das Ergebnis ist, daß Paustowski seine eigene Prosa, angefangen beim Manuskript *Die Romantiker*, plötzlich als gekünstelt empfindet.

»Was ist das bloß?« fragt er sich. »Warum habe ich nicht den Mut, alles zu streichen und in den Papierkorb zu werfen?«

Paustowski ist auf der Suche nach etwas »Echtem«, nach einem konkreten Thema. Er hofft, daß er bei seinen »Irrfahrten« auf eine Goldader stößt. Doch soweit er auch reist, er hat kein Glück. In Batumi handelt er sich eine tropische Malaria ein und in Tiflis Liebeskummer. Nicht die ermüdende Rundreise durch Transkaukasien, sondern die unerwartete Bekanntschaft mit der Künstlerin Valeria Wladimirowna verleiht ihm neuen Lebensmut und Inspiration. In einem Brief an Katja aus dem Jahre 1923 erklärt Paustowski beschwörend, daß die kurze Romanze mit Valeria »ein rein literarisches Erlebnis sei«. Seine Gefühle für sie habe er sich in einer Geschichte mit dem Titel »Der Staub von Farsistan« ganz und gar von der Seele geschrieben.

Als er den Text später Babel zum Lesen gibt, entfernt dieser drei überflüssige Wendungen aus dem ersten Satz. »Eine Geschichte«, verkündet der Meister, »muß knapp und genau wie ein Bankscheck sein.«

Nach ihrem Aufenthalt in Odessa lassen sich Paustowski und seine Frau Mitte der 20er Jahre wieder in Moskau nieder. Katja hat, neben ihrer journalistischen Redigier- und Übersetzertätigkeit, alle Hände voll mit der Erziehung Dimas zu tun. Konstantin dagegen nimmt eine Stelle als Berichterstatter bei der Nachrichtenagentur ROSTA, der Vorläuferin der TASS, an. Neben den aktuellen Beiträgen für den Pressedienst schreibt er längere Reportagen für die Zeitschriften *Dreißig Tage* und *Unsere Errungenschaften*. Doch er bleibt unzufrieden. Paustowski nennt sich selbst einen Zweifler, der keinen Spott ertragen kann und sich zu seinem eigenen Leidwesen sogar noch höflich gegenüber Taschendieben in der Straßenbahn verhält. Verzweifelt hält er nach literarischen Themen Ausschau, und im Sommer des Jahres 1930 glaubt er endlich das Passende gefunden zu haben. Die Idee stammt von einem geisteskranken Sowjetgeologen, der die Ostküste des Kaspischen Meeres bereist hatte. Paustowski war ihm zufällig in einem Städtchen am Oberlauf des Don begegnet. Der Geologe zeigte ihm dort Fotos von Ustjurt, einer Hochebene, die Paustowski zufolge »wie eine Grabplatte mit einem Umfang von einigen hundert Kilometern« aus der Wüste emporragt. In unzusammenhängenden Sätzen und mit angstverzerrtem Gesicht hatte der Geologe ihm vom Sulfatabbau in einer nahegelegenen Bucht erzählt: der Bucht von Kara-Bugas.

Auf Grund der strategischen Bedeutung – die Sowjetunion hat zu dem Zeitpunkt noch keine chemische Industrie – ist das Vorhaben Sulfatabbau zu einer vorrangigen Aufgabe im ersten Fünfjahrplan erhoben worden. Der Name Kara-Bugas genießt seit kurzem landesweite Bekanntheit. Das Wort wird immer häufiger in einem Atemzug mit dem Belomor-Kanal, dem Stauwerk Saporoshe im Dnjepr oder mit dem neuen Stahlstandort Magnitogorsk genannt.

Paustowski ist davon überzeugt, daß die Salzlagerstätten und deren Industrialisierung der Stoff für ein spannendes Buch sind. Die Realisierung seines Plans scheint jedoch fast unmöglich: Die Kara-Bugas-Bucht liegt 2000 Kilometer von Moskau entfernt. »Die einzige Möglichkeit, zu Geld zu kommen, bestand darin, die Idee irgendeinem Verlag anzubieten und dafür einen Vorschuß zu erbitten.« In seinen Memoiren erzählt er von vergeblichen Versuchen hierzu und auch von seiner kategorischen Weigerung, in einer organisierten Schriftstellerbrigade mitzuwirken. »Ich war überzeugt davon (und bin es noch immer), daß es menschliche Tätigkeitsbereiche gibt, in denen kollektive Arbeit undenkbar ist [...]. Ebensowenig wie ein Mensch zu zweit oder zu dritt gleichzeitig auf einer Geige spielen kann, kann man gemeinschaftlich am selben Buch schreiben.«

Das war eine recht gewagte Äußerung. Sie deutete jedoch darauf hin, daß Paustowski nicht unbesehen tat, was von ihm als Sowjetschriftsteller erwartet wurde. Als ich die Papiere durchsah, die Ilja Iljitsch mir gegeben hatte, stieß ich erneut auf eine »kleine Ungereimtheit«. Unter den Dokumenten befand sich die Abschrift eines Antrags auf ein Reisestipendium zur Bucht von Kara-Bugas. »Eine Erzählung über Salz«, lautet der Anfang. Das Gesuch, gerichtet an die Panrussische Union der

Sowjetschriftsteller, war von drei Antragstellern unterschrieben worden: von Paustowski und von zwei Kollegen. Sie bezeichnen sich ausdrücklich als eine »Schriftstellerbrigade«, die einen kollektiven Prosatext produzieren will. Der Ton ist sachlich und korrekt. Sogar der geschätzte Umfang des Werkes (270 Seiten) und das Abgabedatum (15. Oktober 1931) werden dort bereits angegeben.

Ich rief Ilja Iljitsch an und fragte, was das Gesuch zu bedeuten habe.

Er sagte, ich solle diesen »Bettelbrief« nicht allzu ernst nehmen. »Wäre der Antrag genehmigt worden, hätten sie das Geld unter sich aufgeteilt. Aber er ist nicht genehmigt worden. Paustowski hat nie viel von diesen Schriftstellerbrigaden gehalten und sich auch niemals an Gemeinschaftsprojekten beteiligt.«

Aber wie war er dann an ein Reisestipendium gekommen?

»Gorki hat ihm den Weg geebnet«, sagte der Professor. Er erklärte, daß Gorki sich zu jener Zeit um die redaktionelle Leitung der Zeitschriften *Dreißig Tage* und *Unsere Errungenschaften* gekümmert und Paustowski als einen fähigen Mitarbeiter kennengelernt hätte. Im Tausch für eine Reihe von Reportagen habe Gorki ihm ein offizielles Reisedokument (einen Propusk) sowie einen Vorschuß gegeben.

Den Reisepaß hatte ich gesehen, er befand sich zwischen den Dokumenten und war am Tag nach den Mai-Feierlichkeiten des Jahres 1931 ausgestellt worden. »Genosse Paustowski« wurde darin, mit Stempeln und Unterschriften, den Führungskadern entlang der Wolga und des Kaspischen Meeres empfohlen. Ilja Iljitsch wußte zu erzählen, daß Paustowski unterwegs Artikel über Störfischer in Astrachan und die Ölförderung im Embabecken geschrieben hat, wo Sowjetingenieure tödlichen Walzenspinnen zum Opfer fielen.

In den *Erzählungen vom Leben* schildert Paustowski seine Reise ans Kaspische Meer als »Prüfung« und als geistige und körperliche Zermürbungsschlacht. Von den ersten Kamelen, die er in Südrußland sieht – ausgemergelte Tiere, deren Fell sich ablöst –, bis hin zur Landkarte Turkmenistans – von der die

Dürre förmlich aufzusteigen scheint – beschreibt er die Reise in bedrückenden, abschreckenden Bildern. Auffällig ist, daß Paustowski eigentlich bei keiner einzigen Naturerscheinung in Verzückung gerät, obwohl er normalerweise in jedem Wasserwirbel und jedem herabfallenden Herbstblatt ein Gedicht sieht. Die See stinkt nach »verdorbenem Fisch«, und die Küsten, die an ihm vorbeiziehen, sind so eintönig, daß er seinen Blick unwillkürlich abwendet. Was um Himmels willen war bloß mit ihm los? Paustowski, der Naturliebhaber, sieht keine Flamingos, keine Krebse und keine Seehunde. Und das, obwohl in fast jedem Reiseführer steht, daß die kaspische Ringelrobbe saltoschlagend im Hafen von Krasnowodsk auftaucht.

Paustowski sieht in der Gegend »die klassische Hölle«, es herrscht »Angst und Verlassenheit«. Als er schließlich in Krasnowodsk ankommt, sitzt er müde im Schatten, seine Augen stechen, und seine Kehle ist wund.

»Ein abscheuliches, zuweilen unerträgliches Verlangen« nach Zentralrußland treibt ihn zum Bahnhof. Die Bahnlinie ist für ihn die letzte Verbindung zu den Wäldern seiner Jugend. »Die süße Frische der Luft nach einem Regenschauer, die im Norden das Denken erleichtert, hat einem bohrenden Schmerz Platz gemacht.« Und plötzlich glaubte ich Paustowski zu begreifen: Er *mußte* die Ostküste des Kaspischen Meeres einfach als eine Art Marslandschaft beschreiben und die Bucht von Kara-Bugas als einen Ort des Todes. Sonst hätte er es nicht übers Herz bringen können, die Industrialisierung dieses unberührten Gebiets als einen Segen zu präsentieren. Paustowski, der eine »lebendige Beziehung mit der Natur« als Voraussetzung für seine Schriftstellerei betrachtet, hat die Landschaft in Kara-Bugas zu einem Stück »Unnatur« umgeformt. Er hat seine gesamte Vorstellungskraft mobilisiert, damit er selbst an das glauben kann, was er seinen Lesern vorgaukelt. Vielleicht war er dem Wüstenstaub und dem nach Schwefel riechenden Wasser mit einer solchen poetischen Kraft zu Leibe gerückt, daß er darin den eigentlichen Feind der Natur entdeckte. Dann erst konnte er sich gefühlsmäßig in die Ingenieure, die Fisiki, und ihre zu errichtenden Chemiefabriken hineinversetzen.

Kara-Bugas war viel mehr als nur der literarische Durchbruch für Paustowski. Es war ein Lehrbeispiel der Anpassungskunst. Der Autor hatte den Initiationsritus durchlaufen, der ihm Zugang zur Gemeinschaft der Sowjetschriftsteller verschaffte.

In dem Paket, das mir Ilja Iljitsch gegeben hatte, fand ich viele positive Rezensionen und lobende Besprechungen zu *Kara-Bugas*. Eine Rezension stammte von Maxim Gorki, der das Buch beispielhaft nannte. »*Kara-Bugas* bietet eine gelungene, literarische Sicht auf unsere sozialistischen Bauvorhaben.«

Eine ähnliche Würdigung kam von Lenins Witwe. »Solche Bücher brauchen wir!«

Gegen Ende des Sommers bat mich Professor Iljitsch ein weiteres Mal ins Institut. Seine Wangen leuchteten, seine Stimme klang hell. Der Grund dafür war schnell deutlich: der Paustowski-Experte hatte ein unbekanntes Werk aufgestöbert.

»Genau!« sagte Ilja Iljitsch und zog mich mit zu einem Safe, den ich bis dahin noch nicht im Dachgeschoß des Instituts gesehen hatte. Mappen voller Blätter, die aus dem Nachlaß Paustowskis stammten, glitten von den Ablagen.

»Die Schatzkammer Ali Babas«, sagte der Direktor des Forschungszentrums. Unter den Dokumenten befand sich ein Notizblock mit 70 Jugendgedichten, die Dima niemals erwähnt hatte. »Hier ist auch noch ein Roman, von dem wir dachten, daß es ihn nur im Konzept gäbe.«

Der Titel des Romans lautete *Der Sammler*. Ilja Iljitsch hatte das Manuskript in der Zwischenzeit flüchtig gelesen. Es ging um einen Franzosen mit einer sonderbaren Angewohnheit: Er sammelte kleine Impressionen und prägte sich Gesichtsausdrücke ein, die er in einem Notizheft festhielt. Aber auch Wolken, ein dichtes Gebüsch und frischgefallenen Schnee schliff er zu kleinen Juwelen der Poesie. »Das hat Paustowski auch getan«, erklärte der Professor. »Solche Aufzeichnungen waren sein Rohmaterial, die Basis für seine Geschichten. Aber wir wußten nicht, daß dazu eine Romanfigur existiert.«

Ich durfte die losen Blätter, die sich in einem Pappumschlag befanden, kurz festhalten. Ilja Iljitsch assistierte beim Öffnen der Mappe und kündigte an, daß sich darin ein äußerst interessanter Briefwechsel befindet.

Wir blätterten in Paustowskis Korrespondenz, da gab es Briefe an den Redakteur Eichler vom Verlag Junge Garde. In einem Brief aus dem Jahre 1932 bietet Paustowski ihm zwei Manuskripte gleichzeitig an, *Der Sammler* und *Kara-Bugas*.

Eichler antwortet ein paar Wochen später, daß *Kara-Bugas* verlegt werde, man sich aber an den *Sammler* nicht heranwage.

»Es ging hier nicht um die sozialistische Produktion«, meinte Ilja Iljitsch verdrossen. »Also gab es keinen Bedarf!«

Aus einem zweiten Brief wurde deutlich, daß Paustowski das abgelehnte Manuskript kurze Zeit später dem Verlag Semlja i Fabrika (Land und Fabrik) angeboten hatte.

Der letzte Brief aus der Mappe enthielt eine kurze Ablehnungsbegründung des Verlages. Danach hatte Paustowski offenbar den Mut verloren und das Manuskript so tief wie möglich unter seinen Papieren vergraben. Ilja Iljitsch versprach, den Text für den Druck zu bearbeiten und auszugsweise in der *Welt Paustowskis* zu veröffentlichen, damit 70 Jahre später der Autor zu seinem Recht käme. Ein Schriftsteller, der offensichtlich lieber über einen französischen Grimassensammler schrieb als über tollkühne Ingenieure, die einen Industriekomplex aus dem Boden stampfen.

Orientalische Despotie

Auf der New Yorker Weltausstellung im Jahr 1939 manifestiert sich die Sowjetunion als Meister der Hydrotechnik. Das Thema der Schau – »Bauen an der Welt von morgen« – spricht den Vertretern des ersten kommunistischen Landes der Erde geradezu aus dem Herzen. In zwei Fünfjahrplänen (1929 bis 1938) haben sie sich um wenig anderes gekümmert. Auf dem Ausstellungsgelände von Flushing Meadows stellen sich die Bolschewiki der Herausforderung. In unmittelbarer Nähe eines dreiseitigen Obelisken der Amerikaner, des Trylons mit Eisenkokon, in dem sich die Modellstadt »Democra-city« befindet, errichten die sowjetischen Genossen die gigantische Figur eines muskulösen Arbeiters, der einen roten Stern in die Höhe streckt.

Wer den Pavillon der Sowjetunion betritt, steigt in die Gewölbe der Moskauer U-Bahn hinab. Man hat eine U-Bahn-Station mit Kronleuchtern, Marmorsäulen und Fliesenmosaiken nachgebaut. Auf dem Bahnsteig zeigen Tänzer Kostproben ihres Könnens. Die hell ausgeleuchteten Nischen an den Seiten dienen als Schaukästen des Kommunismus. In einer Vitrine prunkt ein maßstabsgerechtes Modell des eindrucksvollen Bogenstaudamms im Dnjepr, der zwar nicht so hoch ist wie der Hoover-Staudamm im Colorado River, dafür aber viel breiter und einfallsreicher in seiner Konstruktion.

Im Prospekt heißt es: »Das Dnjeprogres-Wasserkraftwerk mit einer Kapazität von 558 000 Kilowatt liefert mehr Strom als alle Elektrizitätsquellen im zaristischen Rußland zusammengenommen.«

Im Sinne der Dreieinigkeit »Schiffbarmachung, Elektrifizierung und Bewässerung« haben sich Physiker aus der Sowjetunion an die Bezwingung immer größerer Wassermassen gewagt. Stalin will aus Moskau einen Seehafen machen: ein blau geädertes Herz, das eine direkte Verbindung zu den Weltmeeren bietet. Laut Stalinschem Befehl soll die Handelsflotte von Moskau aus in alle Himmelsrichtungen fahren können: zur Ostsee, zum Weißen Meer, ins Schwarze Meer und ins Kaspische Meer. Auf einer Schautafel mit dem Titel »Wasserstraßen der UdSSR« erhalten die Besucher der Weltausstellung aus der Vogelperspektive einen Einblick in das von Menschenhand geschaffene Schiffahrtssystem der UdSSR. Sowohl der Belomor-Kanal als auch der Moskau-Wolga-Kanal sind bereits seit 1939 in Betrieb. Es fehlt lediglich noch eine Verbindung zwischen der Wolga und dem Don, eine 101 Kilometer lange Streckenführung, die inzwischen jedoch bereits abgesteckt ist.

Die Fahne mit Hammer und Sichel, so steht in der Ausstellungsbroschüre, wird alsbald »auf allen Ozeanen und in allen Häfen der Welt« wehen.

Wer jedoch glaubt, die sowjetischen Wasserbauer in New York hätten alle Karten auf den Tisch gelegt, der irrt. So wird den Messebesuchern zum Beispiel der Hydraulikplan Gleb Krschischanowskis vorenthalten. Der Genosse und Physiker Krschischanowski mit einer Leidenschaft für Wasserströmungen gilt als *der* Elektrifizierer im Arbeiter-und-Bauern-Staat.

Lenin persönlich hatte 1921 die Elektrifizierungskampagne unter Verwendung einer mathematischen Formel lanciert: Kommunismus = Sowjetmacht + Elektrifizierung. Auf Plakaten und Wandmalereien – von Arbeitern, die Eisendrähte von Haus zu Haus spannen – war diese rätselhafte Formel immer wieder abgebildet.

Als Leiter der staatlichen Energiehauptverwaltung GOELRO hatte Krschischanowski das größte Land der Erde innerhalb weniger Jahre elektrifiziert. Doch das stellte ihn noch nicht zufrieden. Ende der 20er Jahre plante der Genosse für Elektrifizierung ein noch viel kühneres Vorhaben. Seine revolutionäre Idee erläuterte er im November 1933 auf einer Tagung der Akademie der Wissenschaften. Der Norden Rußlands war naß und trist, so argumentierte der Experte, der Süden trocken und warm. Sowjetische Wissenschaftler könnten diesen »Webfehler der Natur« korrigieren. Dazu müsse man den Lauf der Flüsse im arktischen Rußland verändern. Perebroska nannte er seinen Plan. Die Speicherung des Wassers an einer und die Nutzung des Wassers an einer anderen Stelle. Konkret bedeutete es, daß beispielsweise das Wasser des Belomor-Kanals, das über die Newa in den Finnischen Meerbusen strömt, in Zukunft über eine hydraulische Staustufe in die Wolga gepumpt wird. H_2O-Moleküle aus dem Belomor-Kanal sollten fortan im Kaspischen Meer landen und schließlich in der Bucht von Kara-Bugas verdunsten. Das »Wasser des Nordens« wird zunächst ins Wolgabecken geleitet. Dort kann es dann die Turbinen acht geplanter Kraftwerke antreiben und später ein Steppengebiet von 3 Millionen Hektar zu beiden Seiten des Wolga-Deltas bewässern.

Genosse Krschischanowski erhielt von Stalin die Vollmacht, den Lauf dreier Flüsse zu verändern. Prompt kam ein flotter Spruch in Mode: »Sowjetflüsse fließen, wo rote Träume sprießen.«

Wageningen, September 1984. Als Student der »tropischen Agrarwissenschaft« im zweiten Studienjahr entschied ich mich für die Richtung »Hydrotechnologie der Bewässerungssysteme«. Im Nebel des Rheins – hinter einem Gebäude mit dem Namen »Neuland« – analysierten wir Sättigungsprofile aufgespülter »Wüstenböden«, die gegen das feuchte niederländische Klima mit einem Kuppeldach aus Plast geschützt wurden. Oder wir maßen die Transportleistung von Erd- und Betonrinnen.

Nach einem fünfjährigen Studium sollten wir als Ingenieure über die Kontinente ausschwärmen.

Über die Ursachen von Armut in den ehemaligen Kolonien hatten die meisten von uns neomarxistische Auffassungen, und diese konnten wir bei den linken Professoren im nahegelegenen Leeuwenborch, dem Sitz der Human- und Gesellschaftswissenschaften, weiterentwickeln. Als technisch versierte Studenten von »Neuland« mischten wir uns unter die Anthropologen und Entwicklungssoziologen. Wir besuchten die Seminare für Aufklärungsmethodik, Frauenstudien, Dorfanalyse und Wissenschaftsphilosophie. Doch keine der angebotenen Veranstaltungen konnte es mit den Anthropologie-Seminaren von Dr. den Ouden aufnehmen. Dieser Leeuwenborch-Dozent war wohl der einzige, der Anzug und Krawatte trug und der mit seiner rechtsliberalen Gesinnung kokettierte.

Dr. den Ouden hatte keinen Vornamen, sondern nur drei Buchstaben anstelle des Vornamens (J.H.B.). Er polemisierte gern, und immer wieder hob einer von uns – wenn auch schüchtern – den Fehdehandschuh auf.

In einem Seminar skizzierte den Ouden die Entwicklungsstadien der menschlichen Gesellschaft. Nachdem er seine Übersicht in teilweise einander überschneidenden Kreisen an die Tafel gekritzelt hatte, zog er eine Art Pfeil darunter, der eine Entwicklung von »primitiv« zu »komplex« symbolisierte.

Gegen das Prädikat »primitiv« erhob sich Protest. »Finden Sie es nicht arrogant, andere Völker als primitiv zu bezeichnen?«

Der Doktor der Anthropologie klopfte Kreidewölkchen von seinen Händen und griff zu einem Wörterbuch. »Primitiv«, las er laut und artikulierte dabei sehr genau, »bedeutet laut Lexikon ›einfach und bezeichnet das früheste Stadium einer Entwicklung, insbesondere einer gesellschaftlichen‹.«

Die zweite Bedeutung im Sinne von mangelhaft oder unbeholfen ließ er weg, da er keine uferlose Diskussion entfachen wollte.

Unbeirrt ersetzte den Ouden die Kreise an der Tafel durch die Konturen Europas und des Nahen Ostens. Anhand der »Theorie von Spengler« zeigte er, daß sich der Schwerpunkt der Zivilisation langsam verlagert hatte. Die früheste Zivilisation entstand vor fünf- bis sechstausend Jahren zwischen Euphrat und Tigris. Im paradiesischen Mesopotamien hatte der Ackerbau mit Hilfe von Bewässerungssystemen zum ersten Mal reiche Ernten hervorgebracht. Die Folge war, daß ein Teil der Bevölkerung sich nicht mehr um die primäre Lebensmittelproduktion kümmern mußte, sondern sich buchhalterischen und zeremoniellen Aufgaben widmen konnte. »Dieses Ereignis markierte die Geburt des Staates«, sagte den Ouden. »Genauer gesagt: des starken Staates.«

Zwei Jahrtausende später gelang es den ägyptischen Pharaonen mit Hilfe der Wasserwirtschaft, im Niltal ein großes Heer von Arbeitern für den Bau ihrer Sphinxe und Pyramiden zusammenzustellen. Es folgte ein dicker Pfeil von Alexandrien mit seinen vom Feuer zerstörten Papyrusrollen über Kreta und von dort nach Athen und Rom. In diese Richtung hatte sich das zivilisatorische Zentrum verlagert. Von Rom aus war es ein kleiner Schritt nach Madrid, Lissabon, Paris, Brüssel, Amsterdam und London, wo die Kolonialmächte ihren durch die Plantagenwirtschaft angehäuften Reichtum gehortet hatten. Die Industriegesellschaft war im 19. Jahrhundert entstanden. Danach gingen die technologischen Entwicklungen so rasch vonstatten, daß sich die am höchsten entwickelte Gesellschaft mit einem Sprung über den Ozean in den Vereinigten Staaten niedergelassen hatte.

»Und was ist mit der Sowjetunion?« wagte einer von uns zu fragen. Im Orwell-Jahr 1984 war der kalte Krieg noch im vollen Gange.

»Ach ja, die Sowjetunion.« Als hätte den Ouden auf diese Frage gewartet, zeichnete er eine nach Osten weisende Seitenlinie, die stark einer Sackgasse glich. Er ordnete die UdSSR problemlos der Kategorie »hochindustriell« zu. »Aber«, so fügte er schnell hinzu, »die Strukturen der Sowjetgesellschaft sind immer unterentwickelt geblieben.«

»Wieso unterentwickelt?«

»Es gibt in der Sowjetunion lediglich zwei Klassen«, antwortete den Ouden. »*The rulers and the ruled*«, die Herrschenden und die Beherrschten.

Auf den Sitzen des Hörsaals im Leeuwenborch brach ein Aufstand aus. Es wurde gezischelt und gepfiffen. Unser Dozent ließ den Tumult über sich ergehen, indem er scheinbar ungerührt Spenglers Pfeile von der Tafel wischte.

Erst als seine Zuhörerschaft halbwegs zur Ruhe gekommen war, drehte er sich um. »Sind unter Ihnen auch zukünftige Wasserbauingenieure?«

Ich hob als einziger zögernd die Hand, worauf den Ouden dem Saal – und mir im besonderen – den Rat gab, sich in die Schriften von Karl Marx zu vertiefen. »Lesen Sie doch einmal seine Darlegungen zu den asiatischen oder östlichen Gesellschaftsformen«, riet er mir. In meiner Erinnerung umklammerte er den Rand seines Pultes so fest, daß seine Knöchel weiß wurden. »Und wenn Sie die Theorien interessieren, dann sollten Sie auch Karl Wittfogels *Orientalische Despotie* zur Hand nehmen.«

In dem Werk Wittfogels werde die These untermauert, daß Bewässerung zur Tyrannei führe. »Das ist eine Erkenntnis von Marx«, sagte den Ouden. »Je kolossaler die vom Staat initiierten Wasserbauwerke sind, desto despotischer ist ihr Herrscher.«

Es muß um dieselbe Zeit gewesen sein, als ich Bekanntschaft mit den Erzählungen Andrej Platonows machte. Das war kein Zufall. Platonow – 1899 in einer Stadt am Don geboren – war ursprünglich Wasserbauingenieur gewesen. Im Erzählband *Die Epifaner Schleusen* hatte er sehr anschaulich seine Berufs- und Lebenserfahrungen beschrieben. Wir Hydrologiestudenten schenkten uns den Almanach gegenseitig mit Widmungen wie: »Dein Schicksal, lies, erschaudere und genieße.«

Was der Ich-Erzähler in *Wo die Elektrizität geboren wurde* durchmachte, wollten wir auch einmal erleben. In dieser Geschichte erzählt Platonow von sich selbst, »einem Mann der Praxis«, der im heißen Sommer des Jahres 1921 einem Weiler mit 20 Bauernkaten zu Hilfe eilt. Auf den Feldern sprießen ein paar mickrige Hirsehalme, das Gemüse ist jämmerlich verwelkt. Ein Pope zelebriert mit schwenkender Weihrauchkugel an den verwelkten Pflanzen vorbei, gefolgt von ganz in Schwarz gekleideten Frauen, die flehend und wehklagend um himmlischen Segen, um Regen bitten. Der Protagonist der Geschichte, ein 22jähriger Wasserbauingenieur, findet im Dorf ein lädiertes »zweizylindriges Motorrad der Marke ›Indian‹« und eine intakte Wodkabrennerei vor. Er baut das Motorrad zu einer klapprigen, mit Wodka betriebenen Bewässerungsmühle um. Mit lautem Gekrächz treibt das Ungetüm über einen Riemen ein improvisiertes Schaufelrad an, und Flußwasser ergießt sich über den »proletarischen Gemüsegarten«, der mit Genossenschaftspferden bearbeitet wird.

So bescheiden die Tat auch war, Platonow bemerkt, daß er eine wichtige Aufgabe in seinem Leben erfüllt und eines seiner idealistischen Ziele erreicht hatte. »Ich lief allein über dunkle Felder – jung, arm und ruhig.«

Dem Nachwort des Übersetzers entnahm ich, daß Andrej Platonow an die Technik und die Vernunft glaubte. Im Elternhaus war ihm die Liebe und Ehrfurcht vor den Maschinen mitgegeben worden. Als er 13 war, glaubte er sogar, das Perpetuum mobile erfunden zu haben. Sein Vater war ein Lokomotivschlosser in Woronesch, einem Provinzstädtchen am Knotenpunkt dreier Eisenbahnlinien in Zentralrußland. Während des Bürgerkriegs half der junge Platonow seinem Vater auf einem Panzerzug, der die Nachschublinien für die Rote Armee schneefrei halten mußte.

Sobald ihm die Gelegenheit geboten wurde, besuchte Andrej einen Kurs in Elektrotechnik. Zur gleichen Zeit schrieb er für die Woronescher Lokalzeitung Essays über den vernünftig denkenden Menschen, der die Natur mit technischem Erfindungsreichtum seinen Bedürfnissen unterwirft. Platonow hatte zwar literarische Ambitionen, war aber der Ansicht, daß die Literatur warten müsse, solange so viel Hunger und Not herrschten. »Große Worte sagen einem Hungrigen nichts«, schrieb er 1921 und plante, sich als Wasserbauer und Meliorator nützlich zu machen. Als entschiedener Vernunftsmensch propagierte er die Zügelung der Lustgefühle und der sexuellen Triebe, denn Sex und Lust seien sinnlose Energieverschwendung.

Beim erneuten Lesen der Erzählungen spüre ich Platonows große Wehmut und bittere Empörung. Seinerzeit drang es kaum zu mir durch, wie hämisch er den sowjetischen Beamtenapparat beschrieb. So taucht in der *Stadt Gradow* der Bürokrat Iwan Fjodorowitsch Schmakow auf, ein gesetzestreuer Mann mit administrativem Instinkt und leitender Mitarbeiter im Exekutivkomitee des Gradower Gouvernements, der in den Abendstunden ein philosophisches Standardwerk über das Wesen der Bürokratie verfaßt. »Ich schreibe mein Buch heimlich. Aber eines Tages wird es zu einem juristischen Werk von Weltbedeutung werden, und zwar weil ich sage, daß ein Beamter und jede andere Amtsperson der wertvollste Agent der sozialistischen Geschichte ist, eine lebende Schwelle unter den Schienen zum Sozialismus«, notiert der Philosoph. »Als Ideal schwebt meinen müden Augen eine Gesellschaft vor, wo das offizielle Amtspapier die Menschen so weit durchsetzt und unter Kontrolle gebracht hat, daß sie, ihrem Wesen nach lasterhaft, moralisch geworden sind.«

Bei Platonow vermischen sich Spott mit Selbstspott: In Wahrheit führt er das Amt Schmakows aus. Aus seinen Arbeitspapieren des Exekutivkomitees des Gradower Gouvernements geht hervor, daß seine Abteilung in der Don-Region 331 Brunnen gebohrt, 763 Wasserreservoire angelegt und 970 Hektar Sumpfgelände trockengelegt hat. »Ich bin durchaus zu etwas fähig«, stellt Schmakow ohne besondere Zufriedenheit fest. »Doch ich schreibe und denke viel mehr und länger, und das ist ein wesentlicher Teil von mir.«

Als Ingenieur und Schriftsteller – Physiker und Lyriker in einer Person – fühlt sich Platonow zwischen geistiger und körperlicher Arbeit hin- und hergerissen. Mit Bedauern sieht er, wie der Fachmann, der tatsächlich etwas bewirken könnte, von Prototypen wie Schmakow verdrängt wird. Platonows Begeisterung zerbricht an einer Mauer des Unverständnisses und der Unfähigkeit. Starre Parteifunktionäre nehmen den Platz der Himmelsstürmer ein. »Der Proletarier hat gekämpft, der Beamte hat gewonnen. Spürt ihr ihn, Bürger?« – läßt er den Modellbürokraten Schmakow triumphierend ausrufen.

Das Dilemma »Denken kontra Handeln« verursacht Platonow heftige Kopfschmerzen. Er kann nachts deswegen oft nicht schlafen. Manchmal kommt ihm alles so kompliziert und sinnlos vor. Im Sommer 1926 berichtet er seiner Frau in Moskau von einer Angstvision. Hellwach im Bett liegend, hat er sich selbst am Tisch sitzen sehen. Sein zweites »Ich« lächelte matt und schrieb hastig etwas auf. Platonow wollte sein »schreibendes Ich« anschreien, doch sein Körper versagte ihm den Gehorsam. »Dies ist mehr als Todesangst, Mascha. Eine furchtbare Vorahnung läßt mich nicht mehr los.«

Noch im selben Jahr kündigt Platonow impulsiv seine Stelle

auf. Er stürzt sich auf die Schriftstellerei, und 1927 erscheint im Verlag Junge Garde ein Erzählband mit dem Titel *Die Epifaner Schleusen*. Maxim Gorki, der gerade aus seinem italienischen Exil in Moskau eintrifft, würdigt das Buch und heißt »das vielversprechende Talent Andrej Platonow im Kreis der Sowjetschriftsteller« willkommen.

1984, bei der Lektüre der *Epifaner Schleusen*, hatte ich ein Aha-Erlebnis. Dies hing mit dem Buch selbst zusammen, aber auch mit dem Zeitpunkt meines Lesens. Ich schmökerte in den *Epifaner Schleusen*, kurz nachdem ich mich in Wittfogels Wasserbauthese vertieft hatte.

Als 20jähriger Student der Hydrologie und auf der Suche nach einer sinnvollen Lebensaufgabe, hatte *Die orientalische Despotie* Verwirrung bei mir gestiftet. Bevor ich mir das umfangreiche Werk aus der Leeuwenborch-Bibliothek ausgeliehen hatte, dachte ich keinen Moment daran, daß die Umleitung von Wasser in Trockengebiete verhängnisvoll sein könne. Diese Art der Verlegung war eine objektiv nützliche Angelegenheit, gegen die höchstens Soziologen etwas einzuwenden hatten. Auf 556 Seiten erläuterte Wittfogel, warum und wie der Bau von Bewässerungssystemen zu Diktaturen führt. Was sollte ich davon halten? Mit einer Mischung aus Zustimmung und Ablehnung nahm ich Wittfogels Aufzeichnungen wahr.

Karl August Wittfogel, ein Sinologe, der in den 30er Jahren aus Nazideutschland geflohen war, hatte sein Hauptwerk 1957 in New York als »eine vergleichende Untersuchung totaler Macht« präsentiert. In dem Titel *Die orientalische Despotie* wurden Parallelen zu einem Artikel von Marx gezogen, der in der *New York Daily Tribune* am 25. Juni 1853 erschienen war. Darin stellte Marx fest, daß tyrannische Regime vor allem in Gebieten entstehen, wo das Klima und der Boden zum Bau grandioser Bewässerungsanlagen geeignet sind. »Künstliche Berieselung durch Kanäle und Wasserwerke sind die Grundlage der orientalischen Landwirtschaft«, schrieb Marx. Schon die Betreibung der Bewässerungssysteme erforderte in seinen Augen »das Eingreifen einer zentralisierenden Staatsgewalt«. Die

Herrscher über diese »östlichen« oder »asiatischen« Gesellschaften müßten auf einen Wink hin über die nötigen Zwangsarbeiter verfügen können, weshalb die Herrscher sich auch wie Despoten aufführten. Sehr viel mehr hatte Marx nicht dazu zu sagen, doch Wittfogel griff die Idee auf und arbeitete sie aus.

Als Student ließ ich mich von Wittfogels Ideen mitreißen, zum Beispiel, daß sich Flußwasser – aufgrund seiner Beweglichkeit und Wandlungsgabe – ganz wesentlich von allen anderen natürlichen Ressourcen unterscheidet. Die Nutzung und Beherrschung großer Wassermengen erforderte einen Verwaltungsapparat, der riesige Arbeitstrupps dirigieren und steuern konnte. Der Archetyp der von Wittfogel präsentierten Wasserbaugesellschaft besaß eine feste Hierarchie, mit einem Volk von Sklaven an der Basis und einem einsamen Potentaten an der Spitze. Dieser Pharao, Kaiser oder Sonnengott war von einem katzbukkelnden, vor Angst erstarrten Hofstaat umgeben – manchmal mit einem Eunuchen als einzigem Vertrauten – und residierte vorzugsweise in verbotenen Städten. Der Herrscher verfügte über ein Heer, einen Geheimdienst und einen byzantinischen Apparat an Aufsehern und Kontrolleuren, Gefängniswärtern und Scharfrichtern, Vollstreckungsbeamten und Volkszählern. Bei genauer Betrachtung schienen nur das antike Mesopotamien und Ägypten die strikten »Wasserbaukriterien« zu erfüllen. Doch das untergrabe seine Theorie nicht, so argumentierte Wittfogel, da das Gros der Alleinherrscher die Kunst des Regierens diesen diktatorischen Modellstaaten abgeschaut habe. Seine vergleichende Studie ergab, daß die Diktatoren einfach das Pharaomuster kopierten, wenn auch in verfeinerter oder angepaßter Form.

Die orientalische Despotie war teilweise eine groteske Abhandlung. Überall, wo Tyrannen auftraten, suchte der deutsche Wissenschaftler nach Bewässerungssystemen, und wenn es sie nicht gab, fand er ersatzweise eine Chinesische Mauer oder Maya-Tempel, die von unmündigen, untertänigen Massen unter Zwang errichtet worden waren. Ich ging der Frage nach, weshalb Bewässerungskanäle oder andere große (Wasser-)Bauwerke nicht ohne Joch und Peitsche zustande kommen können.

Welcher Mechanismus sorgte dafür, daß die Bewässerung der Felder einen totalitären Staat hervorbrachte? War nicht eher das Umgekehrte der Fall: daß ausschließlich autoritäre Regime kolossale Wasserbauwerke entstehen lassen konnten?

Wittfogel umging diese Fragen, er sprach von einer Wechselwirkung. In seinen Abhandlungen standen empirische Fakten im Mittelpunkt: Die Geschichte zeige nun einmal, daß Bewässerung Zwang und Kontrolle provoziere. Als Beispiel führte er die kommunistischen Staaten mit einer allmächtigen und führenden Partei an der Spitze ins Feld. Entschieden vertrat Wittfogel die These, daß das russische Volk eine einmalige Chance verpaßt hatte, das »asiatische Joch abzuwerfen«, nämlich nach dem Sturz der Zarenherrschaft im Jahre 1917. Doch was machte Lenin? Er baute mit seinen Genossen die asiatische Gesellschaftsvariante in einer neuen Gestalt wieder auf. Stalin vollendete diesen Prozeß und schuf ein klassisches Fundament von Wasserbauwerken. Damit hatte die Sowjetunion eine Urform der orientalischen Despotie neu erschaffen.

In seinem Epilog schreibt Wittfogel, daß er über sein eigenes Ergebnis erschrocken war: »Ist meinen Lesern eigentlich bewußt, welche Verantwortung dies auf die Schultern des freien Menschen lädt?«

Ich ärgerte mich über diesen tendenziösen Schluß. Stimmungsmache in der Zeit des kalten Krieges, dachte ich 1984.

Doch dann las ich *Die Epifaner Schleusen*. Die Nähe zu Wittfogels Wasserbauthese war eine schmerzliche Offenbarung. Jetzt begann ich tatsächlich an meiner Studienwahl zu zweifeln. *Die Epifaner Schleusen* war eine literarische Parabel, deren Kern Wittfogel 30 Jahre später in seinen breit angelegten wissenschaftlichen Ausführungen zum Ausdruck bringt.

Im Mittelpunkt der historischen Novelle *Die Epifaner Schleusen* steht ein kurioses Bewässerungsprojekt, das auf Initiative Zar Peters I. in Angriff genommen wird. Die Handlung beginnt, als im Frühjahr 1709 der Ingenieur Bertrand Perry aus Newcastle mit dem ersten Schiff in St. Petersburg eintrifft und dort bei der Wasserkanalinstitution des Wissenschaftlichen Kollegiums vorspricht. Zar Peter I. wünscht einen durchgängigen

Schiffsweg zwischen Don und Wolga, um die Dongebiete mit Moskau und den Wolgaprovinzen zu verbinden. Nach der offiziellen Unterredung erhebt sich Zar Peter und richtet an Bertrand ein paar persönlich Worte. »Dir aber wird unvergleichlich klügere Arbeit übertragen, mit der wir die Hauptströme unseres Imperiums zu einem Wasserweg zu verbinden [...] gedenken.« Weiter heißt es: »Jetzt aber war das Jahrhundert der Bauten angebrochen, und den blutigen Krieger, den müden Forschungsreisenden hatte der kluge Ingenieur abgelöst.« Für die Konstruktion und die Projektierung der Schleusen und Kanäle »hatte man also Bertrand aus Britannien« rufen lassen.

Der ausländische Ingenieur erhält die Vollmachten eines Generals und darf für die Grabungsarbeiten ein ganzes Heer von Arbeitskräften mobilisieren. In Zentralrußland erlebt Bertrand jedoch »eine Häufung von Schicksalsschlägen«. Seine besten Mitarbeiter sterben am Sumpffieber. Vertraute desertieren. Der Frühjahrsregen droht die begonnenen und unbefestigten Bauten wegzuspülen. Sobald das Schmelzwasser abgeflossen ist, sinkt der Pegel des Don wieder in beängstigender Weise. Aufgrund des trockenen Frühlings ist der Wasserstand zu niedrig, um den Verbindungskanal mit Wasser zu füllen. Zu allem Überfluß bekommt Bertrand auch noch einen Brief von seiner Geliebten aus Newcastle: Sie ist schwanger, von einem anderen. In einem Versuch, seine privaten Sorgen zu vertreiben, stürzt er sich mit voller Kraft auf seine Aufgabe. Durch das Ausgraben einer Quelle unter dem Iwansee hofft er die Wasserzufuhr des Don zu erhöhen, doch während Bertrands Männer auf einem Floß stehen und bohren, versickert das Quellwasser in tiefere, unerreichbare Erdschichten.

Bei der Inspektion der bestellten hydrotechnischen Anlagen zeigt sich, daß man nicht einmal mit einem Ruderboot vom Don zur Wolga gelangen kann. Der Ingenieur aus Newcastle wird in Ketten gelegt und nach Moskau gebracht. Hier vernimmt er das Urteil des Herrschers: Tod durch Enthauptung.

»Wo ist denn dein Beil?« fragt Bertrand einen riesigen Kerl.

»Beil?« sagt der Scharfrichter. »Ich werde auch ohne Beil mit dir fertig!«

Es zeigte sich, daß Platonow mit den *Epifaner Schleusen* im Jahre 1927 einen prophetischen Text veröffentlicht hatte. Sieben Jahre später wirbt der Kreml erneut ausländische Ingenieure für die Projektierung und Konstruktion des Wolga-Don-Kanals an.

Stalin will Zar Peter I. an Tatkraft noch übertreffen. Konnte der Zar, der Rußland seine Flotte geschenkt hatte, nur von einer Verbindung zwischen seiner neuen Hauptstadt und dem Weißen Meer träumen, baut Stalin den Belomor-Kanal in lediglich 20 Monaten. Und so will er auch dort Erfolg haben, wo Peters Wolga-Don-Unternehmung 1711 beim Dorf Petrow Wal gescheitert war. Die historische Niederlage, die die Grundlage für Platonows Novelle bildete.

Neben England und Amerika wird diesmal auch in den Niederlanden geworben. Am 12. Januar 1934 erscheint in der Delfter Zeitschrift *De Ingenieur* eine Anzeige: Wasserbau-Ingenieure für den Bau des Wolga-Don-Kanals in der UdSSR gesucht. »Niemand muß sich bolschewisieren«, erklärt ein niederländischer Handelsgesandter, der die Vertragsbedingungen vor Ort erkundet hat.

Es melden sich 14 Interessenten, von denen vier für geeignet befunden werden. Doch ihre Entsendung wird mehrmals verschoben und schließlich, durch den Ausbruch des Zweiten Weltkriegs, ganz abgeblasen.

Platonows Entscheidung, die praktische Arbeit aufzugeben und sich ganz dem Schreiben zu widmen, bedeutet nicht, daß er auf soziales Engagement verzichtet. Wirkt er auch nicht mehr praktisch am Aufbau des Sozialismus mit, so stellt er sein schriftstellerisches Können doch in den Dienst des Sozialismus und will damit die neue Gesellschaft vor einer fatalen Entgleisung warnen. Mit beißender Satire und sarkastischem Humor verunglimpft er die Bürokraten und den sich im Vormarsch befindlichen Apparatschik.

Im Jahre 1928 nimmt Platonow die Verwaltungsreform in seinem Geburtsort Woronesch aufs Korn. Das Städtchen an einem Eisenbahnknotenpunkt ist kurz zuvor zum Verwaltungszentrum einer vorbildlichen Wojewodschaft ausgerufen worden: des zentralen Schwarzerdegebietes, das phonetisch abgekürzt als Titel einer Erzählung erscheint: *Tse-Tsche-O*.

Platonow, einst selbst ein Beamter, hat die Gegend des Schwarzerdegebiets zusammen mit dem Schriftstellerfreund Boris Pilnjak in Augenschein genommen. Als Sohn eines Tierarztes kennt sich der Wolgadeutsche – sein ursprünglicher Name ist Vogau – in den ländlichen Gebieten Rußlands mindestens genausogut aus wie Platonow. Literarischen Ruhm hat Pilnjak bereits 1920 mit einem Roman über die Revolution begründet *(Das nackte Jahr)*, in dem er den Gewaltakten der Bolschewiki – »lederne Figuren in ledernen Jacken« – eine befreiende Wirkung zuschreibt. Im *Nackten Jahr* schildert Pilnjak die Revolution wie einen Orgasmus – »sie roch nach Geschlechtsteilen« –, mit dem das spirituelle, »asiatische« Rußland die auferlegten westlichen Sitten von sich abwarf. Pilnjak entwickelte die Theorie Spenglers über die Verlagerung des globalen Zivilisationszentrums weiter. Die Menschheit erreiche ihre höchste gesellschaftliche Entwicklungsstufe nicht in den Vereinigten Staaten oder in Japan, sondern in Sowjetrußland.

Vom Charakter her sind Pilnjak und Platonow zwei völlig unterschiedliche Menschen. Der kräftig gebaute Pilnjak ist eine extrovertierte Persönlichkeit, die sich behende in den besseren Kreisen bewegt. Platonow – mit seinen freundlichen, tief in den Höhlen liegenden Augen – ist eher bescheiden und wortkarg, ein asketischer »Denker«, der offizielle Empfänge und Bankette meidet. Trotz der äußeren und inneren Gegensätze schätzen die beiden Autoren das Werk des anderen sehr. Beide verurteilen sie im gleichen Maße und aufs schärfste die Bürokratie und den Verwaltungsklüngel in ihrem Land.

Nach ihrer Woronesch-Reise schreiben sie ein gemeinsames Pamphlet gegen den Zusammenschluß der vier existierenden Wojewodschaften zu der Superregion »Schwarzerdegebiet« *Tse-Tsche-O*. »Auf dem Bahnsteig war bereits eine Spannung zu fühlen«, stellt das Duo verächtlich fest. »Wo früher zwei Kornähren wuchsen, gediehen dort jetzt keine drei. Die Menschen verbrauchten ihre Energie als Vorschuß auf die Hoffnung, die

Ernte durch die Zusammenlegung von vier Wojewodschaften zu steigern.« Platonow und Pilnjak klagen die Parteifunktionäre an, die voller Wollust mit der »Durchsetzung ihres Verwaltungsapparats« beschäftigt sind.

Nach der Veröffentlichung von *Tse-Tsche-O* erscheinen einige negative Kritiken, die Platonow sofort mit entsprechenden ausgewählten Leninzitaten pariert. Hatte der Gründer der Sowjetunion die schleichende Bürokratisierung nicht als »die größte Bedrohung der Revolution« bezeichnet? Die Autoren von *Tse-Tsche-O* entgehen zwar dem Tadel pikierter Funktionäre nicht, die Außenwelt handelt die zwei jedoch als Geheimtip.

In kluger Voraussicht bietet Platonow seinen Roman *Die Baugrube* nicht zur Veröffentlichung an. Die Funktionäre an den Schaltstellen würden die Parodie auf die Planwirtschaft und den aufgeblasenen Verwaltungsapparat nicht richtig einordnen, geschweige denn zu schätzen wissen. Welcher Verlag würde es wagen, ein Buch herauszubringen, in dem die Romanfiguren mit ihrer kritischen Kakophonie allen Beteiligten lediglich eine tiefe Grube graben?

Echtem Widerstand begegnet Platonow erstmals im Jahre 1929, als die Veröffentlichung seines Romans *Tschewengur* im letzten Augenblick – der Text ist schon gesetzt – von der Zensur verhindert wird. Ein GlawLit-Mitarbeiter ist der Ansicht, daß die Hauptpersonen in *Tschewengur* Don Quichotte und Sancho Pansa ähneln. Der unerschrockene Kopekin reitet ein Pferd, das auf den Namen »Proletarische Kraft« hört: Gemeinsam mit seinem Begleiter Dwanow, einem unbefangenen Waisenknaben, streift er durch die russische Steppe auf der Suche nach dem »wahren Sozialismus«.

Platonow versucht Maxim Gorki davon zu überzeugen, daß *Tschewengur* keine konterrevolutionäre Schrift ist. Doch Gorki ist anderer Meinung. Er lobt zwar den Stil, bezeichnet jedoch die Protagonisten in der Platonowschen Prosa als naive Sonderlinge, die nicht in die neue, aufstrebende Sowjetliteratur passen.

Tschewengur bleibt unveröffentlicht. Für Platonow ist es ein Rückschlag in seinem literarischen Schaffen, doch die wirklich ernsten Auseinandersetzungen mit der Sowjetmacht beginnen erst im Jahr 1931, als die Zeitschrift *Rotes Neuland* eine Erzählung von Platonow zum sensiblen Thema der landwirtschaftlichen Kollektivierung abdruckt.

Die Zukunft der ländlichen Regionen geht Platonow sehr nahe. Er will den für Rußland so typischen Kleinbauern aus dem Zustand der Halbsklaverei erlösen. Die Leibeigenschaft ist zwar offiziell seit 1861 abgeschafft, doch faktisch sind die Bauern nicht befreit worden. Lenin hat dafür gesorgt, daß sie dem Staat tributpflichtig geblieben sind. Seine Reformen unter der Losung »Das Land denen, die es bearbeiten« haben die Produktivität des Bodens nicht erhöht, so daß Stalin sich für eine radikalere Lösung entscheidet: die Enteignung der Bauern. Um den Widerstand dagegen zu brechen, hat er die Landbevölkerung in »arm« (bednjak), »mittelarm« (srednjak) und »reich« (kulak) eingeteilt. Insbesondere die Angehörigen der letzten Kategorie, die unter größten Anstrengungen zu etwas Besitz und Reichtum gekommen sind, wehren sich hartnäckig gegen die Beschlagnahmung ihres Hab und Guts. Die Kulaken schlachten lieber ihr Vieh, als es den Kolchosen zu überlassen. Unzufrieden mit dem Tempo der Enteignung, beschließt Stalin am 27. Dezember 1929 die »Liquidierung der Kulaken als Klasse«.

Andrej Platonow besucht ein halbes Dutzend Kolchosen im Gebiet am Oberen Don. Seine Erzählung *Zum Vorteil* liegt ein Dreivierteljahr in einer GlawLit-Abteilung, erscheint jedoch schließlich unverändert in der Zeitschrift *Rotes Neuland*.

Es taucht kein Ich-Erzähler darin auf, wohl aber ein Inspektor, der speziell für diese Dienstreise ausgewählt wurde, weil er über eine besondere Eigenschaft verfügt: »Er konnte sich irren, doch lügen konnte er nicht.«

Was findet er in den volkseigenen Produktionsgenossenschaften vor?

Eine gutgehende Traktorwerkstatt in der Kolchose »Der selbständige Hof«. Schuftende Landarbeiter auf dem Anwesen »Kulakenfrei«. Aber auch fanatische Kolchosbewohner, die eine »elektrische Sonne« fordern, um auch nachts arbeiten zu können.

Platonow verschweigt zwar auf der einen Seite die Erschießungen und Verhaftungen Hunderttausender, er zeigt jedoch auf der anderen Seite die Willkür der Machthaber. Wie immer bei Platonow werden auch hier ernstgemeinte Richtlinien von den Romanfiguren verdreht, und der Leser landet in einem Irrgarten der Formulierungen. So wollen etwa bei der »Entkulakisierung« die armen Bauern – die Bednjaks – und die mittelarmen Bauern – die Srednjaks – als sogenannte »untergeordnete Kulaken« behandelt werden.

Die Novelle *Zum Vorteil* gerät in ihrer literarischen Konstruktion ebenso aus den Fugen wie das Leben in einem russischen Dorf in sozialistischen Zeiten. Das gängige Adjektiv »planmäßig« führt Platonow ad absurdum, und alles wird plötzlich »plan- und ziellos«, die uns umgebende Welt, die Natur und selbst das menschliche Hirn. Die Novelle steht im krassen Gegensatz zu dem Leitartikel der *Prawda* vom 2. März 1930, in dem Stalin sich unter dem Titel »schwindlig vor Erfolg« selbst zur Zerschlagung des Kulakentums beglückwünscht. Ausgerechnet mit dieser zusammengefalteten *Prawda* (Stalins Leitartikel ist deutlich sichtbar auf der Titelseite) erteilt in Platonows Novelle ein aufgebrachter Kolchosevorsitzender einem wütenden Bauern eine Ohrfeige.

Stalin, die ultimative Geschmacksinstanz, ruft nach der Lektüre von *Zum Vorteil* den Schriftsteller Alexander Fadejew zu sich. Fadejew erhält die Anweisung, Platonow »entsprechend zu belehren«. Fadejew gehorcht, er nennt Platonow in der *Prawda* einen »Kulaken«, was ein äußerst vernichtendes Urteil und ein Wink für andere Kritiker war, sich auf das Schaffen Platonows zu stürzen. Die Rezensenten verurteilen mit rückwirkender Kraft auch die Erzählung *Die Epifaner Schleusen*, in der sie einen verkappten Versuch erkennen wollen, den Aufbau des Sozialismus »ins Lächerliche zu ziehen«.

Platonow kann sich zu diesem Zeitpunkt nicht mehr öffentlich zur Wehr setzen, weil es kein Zeitungs- oder Zeitschriftenredakteur mehr wagt, auch nur eine Zeile von ihm an die Öffentlichkeit zu bringen. Die Redaktion des *Roten Neulands* bereut offiziell die veröffentlichten Artikel des »Staatsfeindes«.

Platonow wendet sich erneut an Gorki, diesmal mit einer flehenden Bitte. Doch sein literarischer Gönner lehnt es ab, sich für ihn einzusetzen. Er beharrt auf seiner bisherigen Meinung: Platonow habe Talent, aber sein Geist sei »verdorben«. In einigen privaten Briefen gibt Gorki dem Schriftsteller Pilnjak die Schuld: »Platonows Zusammenarbeit mit Pilnjak hat ihn ruiniert.«

Noch gnadenloser als Platonow wurde Pilnjak im Jahr zuvor von der Presse behandelt. Die Sache Pilnjak war auch breiter angelegt, weil dieser Schriftsteller ein größeres Publikum hatte. Seine Feinde – vor allem mißgünstige Schriftsteller – hatten die Gunst der Stunde genutzt und ihm öffentlich eine Tracht Prügel verabreicht. Pilnjak hatte seine Novelle *Mahagoni* Anfang 1929 bei einem russischen Emigrantenverlag in Berlin veröffentlicht, ohne daß die Hauptverwaltung für Literatur GlawLit den Text freigegeben hatte.

»Literarischer Hochverrat«, so der Vorwurf.

Die Spürhunde stürzten sich auf seine früheren Schriften und fanden zahlreiche politisch unkorrekte Formulierungen. Von seinem Debüt bis zu *Tse-Tsche-O* und seiner Zusammenarbeit mit Platonow – an allem gab es etwas zu bemängeln.

Im Jahre 1929 erscheint Pilnjaks Position als Schriftsteller aussichtslos. Den ganzen Sommer über schwirrt der Begriff »Pilnjakismus« durch die Sowjetpresse, ein Schimpfwort, das für allerlei Formen des Verrats am Sozialismus in Mode gerät. Auf dem Höhepunkt der Hetzkampagne wird Pilnjak bezichtigt, ein Agent des von Stalin verbannten Trotzki zu sein. Er verliert seine Leitungsfunktion innerhalb der Russischen Vereinigung Proletarischer Schriftsteller und wird immer weiter in die Enge getrieben – bis Gorki unverblümt in der *Iswestija* ankündigt, daß es nun genug sei. Weitere Kritik sei »Energieverschwendung«, argumentiert Gorki. Die Sowjetunion sei jung, und es müsse viel Aufbauarbeit verrichtet werden, und dies gelte auch für die Schriftsteller.

»Betrachten wir die Angelegenheit Pilnjak als eine gute Lektion für alle Sowjetschriftsteller«, beendet eine Moskauer Abendzeitung die Hetze.

Anders als Platonow erhält Pilnjak innerhalb eines halben Jahres die Möglichkeit zur Rehabilitation. Er wäscht seinen Ruf rein, indem er sich von seiner demütigsten Seite zeigt. Hastig bastelt er an einem sozialistisch-realistischen Roman: *Die Wolga fällt ins Kaspische Meer*. Es ist ein Gang nach Canossa. Pilnjak weicht in diesem Produktionsroman keinen einzigen Millimeter von der offiziellen Parteilinie ab. Außerdem geht Pilnjak auch thematisch auf Nummer Sicher: Bau von Staudämmen, Schiffbarmachung, Bewässerung, der Kampf eines sowjetischen Ingenieurs gegen einen Saboteur, alle diese Punkte werden in dem Roman angesprochen.

Pilnjaks Verzweiflung – einem Chefredakteur der *Iswestija* zufolge trug er sich mit Selbstmordplänen – schlägt in Euphorie um, als er die Handlung von *Die Wolga fällt ins Kaspische Meer* entwickelt: Grundlage seines Romans wird der hydrodynamische Plan des Genossen Krschischanowski sein, des landesweiten Elektrifizierers, der Flußläufe umleiten will. Pilnjak konzipiert die Figur eines standhaften Bolschewiken, Professor Poletika. Dieser Poletika will ebenso wie Krschischanowski ein hydraulisches Umleitungsprojekt ins Leben rufen. In *Die Wolga fällt ins Kaspische Meer* läßt sich der Wissenschaftler nahe des Städtchens Kolomna nieder. In seinem Gefolge befinden sich Tausende von Landvermessern, Tiefbauarbeitern und Maurern. Professor Poletika schwebt ein Bauwerk vor, »das sowohl die Geschichte als auch die Geologie revolutionieren wird«. An der Stelle, wo die Oka und die Moskwa zusammenfließen, baut er einen riesigen Staudamm, der den Wasserspiegel um 25 Meter ansteigen läßt, so daß die natürliche Strömungsrichtung der Moskwa (ostwärts) umgedreht wird (westwärts). Denn: »Sowjetflüsse fließen, wo rote Träume sprießen.«

Damit Boris Pilnjak wieder als Schriftsteller akzeptiert wird, verdrängt er seine eigenen Überzeugungen. So läßt er die Dorfbewohner an der Oka freudig auf die Neuigkeit reagieren, daß ihre Hütten im Flußwasser untergehen werden. Denn schließlich erhalten sie neue Häuser »nach europäischem Modell«.

Spontan sagt eine Romanfigur Pilnjaks auf deutsch: »Weißt du, ich denke, daß Leo Trotzki unrecht hat.« Der Saboteur unter den Ingenieuren, der den gigantischen Betonbau in die Luft sprengen will, wird rechtzeitig enttarnt, und zum Schluß ertrinken alle Übeltäter in einem grünen Tümpel hinter dem Staudamm.

Bei der Einweihung des Staudamms blickt Professor Poletika schon wieder zum Horizont. In nächster Zukunft will er die Wolga in Richtung der zentralasiatischen Steppen umleiten.

»Das alles macht der Sozialismus möglich«, predigt der Professor. »Wir werden die Wüste in ein neues Mesopotamien verwandeln.«

Mit dem Roman *Die Wolga fällt ins Kaspische Meer* erreicht Pilnjak sein Ziel: Er kehrt in die Reihen der angesehenen sowjetischen Schriftsteller zurück. Gorki findet, daß er mit dieser Loyalitätsbekundung seine vorangegangenen Fehltritte ausreichend gesühnt hat, und läßt ihn 1933 an der Exkursion zum Belomor-Kanal teilnehmen.

In nur wenigen Jahren ist es Maxim Gorki gelungen, viele Schriftsteller zur Linientreue zu erziehen. Durch Gorkis Einfluß ist es vorbei mit den politischen Skandalen und dem dissidentischen Verhalten der Schriftsteller. In literarisch-politischer Hinsicht läßt sich 1934 als das Erfolgsjahr Gorkis bezeichnen. Sein Triumph beginnt im Januar dieses Jahres, mit der Veröffentlichung des *Belomor*-Buchs. Die Festausgabe umfaßt 4000 Exemplare und erscheint rechtzeitig zum VII. Parteitag der Kommunistischen Partei. Kurz darauf folgen zwei Publikumsausgaben von 80000 und 30000 Exemplaren, die bald ausverkauft sind. Der Erfolg von *Belomor* ist der Startschuß für eine wahre Lawine an Literatur über Stalins Wasserbaudenkmäler und Kanäle.

»Maxim Gorki glaubt plötzlich an ein pharaonisches Rußland, in dem das Volk singend Pyramiden baut«, stellt sein französischer Freund Romain Rolland nach einem Besuch in Moskau fest.

Doch Gorki schert sich nicht um Rollands ironische Bemerkung. Als »Geo-Optimist« – einer seiner mit Stolz geführten Beinamen – setzt er alle seine Hoffnungen in die Melioration.

Er bietet der Sowjetunion eine entsprechende Literatur dazu an, in der mit den künstlerischen Formexperimenten der 20er Jahre abgerechnet wird. Die Form wird durch den Inhalt ersetzt, und die Bücher, die unter Gorkis Aufsicht das Licht der Welt erblikken, sind mit konkreten Themen versehen und spielen sich in der materialistischen Wirklichkeit ab. Man beachte auch die vielen Ausrufezeichen. Das Ausrufezeichen befindet sich unaufhaltsam auf dem Vormarsch. Die russische Sprache wurde unter Gorkis Regie vorangetrieben, sie ist drängender geworden und nicht mehr so zeitlos. Und die Ästhetik? Wird sie nicht in der Eile und aufgrund der vielen neuen Aufgaben einfach vergessen? Nein, glaubt Gorki, die proletarische Ästhetik ist die Ästhetik der Konstruktion und der Produktion. Der Aufbau des Sozialismus und der entsprechenden Produktionsstätten ist von einer inneren Schönheit geprägt. Ist ein 40 Meter hohes, bogenförmiges Wehr in einem Fluß nicht atemberaubend schön?

Gorki inspiriert die Schriftsteller zur Schaffung einer für die Sowjetliteratur charakteristischen »Wasserbaubibliothek«:

Fjodor Gladkow, der schon 1925 mit seinem Produktionsroman *Zement* Furore gemacht hat, widmet ein großangelegtes Epos dem Wasserkraftwerk am Dnjepr. Das Buch *Energie* erscheint in zwei Bänden. Die fast tausend Seiten sind derart mit technischen Details gespickt, daß *Energie* auch als Lehrbuch für den Staudammbau eingesetzt werden könnte.

Der polnische Schriftsteller Bruno Jasienski, der aus Liebe zur Sowjetunion nur noch »in der Sprache Lenins« schreibt, reist nach Zentralasien, um die Bewässerungssysteme entlang des Flusses Amu-Darja festzuhalten: *Ein Mensch wechselt die Haut.*

Marietta Schaginian, die mit ihren Krimis über amerikanische Infiltranten in Leningrad bekannt geworden ist, reist in ihre Heimat Armenien und dokumentiert in ihrem Buch *Das Wasserkraftwerk* den dortigen Staudammbau.

Der Schriftsteller und Kritiker Leopold Awerbach, der Pilnjaks *Buße* noch als heuchlerisch abgetan hat, begreift, daß er sich den Richtlinien Stalins und Gorkis unterordnen muß. Nach seiner Beteiligung an *Belomor* macht er sich 1933 an eine vergleichbare Darstellung über den Bau des Moskau-Wolga-Kanals. *Vom Verbrechen zur Arbeit* heißt das Ergebnis.

Ein weiterer Veteran des Belomor-Projekts ist Sergej Budanzew. Er bereitet ein Übersichtswerk mit dem Titel *Das Land der großen Wasserstraßen* vor. Für dieses Buch, ein Andenken an den 20. Jahrestag der Russischen Revolution im Jahre 1937, hat er namhafte Schriftstellerkollegen angesprochen, von denen jeder eine Wasserstraße der Sowjetunion zum Thema einer Erzählung machen soll. Unter den auserwählten Mitarbeitern befinden sich auch Boris Pilnjak und Konstantin Paustowski.

Anknüpfend an den Erfolg von *Kara-Bugas*, entdeckt Paustowski einen weiteren entlegenen Winkel in der Sowjetunion. Nicht weit von der Grenze zur Türkei wird ein subtropischer Sumpfboden für den Anbau von Zitrusfrüchten trockengelegt. In dem Buch *Die Kolchis* (1934) berichtet er über »die Freude der Ingenieure, Arbeiter und Botaniker«, die ein fruchtbares Küstengebiet trockenlegen und eindeichen.

Andrej Platonow gelingt es nicht mehr, in den Kreis sozialistischer Schriftsteller zurückzukehren. Im Laufe des Jahres 1933 schreibt er immer verzweifeltere Briefe an Maxim Gorki. »Für mich als ›Klassenfeind‹ ist es nicht nur psychologisch unmöglich, weiterzuleben, sondern auch praktisch. Niemand traut mir noch. Ich würde mir wünschen, daß Sie an mich glauben.«

Im Mai dieses Jahres fleht er Gorki an, über den Moskau-Wolga-Kanal schreiben zu dürfen. Er sucht ein Thema, auf dem der Segen des Literatur-Patriarchen ruht. Es ist der einzige Weg, in der sowjetischen Öffentlichkeit Anklang zu finden und wieder akzeptiert zu werden. Er braucht zudem die Rubel, um seine Frau Mascha und den Sohn Platon ernähren zu können. Um mit seiner Familie zu überleben, hat der Schriftsteller und Techniker eine Stelle beim staatlichen Prüf- und Normamt in Moskau angenommen. Dort gelingt es ihm, eine Prämie für die Erfindung der elektrischen Waage zu ergattern. Aber das Geld reicht hinten und vorn nicht.

Im November 1933 schreibt Platonow: »Seit zweieinhalb Jahren ist nicht eine Zeile von mir mehr gedruckt und veröffentlicht worden. Sollten Sie es nicht für notwendig erachten, mich als Schriftsteller ganz aufzugeben, lassen Sie mir dann bitte Ihre Assistenz angedeihen.«

Gorki antwortet nicht. Er ist der Meinung, daß Platonows Erzählungen »ans Wahnsinnige grenzen«. Doch dann beschließt er, ihm noch eine letzte Chance einzuräumen, und teilt ihn für die literarische Reisebrigade nach Zentralasien ein.

Platonow kehrt im Frühling des Jahres 1934 mit *Dshan* aus Turkmenistan zurück, einer Novelle über das Nomadenvolk in der Karakum-Wüste. Doch das Buch kommt nicht durch die Zensur. Ein weiteres Ergebnis der Reise ist der populärwissenschaftliche Artikel *Heiße Polargebiete,* in dem Platonow über das Aufblühen der Wüste philosophiert. Vielleicht gelänge es ja, das überschüssige Eiswasser der Polarzonen in Zentralasien zu nutzen. Obwohl dieser Beitrag, ebenso wie Pilnjaks *Die Wolga fällt ins Kaspische Meer*, deutlich auf Stalins Flußumleitungsplan verweist, kann ihn Platonow nirgendwo publizieren. Wahrscheinlich liegt es an dem leicht absurden Stil, der den Zensor zu der Vermutung veranlaßt haben muß, Platonow treibe mit der Perebroska seinen Spott.

Im Almanach zum zehnjährigen Bestehen der Sozialistischen Republik Turkmenistan ist Platonow lediglich mit einem Beitrag vertreten: einer Erzählung über ein persisches Sklavenmädchen, das von den Sowjets befreit wird.

Die Illusion

Das Moskauer Filmarchiv ist ein Stück in Formalin konservierte Sowjetunion. Die Glasfassade erweckt den Eindruck von Transparenz. Es gibt bloß nichts, was man zur Schau stellen könnte, außer einer gefliesten Halle und ein paar Säulen. Es könnte sich um ein Rehabilitationszentrum, aber auch um ein Amt für Warenprüfung handeln. Ein Schild am Eingang zerstreut meine Zweifel: GOSFILMOFOND (Staatlicher Filmfonds).

Als ich das Archiv betrat, dirigierte mich ein uniformierter Wächter gleich durch eine Schleuse mit Metalldetektor. »Dokumenti«, befahl er und fragte nach einem bedenklichen Blick auf meine Papiere: »Weswegen sind Sie hier?«

Ich wollte sagen: »Wegen *Kara-Bugas, The Movie*«, aber das hätte unangemessen theatralisch geklungen.

»Ich bin mit Igor Wassiljew verabredet, dem Konservator.« Während der paar Minuten, in denen ich mir auf dem Fliesenboden die Beine vertrat, dachte ich über den Kontrast zwischen dieser und jener Seite der Glaswand nach. Draußen toste das mondäne Moskau. Das Filmarchiv lag einen halben Häuserblock von der berühmten Einkaufsstraße Twerskaja entfernt, die bis Ende der achtziger Jahre Gorkistraße hieß. Sobald die Sowjetglocke 1991 gelüftet worden war, begann das Nachtleben entlang dieser achtspurigen Verkehrsader wieder zu pulsieren. Ehemalige staatliche Verkaufsstellen für Milch, Wodka und Leberwurst wurden zu Clubs und Casinos umgebaut, und im Lichtschein der Lancôme- und L'Oréal-Reklame tummelten sich die Nachtschwärmer auf den Trottoirs. Tagsüber sprangen vor allem die Juweliergeschäfte und die Wechselstuben mit ihren gepanzerten Schaltern ins Auge.

Hinter den Archivfenstern konnte von Neuerung keine Rede sein. Nicht zufällig hieß Igor Wassiljews Beruf »Konservator«. Plötzlich stand er vor mir. Ein hagerer Mann in einem Kittel. Er entschuldigte sich, daß er mir keine Hand reichen könne. Er hatte gerade Filmbüchsen hin- und hergeräumt. »Alles ist vorbereitet. Wenn Sie mir bitte folgen wollen?«

Wir traten aus dem Sonnenlicht in einen Gang und gingen die Treppe hinunter. Über einem Vorhang aus Gummistreifen stand »Kino I«. Wenn im Korridor eine rote Lampe leuchtete, lief drinnen gerade eine Vorstellung. Der kleine Kinosaal hatte intime Ausmaße, vier Reihen mit Sesseln, in denen man versank, zwanzig Plätze insgesamt.

»Sehr richtig«, antwortete der Konservator auf meine Frage, ob hier in der Sowjetzeit die Filmprüfung stattgefunden habe.

Igor Wassiljew schrieb eine Quittung aus und reichte sie mir. Ich muß den Zettel erschrocken angestarrt haben, denn er meinte: »Ihre Kollegen vom Fernsehen sind der Ansicht, das sei geschenkt.« Für die einmalige Vorführung des Films *Der schwarze Schlund* (»ein künstlerischer Tonfilm nach dem Drehbuch des Genossen K. Paustowski«) sollte ich 130 Dollar hinblättern. Ich hatte mich geirrt. Die neuen Zeiten waren also doch bis zu diesem Archiv vorgedrungen.

Weil ich keine Lust zum Feilschen und außerdem noch nie ein Kino für mich ganz allein hatte, zahlte ich mit gespielter Gleichgültigkeit. Daraufhin schaltete Igor Wassiljew das Licht aus und ließ den Projektor surren.

Auf der Leinwand erschienen zittrige, nervös tanzende Buchstaben: »Das Filmstudio Jalta präsentiert ...« und ein paar Sekunden später: *Kara-Bugas – Der schwarze Schlund*. Zu den Klängen eines feierlichen Musikstücks lief der Vorspann ab, in dem auffallend viele russifizierte Namen vorkamen. Der Mechmedow in der Rolle des Medizinmanns Ali-Bek, die Bekarowa als »die Witwe Natschar«.

»Das ist das Filmdebüt des turkmenischen Volkes«, flüsterte Igor Wassiljew. »Soweit uns bekannt ist, sind dies die ältesten Aufnahmen turkmenischer Schauspieler.«

Noch bevor ich fragen konnte, aus welchem Jahr die *Kara-Bugas*-Verfilmung stammte, erschien die Jahreszahl 1935 im Bild.

Ich war neugierig auf die Bucht und die Chemiewerke in den dreißiger Jahren. Wie sahen die wohl aus? Man hatte vor Ort gefilmt, und bereits nach fünf Minuten zog – vom Meer aus gesehen – die Siedlung »Kara-Bugas-Hafen« an mir vorbei. Steinerne Baracken auf einem befestigten Kai. Leere Anlegestellen. Eine Windmühle zur Energieerzeugung. Niedrige Schuppen zwischen Sandhaufen. Das Auge der Kamera ruhte auf einem Podest mit zwei Holzfässern: Trinkwasserreservoire. Diese Tonnen sollten mit Quellwasser aus dem Kaukasus gefüllt werden. Aber genau wie im Jahre 1931, als Paustowski in der Hafenstadt Krasnowodsk vergeblich auf ein Schiff gewartet hatte, hielten sich auch diesmal die Tanker »Frunse« und »Dsershinski« nicht an ihren Fahrplan. Der Wasservorrat ging zur Neige, und zwischen den roten Ingenieuren und den angeheuerten turkmenischen Arbeitern begann es zu knistern. Mit hohen Tönen machte Geigenspiel die Hitze der Wüste fühlbar, während Trommeln wie bei einem Unwetter geschlagen wurden, wenn Zusammenstöße zwischen den Bolschewiki und den Nomaden drohten. Letztere hatten ihre Kibitkas am Rand der Siedlung aufgeschlagen, um im Tausch für Süßwasser das angesetzte Sulfat in Blöcke zu hacken und es mit Kamelen abzutransportieren.

In dem Moment, als eine hoch beladene Salzkarawane aufreizend langsam aus dem Bild schaukelte, schob sich aus dem Hintergrund zum ersten Mal die Bucht von Kara-Bugas nach vorn. Der Anblick blendete. Die Leinwand versprühte eine so helle Glut, daß der kleine Kinosaal ausgeleuchtet wurde. Ausweichen ging nicht, aber meine Ellbogen nestelten sich tiefer in die Armlehnen. Auf der weißen Fläche zeichneten sich schwache Konturen ab. Die Bucht von Kara-Bugas war ein spiegelnder See mit einem geriffelten Uferkragen aus erstarrtem Glaubersalz. Wie schmale Riffe lagen die Kristalle auf dem Strand und funkelten in der Sonne.

Die *Kara-Bugas*-Verfilmung bewegte sich zwischen Reportage und dramatisierter Rekonstruktion. Nach dem Kanon des sozialistischen Realismus durften sowjetische Künstler nur dann vom Tatsachenmaterial abweichen, wenn sie die Dynamik der Gegenwart in die Zukunft verlagerten. Ich fragte mich, ob dieser »künstlerische Tonfilm« mit den wirklichen Ereignissen Schritt hielt oder ihnen voraus war. Konnte ich Hinweise auf das spätere Schicksal der Bucht erwarten? Oder schaute ich mir gerade einen von A bis Z fingierten Agitationsfilm an?

Paustowski hatte das Drehbuch auf den Kampf um Trinkwasser zugespitzt. Der Filmheld ist der rote Direktor eines Chemiekombinats, ein entschlossener Kriegsveteran mit einem hochentwickelten Gerechtigkeitsgefühl. Dieser Mann namens Miller sieht sich mit unerwarteten Gegenschlägen konfrontiert, denen er mit vernünftigen Entscheidungen die Stirn bietet oder, wenn es nicht anders geht, mit Draufgängertum.

Um das Trinkwasserproblem zu lösen und gleichzeitig die Turkmenen für die Sache des Sozialismus zu gewinnen, entscheidet sich Miller für ein ungewöhnliches Vorgehen. Er läßt seine Ingenieure vor Ort eine Maschine erfinden, die Seewasser mittels Sonnenenergie entsalzt. Obwohl der Stand der Technik längst noch nicht so weit gediehen ist, lassen sich die Bolschewiki mit ihren rationalen Fähigkeiten auf eine Kraftprobe mit dem Aberglauben der Turkmenen ein. In den Worten des Drehbuchautors wird der Sowjetmensch die Sonne in einem Spiegel fangen »wie der Kibitkabewohner einen Fuchs in einem Sack«. Selbstverständlich glauben die Nomaden nicht, daß die Neulinge aus dem Norden das Salzwasser aus dem Kaspischen Meer in Trinkwasser verwandeln können. Die in Angriff genommene Aufgabe gipfelt in einen Überlegenheitstest, der im Vergleich zu früheren Beutezügen der zaristischen Armee eine sehr zivilisierte Methode ist, sich die Tiefebenen bis Persien zu unterwerfen.

»Wer schenkt euch diese Trinkwassermaschine?« Im strengen Oberlehrerton hält Miller dem Volk der Kameltreiber eine Ansprache. »Wir, die Bolschewiki. Ihr und eure Enkel werden unser ewig in Dankbarkeit gedenken.«

Die turkmenischen Nomaden sollten einsehen, daß Stalin, »der neue, in Moskau ansässige Wüstenfürst«, nicht darauf aus ist, sie zu knechten. Im Gegenteil, der Vater der Sowjetunion predigt die »Freundschaft zwischen den Völkern«.

Aber wie sah diese Freundschaft in der Praxis aus?

Bei meinen Nachforschungen hatte mir die Chemiehistorikerin Amansoltan Saparowa, die ich in Moskau getroffen hatte, auf die Sprünge geholfen. In einem Brief aus Aschchabad wies sie mich auf das ursprüngliche Material hin, das Paustowski herangezogen hatte: zwei Jahrgänge der Zeitschrift *Der turkmenische Funke*. Als Ergänzung zu ihrer Doktorarbeit über die Geschichte der turkmenischen Sulfatindustrie enthielt diese vergilbte und zerbröselte Wochenzeitschrift einen Reichtum an Informationen, mit deren Hilfe ich den Wahrheitsgehalt von Paustowskis Buch und Filmvorlage ergründen konnte. Auffallend viele Details schienen zu stimmen. Obwohl Paustowski die Bucht nie gesehen hatte, war er wie ein gewissenhafter Forscher zu Werk gegangen und nicht wie ein fabulierender Romancier. Dialoge und konkrete Vorfälle entlehnte er der rauhen Wirklichkeit.

Der Protagonist Miller war Jakow Rubinstein nachempfunden, dem Direktor der chemischen Werke von Kara-Bugas. Dieser Rubinstein, polnischer Kommunist und Kriegsveteran, verfügte über enorme Energiereserven. Wie Paustowski hatte er im Ersten Weltkrieg und während der Revolutionsjahre ruhelos die Ukraine und den Rest von Mitteleuropa durchstreift. Ihre Wege hatten sich mehr als einmal gekreuzt. Sie waren zur gleichen Zeit in Kiew und in Odessa, aber hatten sich weder dort noch an der Küste des Kaspischen Meeres getroffen. Paustowski hatte ihn als tatkräftigen sozialistischen Kombinatsdirektor charakterisiert. Seine Untergebenen nannten ihn den »Unermüdlichen«, was angesichts seiner Disziplin und seiner hohen Ansprüche nicht unbedingt schmeichelhaft gemeint war. Schon seit Lenins »Kriegskommunismus« hatte sich der emsige Rubinstein als Wegbereiter der sowjetischen Volkswirtschaft erwiesen und war schließlich auch aufgrund seines Tatendrangs für die Kara-Bugas-Mission ausgesucht worden.

»Wenn Rubinstein in der turkmenischen Wüste nichts auf die Beine stellt«, sagte man in Moskau, »dann kann es niemand.«

Paustowski versuchte, sich Rubinsteins Leben an dieser abgelegenen Bucht vorzustellen. Im *Turkmenischen Funken* las er von den unzähligen Hindernissen, auf die der Kombinatsdirektor stieß. Opiumkonsum, Aberglaube, Rückständigkeit. Die himmelschreiende Ungleichheit zwischen Frauen und Männern. Um die aufzuheben, war das Tragen des Pirandsha, des schwersten Schleiers, der am meisten verhüllte, vom Frauenkomitee der Gebietsparteileitung verboten worden. Hatte nicht schon Lenins Frau auf einem Komsomolkongreß 1919 das erste (usbekische) Moslemmädchen aufs Podium geholt und sie dort vor versammelter Menge ostentativ – mit einer Fahnenstange – entschleiert?

Vor dem Hintergrund der »öffentlichen Schleierverbrennungen«, die die Sowjets in den Oasenstädten Mittelasiens organisierten, hatte Paustowski die »Witwe Natschar«, eine Verstoßene, die von Kindern mit Kamelmist beworfen wird, vorgeführt. Resolute Russinnen nehmen sich ihrer an und schikken sie – europäisch gekleidet – als Textilarbeiterin nach Baku.

Natürlich wecken die von oben aufgezwungenen Sitten den Widerstand der Tabibs: der Medizinmänner, die über die Traditionen wachen. In *Kara-Bugas* stellt Paustowski sie als »Ausführende barbarischer Heilungsmethoden« dar, die fast tödliche Aderlassungen vornehmen und Brandwunden mit einer »Urinkompresse« behandeln. Ihre böse Rolle beschränkt sich nicht nur auf die Verstümmelung ihrer Stammesgenossen. Sie wiegeln auch noch die Salzarbeiter gegen die russischen Vorarbeiter auf.

Der Versuch, die Sulfatgewinnung planmäßig anzugehen, droht durch eine solche Verschwörung zu mißlingen. Die Ingenieure haben sich eine Methode ausgedacht, wie sie das Salzwasser der Bucht in Becken auskristallisieren lassen können, um die Sulfatgewinnung zu vereinfachen. Aber bei See Nr. 6 revoltieren die Turkmenen. Sie weigern sich, eine Leitung in einen Mergelberg zu schlagen. Die Aufseher stehen vor einem Rätsel, bis sich herausstellt, daß die Tabibs dahinterstecken. Sie haben davor gewarnt, daß »Allah die Erde mit einer schwarzen Kruste überziehen wird«, sobald auch nur eine einzige Spitzhacke in den Mergelberg einschlägt.

Im Film geht das Gerät zur Meerwasserentsalzung in die Brüche, als das Gerücht die Runde macht, der Apparat verfüge über teuflische Kräfte.

Ähnliche gewalttätige Vereitelungsversuche kamen laut der Zeitschrift *Der turkmenische Funke* regelmäßig vor. Aber genau wie dieser Miller im Film, der sich schließlich Respekt verschafft, indem er ein Pferderennen gewinnt, ließ sich auch Rubinstein durch Zerstörungswut nicht aus dem Feld schlagen. Aufgrund seines Charismas gelang es ihm, viele Arbeiter zu werben und für seine Sache zu begeistern. Im Sommer 1931 waren in seinem Chemiewerk bereits 4900 Arbeiter (vor allem Turkmenen und Kasachen) unter Vertrag. Das war etwas Besonderes angesichts der Tatsache, daß sich die Sowjets in kurzer Zeit durch die Schleierverbrennungen und die Kollektivierung der Landwirtschaft äußerst unbeliebt gemacht hatten. Kibitkabewohner, die sich der roten Befehlsgewalt nicht unterwerfen wollten, brachen ihre Zelte ab und zogen in langen Karawanen nach Persien und Afghanistan. Es war ein offenes Geheimnis, daß die Sozialistische Republik Turkmenistan bis auf die Küsten- und Oasengebiete schließlich entvölkert war.

Persönlichkeiten wie Rubinstein gelang es, die Flucht aus dieser Region einigermaßen aufzuhalten. Selbstverständlich half dabei, daß er über Hunderte von freiwilligen Komsomolzen verfügen konnte, junge Idealisten aus allen Ecken der Sowjetunion. Sie wetteiferten untereinander mit Belohnungen für die Überproduktion und dem »Kamelorden« für die lahmste Brigade. Infolgedessen übertraf die Sulfatgewinnung in den Anfangsjahren alle Erwartungen. Es gelang Rubinstein, das festgelegte Produktionsziel des ersten Fünfjahrplans (1929–1933) innerhalb von vier Jahren zu erfüllen. Für diese heldenhafte Leistung wurden er und das Chemiekombinat mit dem Rotbannerorden ausgezeichnet. Beim Festakt am 17. Oktober 1932, der in den Zeitungen des Landes gewürdigt wurde, war Genosse Rubinstein der gefeierte Mann.

»Heute sind die Ufer von Kara-Bugas keine Quelle des Aberglaubens für die Nomaden mehr«, betonte er in seiner feierlichen Ansprache während der Auszeichnungsveranstaltung.

»Wir haben die Wüste in einen sozialistischen Großbetrieb verwandelt, diese Umgestaltung kann sich durchaus mit anderen Aufbauvorhaben in der Sowjetunion messen.«

Über das persönliche Schicksal des roten Direktors las ich zum ersten Mal in Amansoltans Dissertation:

»Jakow G. Rubinstein (1895–1938). Verhaftet im Mai 1937. Verurteilt zum Tod durch Hinrichtung im Oktober 1938 aufgrund Artikel 58 (konterrevolutionäre Aktivitäten) durch das oberste Militärgericht in Moskau.

Rehabilitiert im Juni 1956 ›aufgrund mangelnder Beweise und Fälschung der Prozeßakten‹.«

Was war schiefgegangen? Mir wurde klar, daß Rubinstein eines der unzähligen Opfer der »Säuberungen« von 1937 bis 1939 sein mußte. Aber wie konnte ein Staatsbürger der Sowjetunion in leitender Position in Ungnade fallen *und* gleichzeitig als Modell für den Helden in einem sozialistisch-realistischen Film dienen?

Ich schickte Amansoltan eine Karte mit der Frage, was sie über diesen glücklosen Polen wisse. Sie antwortete, daß sie seinerzeit lediglich den »Beschluß zur Rehabilitation« habe einsehen dürfen, daß aber eine Kaderakte von ihm existiere. Möglicherweise sei diese jetzt freigegeben.

Ausländer wie ich durften die Akten nicht einsehen. Aber als ich eine russische Sprachwissenschaftlerin der Moskauer Universität Nachforschungen anstellen ließ, bekam sie ohne Bedenken Einsicht in die Akte 140 527, die sich heute im russischen Staatsarchiv für Sozialpolitik und Geschichte befindet.

Das erste der zwölf Dokumente in der Akte Rubinstein war ein Fragebogen, den der Direktor des Chemiekombinats im September 1933 hatte ausfüllen müssen.

Nationalität: *Jude*
Abstammung (Stand oder Klasse): *Sohn aus dem Bürgertum*
Parteimitgliedschaft seit: *1917*
Mitgliedsnummer: *0 616 978*

Parteifunktionen: *Mitglied des Zentralkomitees der Kommunististischen Partei der Sozialistischen Republik Turkmenistan, Vorsitzender des Bezirkskomitees Kara-Bugas*
Fremdsprachen: *Polnisch, Deutsch, Englisch mithilfe eines Wörterbuchs*
Revolutionäre Aktivitäten vor 1917: *Beteiligung an der »Lewica«, illegale Polnische Sozialistische Partei, 1910–1914*
Repressionen vor 1917: *Gefängnisstrafen in Warschau, Prag, Lublin, Sedlec, Ostrog, Wolynsk, Odessa*

Ein mit Stempeln und Unterschriften versehenes separates Papier erwies sich als ›psychologische Skizze‹ Jakow Rubinsteins. Die Verfasser verwiesen auf zwei Pluspunkte und einen Minuspunkt in seinem Charakter.

> Genosse Rubinstein zeichnet sich durch große Disziplin und außergewöhnliche Tatkraft aus. Er verfügt über bedingungslose Loyalität und ist deshalb generell für Leitungsfunktionen geeignet. Allerdings läßt sein politisches Bewußtsein – das anwendbare marxistisch-leninistische Wissen – sehr zu wünschen übrig. Aufgrund dieser Schwäche sollte er vorzugsweise unter Aufsicht eines Bereichsdirektors fungieren.

Bis 1934 gab es keine belastenden Akteneinträge. Aber das hieß nicht, daß Rubinstein an seinem Aufenthaltsort bei der Bucht von Kara-Bugas eine unbesorgte Zeit erlebte. Seit der Rekorde von 1932 gingen die Produktionszahlen zurück, doch Moskau verlangte immer mehr hochwertiges Natriumsulfat. Ohne Pardon.

Dem Bericht des Salzkongresses in Leningrad war zu entnehmen, daß Rubinstein aufgrund der widrigen Lebensumstände zunächst bemitleidet wurde. Der Agronom, der im Auftrag der Akademie der Wissenschaften vor Ort Proben aus dem Gemüse- und Traubenanbau genommen hatte, hielt im Dezember 1933 einen besorgniserregenden Vortrag. »Selbst ein unschuldiges Lüftchen weht Staub auf und bedeckt damit die Siedlung. Das salzige Puder dringt in die Baracken und beschädigt die Maschinen. Es deprimiert die Anwohner, daß es keine Bäume in der Gegend gibt, alle Anpflanzungsversuche sind bisher gescheitert. Durch den Mangel an Gemüse und Kräutern herrschen Krankheiten unter den Russen (nicht unter den Turkmenen und Kasachen), so zum Beispiel Skorbut. Zieht man dann noch den akuten Wassermangel in Betracht – das Wasser muß mit Schiffen aus Baku herbeigeschafft werden –, dann kann man sich sicher vorstellen, welchen Strapazen unsere Neuerer der ersten Stunde ausgesetzt sind.«

Dagegen hielt der höchste Volkskommissar von Turkmenistan, Genosse Atabajew, im eisigen und dezembergrauen Leningrad eine feurige Ansprache, in der er den Bau von elf neuen chemischen Fabriken ankündigte. »Einst waren Naturforscher der Ansicht, die Bucht von Kara-Bugas sei ein toter Tümpel, aber ich sage Ihnen, sie ist Mendelejews Periodensystem in materialistischer Gestalt.«

Jedes dritte Element aus dem Periodensystem des Chemikers Dmitri Mendelejew, in Rußland besser bekannt als staatlicher Prüfer, der die Wodkaqualität überwachte, kam in abbaubaren Mengen im Salzsee vor: Schwefel, Phosphor, Chlor und Brom, aber auch Metalle wie Magnesium und Wolfram sowie die radioaktiven Stoffe Strontium und Radium. Der turkmenische Volkskommissar sah bei Kara-Bugas einen Gürtel chemischer Industriebetriebe entstehen, die nicht nur dem Baumwollanbau Zentralasiens (durch die Produktion von Kunstdünger und Entlaubungsmitteln), sondern auch dem Verteidigungsbedürfnis der gesamten Sowjetunion zugute kommen sollten.

Schade nur, daß die langsame Erschließung des Gebiets mit dem festgelegten Zeitplan nicht Schritt halten konnte. Jakow Rubinstein fehlte es an allem: Zement, Heizöl, Gerätschaften, Nahrungsmittel – aber am bittersten war das Trinkwasserproblem.

Im Film nimmt der Durst unter dem Wüstenproletariat alttestamentarische Ausmaße an. An einem der Förderplätze geht ein russischer Aufseher durstig in die Knie. Er verliert das Bewußtsein. Als sich daraufhin herausstellt, daß die Wasservorräte bis auf einen kleinen Rest ausgetrocknet sind, bricht unter den Turkmenen ein Kampf aus. Gezeter und Geschrei, Frauen ziehen sich gegenseitig an den Haaren vom Wasserhahn weg und schlagen unbeherrscht mit Holzkrügen um sich. Ein in Tücher gewickeltes Baby wird unter eine Achsel geklemmt.

Die Szene wirkt wie aus dem Leben gegriffen, und als argloser Zuschauer beschleicht mich für einen Augenblick die Vorstellung, daß man die Schauspieler zuvor auf eine Diät mit Schiffszwieback ohne Wasser gesetzt hatte, um den Kampf ums Wasser so erbittert wie möglich erscheinen zu lassen.

Süßwasser gab es in Wirklichkeit auf Bezugsschein. Als Ausdruck von Willenskraft hatte Jakow Rubinstein auf dem Leninplatz in Kara-Bugas-Hafen einen Springbrunnen anlegen lassen, der allerdings Salzwasser verspritzte, so daß sich die Tropfen auf Gesicht und Händen im Handumdrehen in weiße Flecken verwandelten.

Konnte man überhaupt in einer Chemiestadt leben, in der das Quecksilber im Sommer bis über fünfzig Grad kletterte?

Tatsache war, man lebte dort. Zählte man die Zeltlager bei den Abbauplätzen mit und auch den Vorposten bei See Nr. 6, so hausten 17000 Menschen im Jahre 1933 an der Bucht von Kara-Bugas. Offiziell hatte jeder Arbeiter Anspruch auf vier Quadratmeter Wohnfläche, mußte sich aber mit zwei begnügen. Latrinen und Abwasserkanäle fehlten, Hygiene gab es nicht. Es mangelte an Schulen, Kantinen, Kinderkrippen, Lagerschuppen. Für Rubinstein machte es keinen Sinn, in der Hoffnung auf frisches Wasser aus Baku nichtsnützig und mit den Händen im Schoß Richtung Horizont zu starren. Deshalb befahl er, Beton aus Meerwasser herzustellen. Das war die einzige Möglichkeit, den Bau voranschreiten zu lassen, auch wenn es der Qualität der Mauern nicht gerade zugute kam. Inspizierte der Direktor eine Baustelle, entging ihm natürlich nicht, wie spröde und brüchig die Konstruktionen aus Salzbeton waren.

Im Laufe der Jahre wuchs in Moskau der Unmut über Rubinsteins Berichte, in denen Erfolge und Rückschläge sich nicht mehr die Waage hielten, sondern die Rückschläge rapide zunahmen. Die Entschuldigungen des Direktors klangen seinen Vorgesetzten immer unglaubwürdiger in den Ohren. So kam er stets wieder darauf zurück, daß der Wasserspiegel des Kaspischen Meeres absinke. Das war ein Phänomen, um das sich auch sowjetische Wissenschaftler Sorgen machten. Schwankungen von einigen Zentimetern pro Jahr wurden als normal angesehen, aber nach 1932 sank der Meeresspiegel in Dezimetern und in manchen Jahren mit Sprüngen von fast einem halben Meter auf einmal. Jeder Hydrologe hatte dazu seine eigene Theorie. Der eine suchte sie in einer Analyse der Niederschlagsmengen im Stromgebiet der Wolga, der andere behauptete, die Bewässerungsanlagen im Schwarzerdegebiet forderten nun ihren Tribut. Jede Menge Hypothesen – der Meeresboden würde sich durch die Ölförderung bei Baku senken –, aber niemand hatte eine schlüssige Erklärung.

Vom Direktionszimmer des Chemiekombinats aus waren die Folgen mit bloßem Auge zu erkennen: Die in der Regel tosende Trichtermündung des Kaspisches Meeres zur Bucht hin drohte zu versanden. Auf der Reede von Kara-Bugas-Hafen, dem industriellen Vorposten, der an dieser schmalen Meeresstraße gebaut worden war, tauchten auf einmal Untiefen und Sandbänke auf. Wer vom Pier aus die Anlegemanöver der Schiffe beobachtete, konnte die Flüche der Steuermänner manchmal wörtlich verstehen.

Bis dahin war die extreme Verdampfung in der Bucht immer Garant für einen gierigen und unersättlichen Zustrom gewesen. Über eine Strecke von fünf, sechs Kilometern stürzte das Wasser durch den gewundenen Adshi-Darja (turkmenisch für »Bitterer Fluß«) in die Bucht. Es riß alle Fische mit, die innerhalb weniger Stunden eingepökelt obenauf in der Verdampfungsmulde schwammen. Nur die Seehunde konnten sich der Sogkraft widersetzen und schienen Freude an diesem »Seewasserfall« zu haben.

Durch die Absenkung des Kaspischen Meeres beruhigte sich der unbändige Zustrom, und die Frachtschiffe konnten nicht mehr anlegen. Auf dem Kai lagen Säcke voll dehydriertem Sulfat, dem ersten Halbfabrikat des Chemiekombinats, aber wie sollte man die in einen Schiffsbauch schaffen?

»Wir sind gezwungen, hinter dem dahinschwindenden Meer herzueilen«, berichtete der Hafenmeister. Daraufhin ließ Rubinstein die Landungsbrücken immer weiter in Richtung offene See verlängern.

Es kamen Hydrochemiker der Akademie der Wissenschaften in einer marinegrauen Schaluppe an. Sie waren mit Taucheranzügen, pH-Meßgeräten und einer Kiste mit verschließbaren Reagenzgläsern für die Wasserproben ausgestattet. Ihren Berechnungen zufolge käme bei einem weiterhin rückläufigen Zustrom das Ionengleichgewicht von Kara-Bugas aus dem Lot, so daß bei der Kristallisation nicht länger das kostbare Natriumsulfat (Na_2SO_4) entstehen würde, sondern Natriumchlorid ($NaCl$). Prosaischer gesagt: Kochsalz. Die Mitarbeiter der Akademie drängten darauf, die Meeresstraße auszubaggern, damit ein Umschlag der Salzordnung verhindert werden konnte. Sollte die Bucht trotz dieser Maßnahme dennoch ihre Funktion als Sulfathersteller verlieren, müßte man mit einem Schöpfwerk zusätzliches Wasser aus dem Kaspischen Meer in die Lagune pumpen.

Moskau wischte diese Vorschläge vom Tisch – zu teuer. Es war außerdem nicht völlig ausgeschlossen, daß der Wasserspiegel des Kaspischen Meeres von sich aus wieder steigen würde. Möglicherweise war die Absenkung Teil einer natürlichen Schwankung, demzufolge nur vorübergehend.

Innerhalb der Zentralen Kontrollkommission hatte man kein Interesse an derartigen technischen Details. Allerdings bemerkten die Kommissionsmitglieder, daß die Leistungen im Chemiekombinat unter Leitung Jakow Rubinsteins deutlich nachließen. 1933 war die Sulfatproduktion bei sechzig Prozent der von Moskau festgesetzten Norm ins Stocken geraten und für das Jahr 1934 drohten die Zahlen noch miserabler zu werden, als man gedacht hatte.

Zur Vorbereitung eines möglichen Ermittlungsverfahrens befahl die Kontrollkommission dem Direktor, einen kurzen Lebenslauf abzufassen. Das Resultat – ein dreiseitiger Bericht aus dem Jahre 1934 – war seiner Kaderakte ohne weitere Bemerkungen hinzugefügt worden.

Rubinstein hatte ein Blatt Papier in die Schreibmaschine gespannt und begann seine Selbstdarstellung wie folgt:

»Ich bin 1895 in Warschau geboren. Mein Vater war Versicherungsvertreter und verdiente sich mit dem Verkauf von Lotterielosen noch etwas hinzu. Meine Mutter war Hausfrau. Ich bin der älteste Sohn. Nach mir kamen noch ein Sohn und eine Tochter. Vom sechsten bis neunten Lebensjahr besuchte ich die Chadera (Talmudschule), vom neunten bis fünfzehnten eine private Gewerbeschule, die ich wegen finanzieller Not nicht abschließen konnte. Daher nahm ich Nachhilfestunden bei einem Studenten namens Przybyszewski, um als Externer das Examen abzulegen. Przybyszewski war Mitglied der Polnischen Sozialistischen Partei (»Lewica«). Er hielt mich für vertrauenswürdig und bat mich, Drucksachen zu verteilen. Ich wurde aktiv in die Arbeit der Lewica einbezogen und brachte Broschüren nach Sedlec, wo ich 1911 (ich hatte inzwischen das Examen für die Gewerbeschule bestanden) zum ersten Mal verhaftet wurde. Nach zwei Monaten Gefängnis kam ich auf Kaution, die von meinem Vater bezahlt wurde, frei.«

Der junge Jakow hatte sich nicht unterkriegen lassen: Bis zum Ausbruch des Ersten Weltkriegs sah er etliche Gefängnisse und Arbeitslager von innen. Gerade noch rechtzeitig emigrierten seine Mutter, sein Bruder und seine Schwester in die Vereinigten Staaten, wo sie in einer Strohhutfabrik eine Anstellung fanden. Vater Rubinstein, der geblieben war, wurde aus Warschau verbannt, weil sein ältester Sohn militanter Sozialist war, und starb 1919 in einem polnischen Provinzstädtchen. Jakow hielt sich damals schon in der Ukraine auf und war im Untergrund aktiv, bis die Bolschewiki kamen. Fast ein Jahr lang kämpfte er als Offizier in der Reiterarmee, dem ersten Kavallerieregiment unter Befehl von General Budjonny, und bekleidete nach dem Ende des Bürgerkriegs zahllose Verwaltungsposten, vom Hauptinspektor der Fleischkonservenindustrie bis zum Vorsitzenden der russisch-kanadischen Handelsschifffahrtsvereinigung.

Weil er wußte, was man von ihm erwartete, machte Rubinstein am Ende seiner »Selbstdarstellung« Meldung von zwei früheren Fehltritten. Er folgte damit einem ungeschriebenen Gesetz, das ihn zur Selbstkritik verpflichtete.

»1929 habe ich während einer Parteiversammlung falsche trotzkistische Behauptungen in bezug auf die Bauernfrage verteidigt. Später habe ich meinen Irrtum eingesehen und diesen öffentlich eingestanden.

1930 habe ich mir einen Tadel der zentralen Kontrollkommission wegen Unbeherrschtheit und mangelnder Wachsamkeit zugezogen. Ich hatte Sabotageakte in der Konservenindustrie nicht rechtzeitig bemerkt. Der Tadel ging mit einem zweijährigen Verbot der Ausübung von Verwaltungsfunktionen einher. Dieses Verbot wurde vom Zentralkomitee der Kommunistischen Partei bei meiner Ernennung zum Direktor des Chemiekombinats in Kara-Bugas aufgehoben.«

Wie von den Hydrochemikern prognostiziert, veränderten die Salzbänke in der Bucht Mitte der dreißiger Jahre ihre Zusammensetzung. Der geringere Wasserzustrom sorgte für eine Verdickung der Salzlakenlösung, mit der Konsequenz, daß sich nun Koch- statt *Wunder*salz ablagerte.

Der erste, der mit diesem Phänomen in Berührung kam, war der Kapitän des Hafenschleppers »Serbien«, der mit einem Lastkahn voller Sulfatblöcke von einer der Förderstellen auf dem Weg in den Kara-Bugas-Hafen war. Amansoltan hatte seinen Bericht wörtlich in ihrer Dissertation wiedergegeben.

»Es war windstill«, berichtete der Kapitän später Rubinstein. »Wir fuhren mit Dreiviertel der Kraft über die Bucht, und obwohl die Kessel genügend Druck gaben, merkte ich, daß wir an Geschwindigkeit verloren.« Der Kapitän hatte den Befehl »Volle Kraft voraus!« gegeben, wonach der Schlepper zwar zitterte und wackelte, aber sich nicht von der Stelle rührte. Die »Serbien« kam stampfend zum Stillstand. Daraufhin hatte der Kapitän einem Matrosen befohlen, die Schiffsschraube zu inspizieren. Der Junge sprang widerwillig über Bord, holte tief Luft und tauchte nach einer Minute mit der Mitteilung auf, er könne die Schraube nicht finden. »Wo sonst die Schraube sitzt, hängt ein Klumpen Salz«, rief er zur Belustigung der Mannschaft.

Weil der Kapitän glaubte, der Matrose rede dummes Zeug, tauchte er selbst unter das Heck – um zu genau der gleichen Entdeckung zu kommen.

Kochsalz. Es war die soundsovielte Plage, die Rubinstein traf. Erst versandete sein Hafen, und jetzt setzte überall wertloses Salz an. Es dauerte nicht lange, bis der Direktor beunruhigende Berichte der Qualitätskontrolleure aus Astrachan empfing, die ganze Partien Natriumsulfat wegen »bis zu zwanzigprozentiger« Verschmutzung mit Natriumchlorid beanstandet hatten. Es stand nicht so eindeutig auf dem Papier, aber der Verdacht war herauszulesen: Genosse Rubinstein versucht, seine enttäuschenden Produktionszahlen mit simplen Betrugstechniken zu vertuschen. Seine jüdische Abstammung war dabei bestimmt kein Pluspunkt – und aus den folgenden Unterlagen geht hervor, daß sich das Netz um Rubinstein allmählich zusammenzog.

STRENG GEHEIM steht über einem Brief vom 1. April 1937 an Nikolai Jeschow, den neuernannten Chef des Volkskommissariats für Innere Angelegenheiten, NKWD. Sekretär Titow von der Kommunistischen Partei Turkmenistans berichtet darin über die »Amateurarbeit« zweier turkmenischer Staatssicherheitsbeamter, denen es einfach nicht gelang, genug belastendes Material gegen Genossen Rubinstein zu sammeln.

»Mir scheint, daß die Verwaltung der Staatssicherheit in Turkmenistan dieser Angelegenheit absolut nicht gewachsen ist. Wäre es nicht besser, die Untersuchung gegen den Kombinatsdirektor direkt von Moskau aus zu führen?«

Als Anhang fügt Titow einen Durchschlag mit dem »Tadel« hinzu, den der Verdächtige – denn das ist Rubinstein jetzt – 1930 erhalten hat. Es ist offensichtlich uninteressant, daß die auferlegte Parteistrafe nahezu sofort »berichtigt und widerrufen« worden war, denn diese Einzelheit erwähnt der Sekretär nicht.

Das nächste Dokument kommt in gewichtigem Ton daher. Es ist ein geheimer »Beschluß« des Präsidiums der Kommunistischen Partei Turkmenistans vom 10. Mai 1937.

Es wurde vernommen:
ein Bericht des Genossen Gotlober über die konterrevolutionären Aktivitäten innerhalb des Chemiekombinats Kara-

Bugas, wozu Sabotage und Spionage gehören, die durch die Beweise des föderativen Volkskommissariats für Innere Angelegenheiten (NKWD) bestätigt wurden.

Es wurde festgestellt,
- daß die Sulfatlagerstätten der Bucht von Kara-Bugas aufgrund von mindestens fünfjähriger Mißwirtschaft in einen Zustand der Auflösung geraten sind;
- daß die Sulfatproduktion trotz der Investition von 17 Millionen Rubel von 78 000 Tonnen im Jahre 1932 auf 70 000 Tonnen 1936 zurückgegangen ist;
- daß die Versuchsanlage von Rubinstein und seinen Helfershelfern bereits beim Bau sabotiert wurde. Die Mauern bestehen aus minderwertigem Beton.

Aus diesem Grund hat das Parteipräsidium beschlossen:
1) Den Bericht des Genossen Gotlober unverändert zu akzeptieren.
2) Die Verhaftung Rubinsteins durch die zuständigen Organe anzuordnen.

Was darüber hinaus über den Kombinatsdirektor polnisch-jüdischer Abstammung bekannt ist, sind zwei Daten aus einem posthumen Rehabilitationsbeschluß:
- am 28. Mai 1937 wurde Rubinstein von den Staatssicherheitsbeamten verhaftet und noch am gleichen Tag aus der Partei ausgeschlossen,
- und am 29. August 1938 hatte das oberste Militärgericht Rubinstein mit sofortiger Wirkung zur »Todesstrafe durch Hinrichtung« verurteilt.

Ich fragte mich, ob Paustowski je etwas von Rubinsteins Schicksal erfahren hatte. Und falls ja: Was genau bekam er dann zu hören, und wann?

Als Drehbuchautor der *Kara-Bugas*-Verfilmung hatte er sorgfältig auf ein ruhmreiches Ende hingearbeitet. Wer allerdings auch nur die geringste Ahnung vom Drama hinter den Kulissen hatte, wurde sich schmerzlich der Tatsache bewußt, daß die

Sowjetpropaganda jeglichen Kontakt mit der Wirklichkeit zu verlieren begann. Der sozialistische Realismus und die Realität waren in einem unmöglichen Spagat gelandet.

Noch während der Filmaufnahmen im Frühjahr 1935 wuchs die Überzeugung der Physiker, daß man die Siedlung Kara-Bugas-Hafen an einem verkehrten Ort errichtet hatte, nämlich an einer Meerenge, die eines Tages austrocknen würde. Aber aus Furcht vor Stalins Grimm wagte es keiner von ihnen, dies laut zuzugeben. Amansoltan Saparowa erwähnte in ihrer Dissertation, wie eine Salzgewinnungsstelle nach der anderen geschlossen wurde. Es setzte sich einfach kein Sulfat mehr ab. Die einzige noch funktionierende Quelle war der künstliche See Nr. 6. Für den Rest mußte der Abbau in der Bucht von Kara-Bugas als gescheitert betrachtet werden. Ende 1938, zehn Jahre nach der Gründung, hatte sich Kara-Bugas-Hafen in eine ausgestorbene Industrieruine verwandelt.

Der Kontrast zu dem gezeigten Film in dem kleinen Kinosaal hätte nicht größer sein können. Der Schriftsteller Paustowski läßt den Lobgesang im Crescendo auch nach dem Jahr 1932 weiter ertönen. Im Film ersteht an der dürren Küste ein futuristischer Entsalzungskessel, der von Sonnenenergie betrieben wird. Das ist eine Installation mit einfallsreichem Röhrensystem und elektrischen Schaltzentralen. Bei der festlichen Einweihung sieht man, wie sich die Nomaden dem Gefährt verängstigt nähern. Die Männer tragen einen Turban, die Frauen bedecken ihre Gesichter mit den Enden ihres Kopftuchs. In der Hocke oder im Schneidersitz, in der Hand eine Tonschale, beobachten sie die sowjetischen Zauberer, die behaupten, sie könnten das Wasser des Kaspischen Meeres in Trinkwasser verwandeln.

Ein Darsteller im Film nimmt einen Schluck und spuckt. Bah, ist das salzig. Ringsum Gelächter. Ungenießbares Wasser strömt durch die Leitungen. Aber dann dreht eine stämmige Russin mit beiden Händen einen Wasserhahn auf, ein Zischen und Gurgeln ertönt, und nach einem zirkusreifen, einminütigen Trommelwirbel plätschert Wasser in einen Zinkeimer. Ein ungläubiger Tabib darf seine Schale darunter halten, und wahrhaftig, das Wasser ist süß.

Im nächsten Augenblick erklingt Operngesang. Aus den Kinoboxen schwillt die Stimme eines berühmten und verdienten Künstlers des Volkes an. Er singt von den »Abgeordneten Stalins«, die mit edlen Absichten in »dieses ferne Land« gekommen sind. Im Bild erscheinen nun dieselben Männer und Frauen, die gerade der Demonstration des Entsalzungsgeräts beigewohnt haben. Jetzt tragen alle weiße Blusen und Arbeiterhemden, die schwarzen Haare sind gewaschen und kurz geschnitten. Man sieht sie hinter der Schaltzentrale, über ein Manometer gebeugt oder mit einer Kombizange an einem Absperrhahn. Die letzte Einstellung ist eine Nahaufnahme mit aufgeschnittenen Granatäpfeln und Melonen: Früchte, die mit Hilfe des entsalzten Wassers in der Wüste gezüchtet wurden.

»Turkmenistan: Das Land, wo Milch und Honig fließen«, sagte ich auch auf die Gefahr hin, daß Igor Wassiljew meinen Zynismus nicht einordnen konnte.

Der Konservator war schon eifrig damit beschäftigt, den Film von der Spule zu nehmen, und bat mich, ihm die Deckel der Filmbüchse zu reichen.

»Ich kann mir gut vorstellen«, versuchte ich meine Äußerung abzumildern, »daß das Publikum damals mit einem gewissen Stolz nach Hause gegangen ist.«

»Das Publikum?« Igor Wassiljew wischte sich die Hände an seinem Kittel ab und sah mich prüfend an. »Es hat nie ein Publikum gegeben.«

»Wie meinen Sie das?«

»Dieser Film wurde nie öffentlich gezeigt. Deshalb haben Sie auch die Gebühr für ›unveröffentlichtes Material‹ bezahlt. Das steht auch auf Ihrer Quittung.«

Ich fischte den Beleg aus meiner Hosentasche, aber es ging mir nicht um die Höhe der Gebühr. Ich mußte jetzt einfach etwas in der Hand halten, um mich konzentrieren zu können. »Unveröffentlichtes Material«. Es dauerte einen Moment, bis ich ahnte, was losgewesen war: Der Film war nicht durch die Zensur gekommen! Aber warum? Doch nicht, weil der Zustand der Bucht *schöner* dargestellt war als in Wirklichkeit?

Ich fragte Igor Wassiljew, ob das etwas mit Jakow Rubinstein zu tun gehabt hatte.

Er schaute mich verständnislos an. »Ich kenne keinen Rubinstein. Ich weiß ehrlich gesagt nicht, worüber Sie sprechen.« Aber wenn ich wirklich wissen wollte, was dahintersteckte, sollte ich ihn einfach begleiten.

»Sie dürfen nicht vergessen«, ergriff der Konservator auf halbem Weg wieder das Wort, »daß die Atmosphäre unter Stalins Vertrauten 1935 bereits vergiftet war.« Seit dem Attentat vom 1. Dezember 1934 auf Sergej Kirow, den Leningrader Parteichef, zitterte und bebte die politische Führungsriege, denn Stalin nahm den Mord zum Anlaß, unter seinen engsten Mitarbeitern aufzuräumen. »In dieser Zeit lag eine undefinierbare Gefahr in der Luft«, erklärte Igor Wassiljew.

Als wir sein Arbeitszimmer erreichten, hängte der Filmfondsmitarbeiter seinen Kittel an die Garderobe. Er schob einen Stuhl heran und beugte sich über eine Schreibtischschublade. Während seine Finger über die Ordner wanderten, erzählte er, daß Stalin gern das Wort »Illusion« in den Mund nahm, wenn er einen Film meinte. Stalin hielt den Kinofilm für das wirksamste Geschütz der propagandistischen Agitation. Die Literatur war von geringerem Kaliber, und noch dahinter rangierten Akrobatik, Musik und Theater. »In den dreißiger Jahren war das Filminstitut SowKino eine gigantische Staatsinstitution, in der viel Geld im Umlauf war«, erzählte Igor Wassiljew. »Der Direktor von SowKino besaß den Status eines Ministers.«

Aus einem Ordner mit der Aufschrift »Der schwarze Schlund« zog er eine Plasthülle mit einem Zeitungsartikel der *Iswestija* vom 27. August 1935. Es handelte sich um einen kurzen Artikel aus der Rubrik »Theater und Kino«, verfaßt von dem französischen Schriftsteller und Kommunisten Henri Barbusse.

Barbusse hielt sich zu diesem Zeitpunkt in Moskau auf, um seine französischsprachige Stalinbiographie vorzustellen, erläuterte der Konservator. Als Freund Gorkis wurde Barbusse umsichtig behandelt. Damit er sich mit den Früchten sowjetischer Kultur vertraut machen konnte, wurde ihm der fast fertige Film *Der schwarze Schlund* vorgeführt. Sein positives

Urteil brachte er in ein paar Zeilen unter der Überschrift »Kara-Bugas« zu Papier, und diese Filmkritik wurde prompt in der *Iswestija* abgedruckt.

> »Ich fühle mich geehrt, denn ich durfte einen neuen sowjetischen Film noch vor der Premiere sehen. In *Kara-Bugas* wird gezeigt, wie Sowjetbürger in heldenhafter Weise versuchen, Industrialisierung und Fortschritt an der Ostküste des Kaspischen Meeres durchzusetzen. Durch die Nutzung neuer wissenschaftlicher Erkenntnisse gelingt es, Meerwasser in Trinkwasser umzuwandeln. So bricht sich die neue Technik der Bolschewiki Bahn. In diesem wundervollen Film nach dem berühmten Buch von Konstantin Paustowski sind wahrlich viele sozialistische Momente verewigt.«

Das war doch nicht falsch?

»Nein, es ging nicht um die Zeilen an sich, sondern um die Tatsache, daß Monsieur Barbusse den Film *vor* Stalin gesehen hatte.« Igor Wassiljew erzählte, daß er und seine Kollegen sich auch lange Zeit nicht erklären konnten, warum die *Kara-Bugas*-Verfilmung nicht in Umlauf gebracht worden war. Bei ihren aktuellen Nachforschungen waren sie auf den inzwischen steinalten Sohn des Regisseurs gestoßen. »Der berichtete uns, daß es sich bei der Geschichte rund um den Film *Der schwarze Schlund* um ein Geheimnis handelte, das sein Vater am liebsten mit ins Grab genommen hätte.«

Stalin hatte schließlich von dem *Iswestija*-Artikel gehört. Er ärgerte sich maßlos darüber, daß man ihn als ersten Kritiker übergangen hatte, und verlangte vom Direktor des staatlichen Filminstituts, Genossen Boris Schumjatski, eine Erklärung. Sobald der Minister hörte, daß er zum Kremlchef beordert war, erstarrte er vor Schreck.

»Er dachte, sein letztes Stündlein habe geschlagen«, sagte Igor Wassiljew, »und daß er für immer als Volksfeind abgestempelt werden würde.«

Schumjatski überlegte sich, daß Angriff die beste Verteidigung sei. Er würde Stalin etwas vorlügen. Also hatte er knallhart behauptet, Henri Barbusse habe die Dinge ganz offensichtlich verwechselt: Der Franzose hatte zwar einen Film gesehen, aber nicht *Der schwarze Schlund*. Die Filmmontage war schließlich noch nicht abgeschlossen. Wahrscheinlich, so fuhr Schumjatski fort, waren von neidischen Filmemachern Gerüchte verbreitet worden. Offensichtlich existiere noch immer Sektierertum innerhalb dieser Berufsgruppe. Der Minister versprach jedoch, der Sache auf den Grund zu gehen und die Schuldigen zu bestrafen.

»Als er wieder in seinem Ministerium war, beschloß Schumjatski, alle Spuren des Films *Der schware Schlund* zu verwischen«, sagte Igor Wassiljew.

»Dann ist es ja ein Wunder, daß die Filmrollen überhaupt erhalten geblieben sind«, warf ich ein.

»Nein, nein«, sagte der Konservator. »Die behielt er bewußt in der Hinterhand. Falls sich Stalin danach erkundigen würde, konnte er sie schnell aus der Versenkung zaubern.«

Der Minister hatte Konstantin Paustowski und den Filmregisseur rufen lassen. Zu dritt hatten sie den Plan besprochen, das Kunstwerk so lautlos wie möglich verschwinden zu lassen. Die Endmontage sollte ganz normal durchgeführt werden, um keinen Argwohn zu wecken. Schumjatski hatte den fertigen Film mit den »wahrlich vielen sozialistischen Momenten« allerdings nie bei der Filmprüfstelle angemeldet, geschweige denn beim Filmverleih. Die Strategie, für die man sich entschieden hatte – Sand darüber in der Hoffnung, Stalin würde die Produktion vergessen –, war riskant, aber die Alternative – den Film in den regulären Kinos zu spielen – schien noch viel riskanter. »Überlegen Sie mal«, sagte Igor Wassiljew. »Es brauchte bloß ein Kritiker den *Iswestija*-Artikel von Barbusse in Erinnerung zu rufen, und es würden Köpfe rollen.«

»Stalin zu belügen war kein leichtes Vergehen«, stellte ich fest.

»... das fiel unmittelbar unter Artikel 58, konterrevolutionäre Aktivitäten, dieselbe Kategorie wie ›Verschwendung von Staatsgeldern‹, ›trotzkistische Sabotage‹ und ›Verbreitung antisowjetischer Propaganda‹.«

Diese Terminologie klang inzwischen vertraut. Ich nickte und schwieg. Was hätte ich dazu noch sagen sollen?

Beim Abschied erzählte ich Igor Wassiljew von Jakow Rubinstein, wer er war und welche Umstände zu seinem Tod geführt hatten. Der Konservator hörte höflich zu, für ihn war das offensichtlich eine Geschichte unter Tausenden.

Als ich wieder draußen stand, wurde mir bewußt, daß Paustowski um ein Haar das Schicksal seines Filmhelden geteilt hätte. Ohne auf teure Schaufensterauslagen und glitzernde Fassaden zu achten, eilte ich durch die Twerskaja zur nächstgelegenen U-Bahn-Station. Sobald ich zu Hause war, schlug ich in Paustowskis Biographie nach. Ich blätterte alle sechs Teile durch, mehr als tausend Seiten, und zur Sicherheit auch noch sein restliches Werk. Stunden später wußte ich es: Paustowski hat an keiner Stelle seines Werks ein einziges Wort über die Verfilmung von *Kara-Bugas* verloren.

Stalins Kirschgarten

Moskau, 2. Januar 1936. Memorandum. Streng vertraulich.
Betrifft: GlawLit.
An: OrgBüro (KomPartija-UdSSR)
Von: Genosse Tal (Presse und Propaganda)
Bei Durchsicht des Jahresergebnisses von GlawLit schien uns, daß die Ausführung der Aufgaben und die Effektivität in der zentralen Zensurstelle mangelhaft sind.
Wie bekannt, kontrolliert GlawLit alle eingereichten Manuskripte zweimal. Zunächst prüfen unsere in den Verlagen eingesetzten Vertreter das Manuskript und danach ein Mitarbeiter der Hauptverwaltung.
Die Abteilung Literatur ist völlig unterbesetzt, und lediglich der Abteilungsleiter verfügt über die erforderliche Ausbildung und Qualifikation. Er hat unter anderem auch eine Parteischule besucht. Die ihm unterstellten Mitarbeiter sind zu einer korrekten Einschätzung und Beurteilung der Sowjetliteratur nicht in der Lage.
Aus diesem Grund mußten im vergangenen Jahr neunundsechzig von GlawLit freigegebene Werke nachträglich aus den Bibliotheken und Buchhandlungen entfernt und makuliert werden. Der sich hieraus ergebende Schaden für den Staat beträgt 413510 Rubel.

In meiner Vorstellung war die Hauptverwaltung für Literatur ein wie geschmiert funktionierendes Amt mit einem unfehlbaren Leitungsapparat. Das Ministerium der Wahrheit. Die einzige Instanz, die immer recht hatte – weil sie als erste wußte, welche Auffassung die richtige war – und dieses Monopol gnadenlos gegen den unwissenden Sowjetuntertan ausspielte, aber besonderes gegen die Schriftsteller des Landes.

Als ich mich in die Maschinerie von GlawLit vertiefte, schien dieses Orwellsche Bild in groben Zügen richtig zu sein.

Der Zensor hatte kein Gesicht und keinen Namen. Seine oder ihre Identität bestand aus einem Zifferncode, kombiniert mit einem Buchstaben. Zwischen Zensor und Zensiertem fanden keine Begegnungen statt. So betraten zum Beispiel die GlawLit-Vertreter auf dem Hauptpostamt in Moskau das Gebäude von hinten und kamen nie in die öffentliche Schalterhalle. Ihr Material (Postpakete, Briefe, Telegramme) wurde ihnen durch eine Luke gereicht. Im Zweifelsfall mußten sie lediglich den Hörer eines Apparats ohne Wählscheibe abheben, wonach ein Bote das beanstandete Poststück zu anderen »kompetenten Strukturen« beförderte.

Erst nach der Perestroika traten einige Zensoren aus der Anonymität. Genau wie bei früheren KGB-Agenten handelte es sich auf den ersten Blick um normale Leute. Würde man neben ihnen in der U-Bahn sitzen, könnte man sie nicht von anderen Moskauern unterscheiden. Sie lösten Kreuzworträtsel und drängelten sich an der Rolltreppe vor. Aber im Innersten empfanden sich die Zensoren als stolze Stützen einer illusionären Gesellschaft, die sie siebzig Jahre lang mit fachmännischem Können und Hingabe aufrechterhalten hatten.

Auf der Konferenz von 1993 schaute Wladimir Solodin, in den siebziger und achtziger Jahren stellvertretender Leiter der Abteilung Literatur, auf seine Jahre bei GlawLit zurück: »Womit beschäftigte sich GlawLit? Die Hauptverwaltung für Literatur überprüfte, sowohl vor als nach der Veröffentlichung, jedes gedruckte Wort und jede Abbildung in der Sowjetunion.«

Ohne GlawLit wäre der Totalitarismus in der Sowjetunion undenkbar gewesen. Routinemäßig kümmerte sich die Zensurbehörde um Führerscheine, die Ausstellung von Schwimmdiplomen, die Motive auf Taschentüchern, die Gebrauchsanweisung von Kaffeemühlen. Sie verfügte über alle Papiervorräte der Sowjetunion. Lenin hatte die Glawnoje uprawlenije po delam literaturu im Juni 1922 als Teil des Kultusministeriums mit dem

Auftrag ins Leben gerufen, »alle Formen von Zensur zu vereinigen«.

Zu Beginn beschäftigten sich die 326 Mitarbeiter kaum mit Belletristik. Außerdem waren die Werke, die kurz nach dem Bürgerkrieg im jungen Sowjetstaat entstanden, sowieso an einer Hand abzuzählen. Der GlawLit-Apparat verlegte sich darauf, staatliche Statistiken zu glätten und vorzeigbar zu machen. Dank der Zensur fielen die Zahlen für Prostitution, Kriminalität und Landstreicherei allmählich günstiger aus, während Selbstmord unter den Proletariern überhaupt nicht mehr vorkam. GlawLit trat Gefühlen von Unruhe und Unsicherheit entgegen. Entgleiste irgendwo in der sibirischen Wildnis ein Zug oder stürzte ein ukrainischer Minenschacht ein, sorgte die Zensur dafür, daß es niemand erfuhr. Bei Erdbeben und Überschwemmungen hielt die Zensurstelle die Zahl der Toten geheim, und wenn es Klagen über fehlende Arzneimittel in den Apotheken gab, verhinderte GlawLit, daß sie in der Presse erwähnt wurden.

Der Zensor führte eine Liste mit Tabuthemen, die regelmäßig per Rundschreiben aktualisiert wurde. Zum Entsetzen Maxim Gorkis, der damals noch im Exil am Fuß des Vesuvs lebte, ergänzte Lenins Witwe 1926 diese Liste um rund einhundert Bücher, die angeblich »triebhafte oder antisoziale Gefühle« hervorrufen – darunter der Koran, die Bibel und das Gesamtwerk Dostojewskis. GlawLit mußte diese Bücher tatsächlich aus den Bibliotheken entfernen und sie als Altpapier der Wiederverwertung zuführen.

1993 vertrat der ehemalige Zensor Solodin noch immer die Ansicht, GlawLit habe eine wichtige Aufgabe erfüllt. Solodin zitierte den ersten Volkskommissar für Kultur: »Zensur! Was für ein schreckliches Wort! Aber für uns sind Worte wie Gewehr, Bajonett oder Gefängnis nicht weniger abstoßend. Das ist das Arsenal der Bourgeoisie. Wir setzen das Gewehr, das Bajonett und das Gefängnis lediglich als Mittel zur Vernichtung der alten Ordnung ein. Das gilt auch für die Zensur. Wir haben keine Angst davor, Literatur zu säubern. Schließlich kann unter ihrer Flagge Gift in die naiven und umnachteten Seelen der werktätigen Masse geflößt werden.«

Babel kam als einer der ersten mit der Zensur in Berührung: Die von den Bolschewiki begangenen Plünderungen der *Reiterarmee* sind zensiert und in der Buchausgabe von 1926 dem Feind zugeschrieben worden.

Konstantin Paustowski braucht im Hinblick auf *Kara-Bugas* keine Einmischung von oben zu fürchten: Auf diesem Buch ruht der Segen Maxim Gorkis. GlawLit läßt den Text bei jeder neuen Auflage unverändert, moniert jedoch die Illustrationen. Die Federzeichnungen (Flamingos und hochbeladene Kamele in unscharfen Strichen) in den ersten drei Auflagen werden bei näherer Betrachtung als »zu impressionistisch« befunden. Ab der vierten Auflage werden sie durch deutlichere Abbildungen ersetzt, die dem Geschmacks- und Auffassungsvermögen des Volkes näherkommen.

Dank der Beliebtheit Paustowskis wird sein *Lyrisches Tagebuch* – das Heft mit der unzählige Male überarbeiteten Fassung der *Romantiker* – zum Druck freigegeben. Aus den Aufzeichnungen von Dima Paustowski ging hervor, daß der Erscheinungstermin der *Romantiker* im Jahre 1935 mit der Scheidung seiner Eltern zusammenfiel. Der Schriftsteller hatte es seiner Frau Katja überlassen, diese gefühlvolle Prosa für den Druck vorzubereiten. Katja kommt unter dem Namen Chatidze selbst darin vor.

»Nach der Bearbeitung der *Romantiker* hatten meine Eltern keinen Kontakt mehr«, schrieb Dima, der zur Zeit des Bruchs zehn Jahre alt war. Zwischen den Zeilen konnte man lesen, daß dieses Familiendrama den Jungen sehr mitgenommen hatte. »Mein Vater hat sich sein Leben lang gegen echte Gefühle abgeschottet. In meiner Jugend konnte ich ihm nie die Fragen stellen, mit denen ich mich herumschlug.«

Katja hatte entdeckt, daß die flüchtige Liebelei ihres Mannes mit der Künstlerin Valeria Wladimirowna von 1923 in Georgien, von der er beteuert hatte, sie »rein literarisch erlebt zu haben«, nach zehn Jahren wieder aufgeflammt war. Und zwar nicht nur literarisch. Als Paustowski seiner früheren Geliebten im Winter 1933 wiederbegegnete, war sie alleinerziehende Mutter, die Tbilissi gegen Moskau getauscht hatte, wo sie sich als Schauspielerin einer gewissen Bekanntheit erfreute. Valerias Sohn Sergej besuchte Dimas Klasse, und so sahen sie sich zufällig bei einer Schulveranstaltung wieder. Genau wie die Hauptperson in den *Romantikern* schwankte Paustowski wiederum zwischen dem »Naturkind« Chatidze (seiner Frau) und der Schauspielerin Natascha aus der Stadt (in diesem Fall Valeria). Er flüchtete sich in ein neues Auftragswerk über die Entwässerung und Eindeichung eines Schlammdeltas am Schwarzen Meer. *Die Kolchis* handelte von Sowjetingenieuren, die das Küstenland urbar machen, wo einst der mythische Jason und seine Helfer das Goldene Vlies gesucht hatten.

Die Kolchis erschien 1934 in einem Almanach unter der Redaktion von Maxim Gorki, der das Manuskript persönlich durchgelesen und – jedenfalls in der Erinnerung Paustowskis – lediglich diese eine Randbemerkung gemacht hatte: »Geranien sind nicht kleinbürgerlich oder trivial; es sind die Lieblingsblumen der Armen in der Stadt.«

Zur selben Zeit, als sich Gorki mit Paustowskis Auftragswerk beschäftigte, hielt Katja die letzte Fassung der *Romantiker* in Händen. Im Text stieß sie auf Sätze wie: »Chatidze begann zu lachen und küßte mich stürmisch, nicht mehr wie ein Mädchen, sondern wie eine junge Frau.« Dima behauptete, seine Mutter habe bei der Streichung überflüssiger Stellen den persönlichen Ärger nicht mitwirken lassen. Sie war erschöpft. Jahrelang hatte sie ihren Mann ermutigt und ihm beigestanden. Obwohl sie noch keine vierzig war, fanden sich in ihren glatten Haaren, die sie oft zu einem Ballerinaknoten aufsteckte, bereits graue Strähnen. Katjas aufgestauter Kummer brach sich Bahn, als *Die Romantiker* beim Drucker lagen: Sie nahm all ihren Mut zusammen und setzte ihren Mann vor die Tür. Dima blieb bei ihr, während Konstantin bei Valeria und ihrem Sohn einzog.

Paustowskis erneute Erfolge und die Turbulenzen in seinem Privatleben vollzogen sich gleichzeitig mit dem Einzug einer viktorianischen Keuschheit in die Sowjetliteratur. In einer Anweisung vom 26. November 1934 hat man dem Zensor zu verstehen gegeben, daß »explizite Beschreibungen von Gechlechtsorganen, unsittlichem Verhalten oder unhygienischen Zuständen« nicht länger zu tolerieren seien. Lust und Leidenschaft hätten Askese und Vernunft zu weichen. Ein Parteifunktionär müßte zwar kein zölibatäres Leben führen, aber er sollte auf einer sittlich höheren Stufe stehen als das gemeine Volk.

Die Tragweite der neuen Vorschriften ist praktisch nicht zu erfassen. Sie beinhaltet nicht nur, daß von jetzt an alle Obszönitäten tabu sind, sondern daß sie auch aus allen früheren Veröffentlichungen gestrichen werden müssen. Beispielsweise muß ein Riesenerfolg wie *Zement* von Fjodor Gladkow, 1925 erschienen und seither mehrfach aufgelegt, wieder komplett durch die Kontrollredaktion. Die ruppigen Kerle, die nach der Rückkehr von der Front eine Zementfabrik wiederaufbauen, sind in den Ausgaben nach 1934 höflich zueinander. Den Satz »He, du Saukerl, denkst du mit dem Kopf oder mit dem Schwanz?« wird man in der Neuauflage nicht mehr lesen können.

In der ersten Hälfte der dreißiger Jahre herrscht unter den GlawLit-Mitarbeitern große Verunsicherung. So energisch sich die Hauptverwaltung für Literatur auch gibt, ist sie selbst von wechselnden, sich manchmal widersprechenden Richtlinien abhängig. Die Verwirrung wird nicht gerade geringer, als der sozialistische Realismus – »die progressivste Kunstform« – die Position einer Avantgarde für sich beansprucht. Anders als der Name vermuten läßt, darf der Avantgarde keine Vorreiterrolle mehr zugeschrieben werden. Statt des *Schwarzen Quadrats* von Kasimir Malewitsch wird Gorkis kollektives *Belomor*-Buch als neuer Orientierungspunkt in der Belletristik in den Vordergrund gerückt. Aber *Belomor* ist viel eher ein Statement – eine Ode an Stalin – denn eine Gebrauchsanweisung für die Zukunft.

Schriftsteller wie Zensoren rätseln, was sie unter sozialistischem Realismus zu verstehen haben.

»Das ist Rembrandt, Rubens und Repin im Dienst des werktätigen Volkes«, sagt der Chefredakteur der *Iswestija*. Es sind noch mehr vage Beschreibungen im Umlauf. Der sozialistische Realismus müsse »vor allem eine Kunst sein, den Menschen genau abzubilden; wie er ist und wie er sein soll«.

Im Spätsommer 1934 lädt Gorki alle anerkannten Sowjetschriftsteller in Moskau zur Gründungsversammlung des Sowjetischen Schriftstellerverbandes ein. Der Kongreß, der sechzehn Sitzungstage in Anspruch nimmt, findet in der barocken Säulenhalle, dem Ballsaal in der Nähe des Bolschoi-Theaters, statt. Hier pflegte der Adel bis 1917 über das Parkett zu schweben.

Von der Ehrentribüne aus können französische, dänische, amerikanische und japanische Freunde der Sowjetunion beobachten, wie die Kongreßteilnehmer ständig wie Aufziehmännchen in die Höhe schnellen und singen: »Wacht auf, Verdammte dieser Erde ...«

»Unsere ausländischen Gäste machen momentan eine Reise in einer Zeitmaschine«, werden sie willkommen geheißen. »Sie erblicken das Land der Zukunft, das Fundament einer neuen Welt.«

Moskau ist in diesen Jahren eine lärmende Baustelle, in der alte durch neue Symbole ersetzt werden. Die Erlöser-Kathedrale ist kurz zuvor gesprengt worden, um Platz für einen Prunkbau zu schaffen. Der Marmor der abgerissenen Kirche wird einer neuen Bestimmung zugeführt, nämlich dem U-Bahn-Bau. Berühmte Einkaufsstraßen, die wie Speichen auf den Roten Platz zulaufen, werden in Boulevards verwandelt. Prunk- oder Panzerwagen sollen dort defilieren, daher fegen Abrißbirnen die Bebauung über eine kilometerlange Strecke einfach weg.

In dieser aufgerissenen, nach Mörtel riechenden Metropole beschließen Sowjetschriftsteller, der Literatur ein völlig neues Antlitz zu verleihen. Schriftführer legen die über zweihundert Reden auf siebenhundert Protokollseiten fest. Unter den Kronleuchtern der Säulenhalle herrscht eine flimmernde Atmosphäre. »Wir Sowjetschriftsteller fühlen uns privilegiert, denn wir leben in einer historischen Epoche des Umbruchs«, so illustriert einer der sechshundert Teilnehmer das Stimmungsbild.

Aus allen Teilen des Landes treffen Glückwunschtelegramme ein, die laut vorgelesen werden und Begeisterungsschreie im Saal auslösen.

Moskauer Pioniere überbringen einen persönlichen Gruß: Singend und trommelnd marschieren sie über die Bühne. Eine Delegation von Kolchosbauern streut Blumen, während Soldaten der Marine die Schriftsteller zu »Waffenbrüdern der Arbeiterklasse« erklären. Auch die Bauarbeiter, die gerade unter der Säulenhalle den U-Bahnhof Ochotny Rjad ausgraben, machen ihre Aufwartung. In ihrer Pause kriechen sie aus der Erde und marschieren mit Bohrmeißeln und Vorschlaghämmern durch den Kongreßsaal.

Der Vorsitzende Maxim Gorki wird so oft und ausgiebig gepriesen, daß er sich mehr als einmal zum Eingreifen genötigt sieht. »Genug, genug!« ruft er mit heiserer Stimme.

Gorki weckt bei den Kongreßteilnehmern ein Gefühl von »Wir-gegen-den-Rest-der-Welt«. In einer seiner Reden wettert er gegen die westliche Literatur, James Joyce, Marcel Proust, Luigi Pirandello. Keiner von ihnen tauge etwas, denn sie kämpften nicht auf den Barrikaden. »Die Bourgeoisie in Westeuropa ist darauf aus, Andersdenkende zu unterdrücken«, warnt Gorki. »Bei uns dagegen gibt es keine herrschende Klasse. Die Mitglieder des Zentralkomitees sind unsere Lehrer und Freunde, Genossen im wahrsten Sinne des Wortes.«

Einer der Genossen, Politbüromitglied Andrej Shdanow, ist von Stalin persönlich zum Kongreß delegiert worden. Er ist ein Parteiideologe mit schmalen Augenbrauen und getrimmtem Schnurrbärtchen, ein Vertrauter des Kreml, der vor dem Kongreß die neuen Zielstellungen der Kunst und Literatur in der Sowjetunion erläutern soll.

»Genosse Stalin hat euch ›Ingenieure der Seele‹ genannt«, ruft Shdanow den Delegierten des Schriftstellerkongresses zu. »Was bedeutet das? Welche Verantwortung liegt damit auf euren Schultern?«

Stalins Botschafter ermahnt die Sowjetschriftsteller zu einem Bruch mit der »Romantik der nichtexistierenden Helden, die den Leser zeitweise aus seinem bedrückenden Dasein in eine unwirkliche Welt entführen«. Das ist die Funktion der Kunst in der aussterbenden bourgeoisen Welt, die Wahrung des Status quo, mit dem man das Publikum einlullt. Der Sowjetkünstler bastelt am menschlichen Geist, damit dieser erwache und sich dem Sozialismus zuwende.

Aus dem Statutsentwurf zitiert Shdanow, wie dieser »sozialistische Realismus« definiert werden soll: »Das ist die wahrhafte Widerspiegelung der Wirklichkeit auf dem Hintergrund revolutionärer Entwicklungen in der Sowjetunion.« Den Anwesenden leuchtet das ein. Auch gegen den Zusatz, Romane und Gedichte müßten in Zukunft zur »ideologischen Schulung und Erziehung des Volkes im Geiste des Sozialismus« beitragen, hat niemand etwas einzuwenden. Ein einziger Redner stellt die Frage, was dies für die Kreativität bedeute. »Ist es nicht das höchste Ziel des Ingenieurs, etwas Neues zu erfinden?« Und was geschieht mit dem Talent eines Schriftstellers, der sich widerwillig unter Bauern oder Bauarbeiter mischt, um ihre »Heldenleben« zu beschreiben?

»Ich könnte so etwas zwar versuchen«, sagt Juri Olescha aus Odessa. »Aber es ist nicht mein Thema. Es liegt mir nicht.«

Gorki stört sich nicht an Oleschas individueller Haltung. Er beteuert, daß die Partei den Schriftstellern keine Vorschriften machen wolle, sondern ihnen lediglich die Möglichkeiten zum gegenseitigen intellektuellen Austausch und zur Schulung biete. »Lernen in der Atmosphäre eines Erfahrungsaustauschs. Das ist alles. Nicht mehr und nicht weniger.«

Unter »stürmischem Applaus« (so das Kongreßprotokoll) verkündet Gorki, daß das Politbüro für den Literaturfonds (LitFond) eine Million Rubel bereitstelle. Das Geld ist für den Bau eines »Schriftstellerlabors« gedacht: eines Datschendorfs in einem hügeligen Waldgebiet westlich der Hauptstadt und in der Nähe des Flusses Moskwa. Dort entstehen an einer Verästelung von Sandwegen vierundzwanzig zweistöckige Holzhäuser. Die Siedlung Peredelkino (benannt nach einem nahegelegenen Kloster aus dem fünfzehnten Jahrhundert) wird als das erste staatlich finanzierte Schriftstellerdorf der Welt präsentiert.

»Stalins Kirschgarten«, sagen die Schriftsteller mit einem Augenzwinkern, das Tschechow gilt.

Pasternak, Babel, Pilnjak und der polnische Schriftsteller Bruno Jasienski gehören zu den ersten Bewohnern der Siedlung. Es riecht überall nach Harz und frisch gesägtem Holz, als sie die Datschen beziehen. Babel berichtet seiner Mutter in Brüssel von den »Wonnen« des Landlebens: das rechtzeitige Schüren des Ofens in der Nacht – will man nicht frieren, dann muß der Ofen brennen –, Wasser wird vom Brunnen geholt, ein Telefon fehlt ganz. An Sommerabenden treffen sich die Literaten mit ihren Familien in ihren unordentlichen Gärten; sie spielen Volleyball oder grillen Schaschlik auf Holzkohle. Wer die Zeit einmal nicht hinter seinem Schreibtisch verbringen möchte, pflanzt Obstbäume oder sitzt auf seiner Veranda und liest. Oder er karrt in aller Ruhe Mist und tauscht über den Gartenzaun hinweg Neuigkeiten mit den Nachbarn aus. Die Datsche ist der russische Inbegriff von Freiheit. Das war schon zu Puschkins Zeiten und lange davor so und ist in der postkommunistischen Ära nicht anders.

Obwohl sich die meisten Datschen der Regierungsmitglieder von jeher im Flußtal der Moskwa befinden und damit einige Kilometer von Peredelkino entfernt sind, wird dem mit allen Wassern gewaschenen Politiker Lew Kamenew ein Sommerhaus in der neuen Schriftstellersiedlung zugeteilt. Andererseits liegt Gorkis Datsche im Flußtal zwischen den Häuschen der Parteibonzen. Aufgrund dieser Konstellation kann sich die Kreml-Spitze sowohl gegenseitig beobachten als auch die Liriki im Auge behalten. Kamenew ist mit vielen Schriftstellern befreundet, während Gorki die greisen Herren in der Partei bereits aus den Zeiten vor der Revolution kennt.

Die Freiheit des Datschenlebens in Peredelkino erweist sich als trügerisch. Bereits im Sommer des Jahres 1935 braut sich am politischen Horizont etwas zusammen. Die Schriftsteller bekommen Lew Kamenew und seine Frau Olga (eine Schwester Trotzkis) nie zu Gesicht; ihr Holzhaus bleibt leer. Kamenew ist offensichtlich bei den Massenverhaftungen im Zusammenhang mit dem Mord am Leningrader Parteichef Sergej Kirow im Dezember 1934 verhaftet worden. In den Zeitungen gilt er schon bald als führender Kopf hinter dem Anschlag. Zusammen mit einem anderen Bolschewik der ersten Stunde soll er einen »trotzkistischen Staatsstreich« geplant haben. Der tödliche Schuß auf Kirow habe das Startzeichen dazu gegeben.

In der *Prawda* verlangt Gorki, daß die Täter zur Rechenschaft gezogen werden, aber er ist von der Unschuld Lew Kamenews überzeugt. Die beiden kennen sich gut, Kamenew ist Gorkis Stellvertreter im Präsidium des Wissenschaftsverlags Akademia.

Isaak Babel, der mit seiner Freundin Antonina die Datsche neben der Kamenews bekommen hat, erkundigt sich bei Gorki nach dem Schicksal seiner abwesenden Nachbarn. Gorki vermutet, daß es sich um einen Irrtum handelt und Stalin unter seinem »kaukasischen Mißtrauen« leide. Er spricht den Kremlchef persönlich darauf an: Weshalb eine so umfangreiche Verhaftungswelle unter den bewährten Parteifunktionären? Gorki hat Verständnis dafür, daß in den höchsten Regierungskreisen Widerstand gegen die forcierte Industrialisierung und Unzufriedenheit über die Hungersnot herrscht. Aber zu behaupten – so die Anklage –, Kamenew sei ein Agent Trotzkis oder sogar Hitlers, das führe zu weit.

Gorki mahnt Stalin in einem Brief zur Zurückhaltung: »Bedenke, was Deine späteren Biographen dazu schreiben werden!«

Zum ersten Mal mißlingen Gorkis Bemühungen. Er hat offensichtlich eine unsichtbare Grenze überschritten. Der Georgier im Kreml ist pikiert und wehrt monatelang die Telefonanrufe Gorkis ab. In einem *Prawda*-Kommentar erhält Gorki plötzlich das Prädikat »schlaffer Liberaler« statt, wie sonst üblich, »Vater der Sowjetliteratur«. Ist das eine Stichelei oder der Beginn einer Hetzkampagne? Der Volksschriftsteller – auf dem Gipfel seines Ruhms – wähnt sich mächtig genug, gegen diese Behandlung Einspruch zu erheben. Er will nach Italien zurückkehren und dort über seine Haltung zur Sowjetmacht nachdenken. Aber Stalin läßt ihn nicht ziehen: Er verweigert Gorki ein Ausreisevisum.

Der mächtige Vorsitzende des sowjetischen Schriftstellerverbands ist plötzlich ein Gefangener im eigenen Land und im eigenen Haus. Aber merkt er etwas davon? Privatsekretär Pjotr ist vom Geheimdienst angeworben worden und sorgt dafür, daß Gorki bestimmte Briefe nicht mehr erreichen. Auf diese Weise schirmt er ihn vor »schädlichen Kontakten« mit ausländischen Intellektuellen ab, die sich immer kritischer äußern, je groteskere Züge der Prozeß gegen Kamenew und seine »trotzkistisch-terroristische Zelle« annimmt.

Die Prozesse finden in der Moskauer Säulenhalle statt, die für dieses Schauspiel zu einem Gerichtshof umgestaltet wurde. Ein britischer Diplomat, der als Beobachter anwesend ist, wundert sich über die »blutrünstigen Tiraden der Ankläger« und die »unwahrscheinlichen Geständnisse« der Angeklagten. Er bemerkt, daß der »Stehkragenproletarier, der neue Aristokrat, genauso wie sein blaublütiger Vorgänger in diesen Ballsaal gekommen ist, um sich zu amüsieren«. Seiner Ansicht nach vermischen die Prozeßbevollmächtigten Wahn und Wirklichkeit: »Sie lassen sich von einem kreativen Stolz leiten, einer beseelten Sorgfalt, mit der sie sich gegenseitig in Einzelheiten korrigieren, die lediglich in ihrer Phantasie existieren.«

In Gesprächen mit dem französischen Schriftsteller André Malraux bemerkt Babel, daß die Schauprozesse das Volk tief beeindrucken. Die unerhörten Anklagen und die Selbsterniedrigung der Angeklagten – die absurde »Geständnisse« ablegen, als stünden sie unter Drogen – vermitteln dem Arbeiter einen klar zu benennenden Feind, einen Sündenbock, den er für den Mangel an Milch und Wurst sowie anderer lebensnotwendiger Dinge verantwortlich machen kann. Hinter vorgehaltener Hand heißt es: »Stalin kann dem Volk kein Brot geben, darum gibt er ihm Spiele.«

Anfang 1936 besucht Babel den körperlich erschöpften Gorki in seiner Villa auf der Krim, wo er als Alternative zum mediterranen Sorrent überwintert. Beide sind im Hinblick auf die kulturpolitischen Veränderungen pessimistisch. Das erste Opfer scheint Dmitri Schostakowitsch zu sein. Der Komponist wurde von der *Prawda* verunglimpft, weil er angeblich »nervöse, verkrampfte und hysterische Klänge« erzeugt: »Chaos statt Musik«. In diesem Artikel wurde Schostakowitsch in einem Nebensatz (»dieses Spiel kann böse enden«) sogar persönlich bedroht.

Gorki hat keine Ahnung, in wessen Auftrag und mit welcher Absicht man den Musiker angegriffen hat. Als Ratgeber und Vertrauter Stalins im Bereich Kulturpolitik ist er nicht einmal eingeweiht, geschweige denn um Rat gefragt worden. Der Nestor begreift, daß man ihn ausrangiert hat.

Als Gorki nach Moskau zurückgekehrt ist, heißt es, man wolle ihn wegen seines schlechten Gesundheitszustands schonen. Es stimmt, seine Konstitution ist von der Tuberkulose so sehr angegriffen, daß er im Juni 1936 nur noch in Schweiß gebadet und schwer atmend auf dem Bett liegen kann. Stalin besucht ihn als Freund, als wäre zwischen ihnen nichts vorgefallen. Ärzte geben sich die Klinke in die Hand, verabreichen Pülverchen und Tinkturen, aber der Patient keucht weiterhin atemlos.

Schreiben gelingt ihm nicht mehr, er diktiert daher seine letzten Worte: »Ende der Geschichte, Ende des Helden, Ende des Autors.«

Er kann zwar nicht mehr sprechen, liest aber beharrlich die Zeitung, selbst wenn es nicht länger als eine halbe Stunde pro Tag ist. Damit sich der achtundsechzigjährige Schriftsteller nicht noch auf dem Sterbebett unnötig aufregt, erhält GlawLit den Auftrag, spezielle Ausgaben der *Prawda* zu präparieren. Es werden Exemplare produziert, das ausschließlich für Gorki bestimmt ist. Hier sind Berichte und Meldungen gestrichen worden, die ihn möglicherweise aufregen könnten. Keine leichte Aufgabe, denn die Hauptverwaltung GlawLit ist daran gewöhnt, den Massen etwas vorzugaukeln, nicht nur einem Einzelnen. Es ist, als würde der Zensurapparat auf die Probe gestellt. Ist er in der Lage, Maßarbeit zu liefern?

Der GlawLit-Redakteur, der bei der *Prawda* stationiert worden ist, erlebt turbulente Nächte. Als erstes nimmt er sich alle Manuskripte vor. Sind schockierende Meldungen darunter? Formulierungen, die Gorkis geschwächtes Herz nicht mehr ertragen kann? Und falls ja, gibt es Ersatzmanuskripte? Ein Setzer wird freigestellt, der sich um die einzelne Seite kümmert. Nach dem Druck der Regelausgabe darf niemand nach Hause, bevor nicht auch das Sonderexemplar vorliegt. Ein Artikel über Gorkis nahendes Ende auf der Titelseite der überregionalen Ausgabe ist in seiner persönlichen Ausgabe der *Prawda* durch einen ebenso großen Artikel über günstige Ernteprognosen ersetzt worden.

Und so stirbt Alexander Peschkow – der Bittere – am 18. Juni 1936 mit einer als »Wahrheit« verpackten Lüge in der Hand.

Der Tag des Staatsbegräbnisses ist ungewöhnlich heiß. Die Beisetzung seiner Urne an der Kremlmauer – unter Anteilnahme von 800 000 Moskauern – fällt auf den Beginn der Datschensaison.

Apparatschiks, die sich nicht an der Schwarzmeerküste erholen, suchen Erfrischung an der Moskwa. In diesem Jahr ist zum ersten Mal ein Angel- und Fahrverbot in Kraft, aber schwimmen gehen alle Moskauer. Nur ein paar Kilometer Luftlinie vom Sommervergnügen entfernt wird Lew Kamenew am 19. August in der Säulenhalle vorgeführt und zum Tode verurteilt. Seine Frau Olga und ihre beiden Söhne werden in unterschiedliche Arbeitslager verbannt.

LitFond hat nur ein Problem: »Was machen wir mit der frei gewordenen Datsche in Peredelkino?« Man beschließt, sie zu einem Gästehaus für Schriftsteller und Dichter umzubauen.

Als ich sie mir im Frühjahr 2001 anschaute, entdeckte ich, daß sich die robuste Blockhütte der Kamenews am Rand einer offenen Baugrube befand. Der Sandpfad, der an dem grün gestrichenen Zaun entlangführte, war mit Betonplatten verstärkt worden und endete bei einem rotweiß gestreiften Schlagbaum. Ich erschrak bei dem Anblick: Im Herzen der kulturhistorischen Siedlung Peredelkino standen auf einer kahlgeschlagenen Parzelle – man hatte alle Tannenbäume entfernt – fünf Villen. Obwohl es Sonntag war, wimmelte es nur so vor usbekischen Bauhelfern und anderen Lastenträgern, die Fünfzigkilosäcke Zement von der Ladefläche eines Lastwagens auf ihren Rücken rutschen ließen.

»Hier baut OrgKomStroj«, las ich auf dem Schild eines Bauunternehmens. In einem würfelförmigen Wartehäuschen aus Spiegelglas vermutete ich einen Aufseher.

»*Was* baut OrgKomStroj hier?« Ich sprach durch einen Lüftungsrost und muß empört, wenn nicht sogar böse geklungen haben.

Durch die blaue Scheibe, in der ich mich nur selbst sah, drang eine Männerstimme. »Das sehen Sie doch: Kottidshi.«

Ich betrachtete die zukünftigen Villen. Cottages!

Cottages waren die Sommerhäuser der Neurussen. Sie hatten nichts mit den früheren Datschen und dem Datschenleben zu tun. Es lag nicht daran, daß die Cottages aus Stein statt aus Holz waren oder daß man die wackeligen Gartenzäune durch metallene Garagentüren mit elektrischen Bedienungspulten ersetzt hatte. Auch nicht an den unterschiedlichen Ausmaßen: Ein Cottage ist fünfmal größer als eine Datsche. Nein, was das Cottage von der Datsche unterschied, war die Mentalität des Eigentümers. Die Neureichen ließen ihre Kinder aus Angst vor Entführungen und Erpressungen nur unter Videobewachung auf dem millimeterhohen Rasen spielen. Es gab keine Wachhunde, sondern vierschrötige bewaffnete Männer. Cottages waren nach dem »Dallas«- und dem »Denver«-Modell gebaut, häufig mit öffentlichen – illegal angeeigneten – Geldern. Zu einem Cottage gehörten teure Autos und noch teurere Frauen. Es waren monströse Schlösser, die von düsteren Mauern oder manchmal sogar von mittelalterlichen Zinnen umgeben waren. An den schönsten Stellen am Rande der Moskauer Ausfahrtsstraßen hatten sich die Cottages in den neunziger Jahren auf wundersame Weise vermehrt. Der aufmerksame Betrachter konnte viele halbfertige Exemplare dazwischen entdecken. In solchen Fällen war der künftige Cottagebesitzer entweder bankrott gegangen oder – was öfter vorkam – Opfer einer Abrechnung im Cottagebesitzermilieu geworden.

Ich studierte meine Peredelkino-Karte, eine DIN-A4-Seite, auf der angegeben war, wo welcher Schriftsteller gewohnt hatte. Das hier war doch die Wischnewskiallee? Und Parzelle Nummer drei lag doch direkt gegenüber dem Wachhäuschen? Dort stand jetzt ein Betonmischer auf planiertem Baugelände. »Was ist mit Babels Datsche passiert?« fragte ich durch den Lüftungsrost.

Der unsichtbare Mann entgegnete, er kenne die früheren Bewohner nicht und arbeite erst seit einem Jahr hier.

»Isaak Babel«, drängte ich. »Der Schriftsteller. Hier gegenüber muß seine Datsche gestanden haben.«

Der Mann reagierte gereizt: »Da *steht* doch eine Datsche!«

Fünfzig Meter weiter – hinter einem Zaun versteckt – war vage ein Holzhaus mit Veranda zu erkennen. Aber das war ganz sicher nicht Babels Datsche, die war höher, spitzer und hatte im Dachfirst einen Taubenschlag. Es war niemand zu Hause, aber vor der Tür stand eine Reihe Gummischuhe aus ausrangierten Autoreifen. Offensichtlich kampierten die usbekischen Bauhelfer hier. Mein Lageplan erwies sich als sehr genau: Babel hatte mitten auf dem plattgewalzten Baugrundstück gewohnt. Von seiner Datsche war nichts übriggeblieben. Der Gedanke, daß weder der Aufseher noch die Bauarbeiter einen Funken Respekt vor der Vergangenheit hatten und mit dem Namen Babel nichts anfangen konnten, machte mich tieftraurig.

Der Autor der unvergeßlichen Odessa-Erzählungen war als einer der letzten im Jahr 1939 abgeholt worden, als die Terrorwelle bereits ihren Höhepunkt überschritten hatte. Am 16. Mai des besagten Jahres waren zwei NKWD-Offiziere in einer »schwarzen Maruscha« im Morgengrauen bei der Lubjanka aufgebrochen. Für die noblere Verhaftungsarbeit setzte die Staatssicherheit keine vergitterten Kleintransporter ein, sondern einen mit Stoff oder Leder bezogenen Tschaika. In Moskau holten sie erst Babels Freundin, die Tiefbauingenieurin Antonina Piroschkowa, aus dem Bett. Sie nahmen sie mit, verließen die Stadt über die Fernverkehrsstraße in Richtung Minsk und bogen auf der Höhe von Peredelkino links ab. Als die schweigsame Gesellschaft den Sandweg an der ehemaligen Datsche Lew Kamenews erreichte, schlief Babel noch.

Antonina betrat das Sommerhäuschen durch die Küche, die beiden Agenten folgten ihr. »Vor Babels Schlafzimmertür blieb ich unentschlossen stehen«, schrieb sie später in ihren *Erinne-*

rungen an Babel. »Mit einer Handbewegung bedeutete mir einer der Männer, daß ich klopfen solle. Ich klopfte und hörte Babels Stimme: ›Wer ist da?‹ – ›Ich.‹ Er zog sich etwas über und öffnete die Tür. Die beiden schoben mich zur Seite und gingen direkt auf Babel zu. ›Hände hoch!‹ kommandierten sie, danach durchsuchten sie ihn. [...] Wir wurden in das andere Zimmer geschickt, in meins; dort setzten wir uns nebeneinander und hielten uns an den Händen.«

Kaum drei Wochen, nachdem Babel in der Lubjanka eingesperrt worden war, und ein halbes Jahr vor seiner Hinrichtung wandte sich LitFond an die Staatssicherheit mit der Frage, ob »die versiegelte Datsche, die dem Schriftsteller Babel zeitweise zur Verfügung gestanden hatte«, für den nächsten Kandidaten freigegeben werden könne.

Ebenso wie der Jude Babel mit Verbindungen nach Frankreich und Belgien hatte auch der Wolgadeutsche Pilnjak seine Verhaftung geahnt. Der flamboyante Pilnjak war nicht einmal überrascht, daß er von allen Peredelkino-Schriftstellern im Oktober 1937 als erster an die Reihe kam.

Wenn jemand Argwohn erregt hat, dann er, Boris Vogau (alias Pilnjak). Er hat längere Auslandsreisen gemacht, ist zweimal in Japan gewesen, und während einer Reise nach Kalifornien (auf Kosten des Verlags Hearst) hat er als Drehbuchautor mit den Metro-Goldwyn-Mayer-Studios in Hollywood einen Vertrag abgeschlossen. Als einziger Bewohner von Peredelkino besitzt er einen aus Amerika importierten Ford. GlawLit und der Staatssicherheitsdienst haben ihn schon seit den zwanziger Jahren im Visier. Obwohl er seine früheren Fehltritte mit dem Roman *Die Wolga fällt ins Kaspische Meer* wiedergutgemacht hat, haftet Pilnjak weiterhin der Ruf eines unzuverlässigen Opportunisten an. Er hat sogar Freunde im Kreml, aber von dort kann er keinen Schutz mehr erwarten. Gerade diejenigen, die dem Machtzentrum zu nahe gekommen sind, fallen scharenweise den Stalinschen Säuberungen zum Opfer und reißen andere in ihrem Sturz mit sich.

Noch im brütendheißen Sommer des Jahres 1936 hat Stalin

per Telegramm vom Kurort Sotschi aus befohlen, Staatssicherheitschef Genrich Jagoda zu entlassen, den Planer der Schauprozesse gegen Kamenew. Jagoda soll »vier Jahre zu spät« mit dem Aufspüren und der Beseitigung terroristischer, konterrevolutionärer Zellen begonnen haben. Sein Sturz läutet eine gründliche Reorganisation des Staatssicherheitsdienstes auf allen Ebenen ein. Ungeachtet der diversen Orden auf ihrer Brust verschwinden die Beamten der Staatssicherheit einer nach dem anderen in einer menschenverschlingenden Maschinerie, die sie selbst konstruiert haben. Jagoda, und auch Gorkis Sekretär Pjotr, werden jetzt verhört und gefoltert. Der Sekretär ist angeklagt wegen *Mordes* an Maxim Gorki. Sekretär Pjotr solle das Ende mit Hilfe der Ärzte in ihren blütenweißen Kitteln beschleunigt haben.

Während sich die Säulenhalle erneut in einen Gerichtssaal verwandelt, wird in der Melodija-Fabrik unweit Moskaus eine Grammophonplatte mit Stalins Rede zur neuen Verfassung der UdSSR gepreßt. Noch immer hat Stalin im In- und Ausland Anhänger, die an der Sowjetunion als dem einzig wahren Rechtsstaat festhalten. Der französische Dichter Louis Aragon fragt, ob »die neue Verfassung der UdSSR nicht an erster Stelle unter den Weltkulturschätzen rangieren soll, noch vor den Werken von Shakespeare, Rimbaud, Goethe und Puschkin«. Bei der Einführung der neuen Verfassung hat Stalin erklärt, die UdSSR habe alle von Marx vorgeschriebenen Etappen durchlaufen und im denkwürdigen Jahr 1936 als erstes Land der Welt das Stadium des Sozialismus erreicht. Das muß gefeiert werden. Am Kaufhaus GUM – gegenüber dem Lenin-Mausoleum – läßt der Kremlchef meterhohe Plakate anbringen. Für jeden Buchstaben wird ein extra Transparent verwendet. Nachdem die im Schweiße ihres Angesichts arbeitenden Werktätigen endlich mit der Befestigung fertig sind, strahlt am Kaufhaus eine Riesenaufschrift mit dem Wortlaut: UNSER LEBEN IST FRÖHLICHER GEWORDEN.

Bei GlawLit herrscht Hochbetrieb. Es werden zwar nicht mehr Manuskripte zur Beurteilung angeboten, aber die Hauptverwaltung erhält eine weitere Aufgabe: Sie muß Werke aus dem

Verkehr ziehen, in denen einstige Führungspersönlichkeiten gepriesen werden, die jetzt als »tollwütige Hunde«, »gefährliche Reptilien« oder »bandenlose Banditen« hinter Gittern sitzen. Jagoda zum Beispiel. Auf einem Gemälde anläßlich der Eröffnung des Belomor-Kanals steht Jagoda – mit seinem viereckigen Schnurrbart und dem kahlen Schädel – auf dem Vorderdeck des Dampfschiffs »Anjochin« direkt neben Stalin. GlawLit beauftragt einen Restaurator, den ehemaligen guten Genossen unter einer Farbschicht verschwinden zu lassen. Aber Jagoda – inzwischen hingerichtet – läßt sich nicht so leicht aus der Geschichte der Sowjetunion zensieren. Als Oberinformant der Lubjanka hat er dem sowjetischen Leben einen fast unauslöschlichen Stempel aufgedrückt. Auch dank seiner Anstrengungen war Gorki 1928 dazu überredet worden, aus dem Exil zurückzukehren. Gorki seinerseits hat Jagoda in *Belomor* als Helden dargestellt. Sowohl in der Luxusausgabe für den VII. Parteitag als auch in der broschierten Volksausgabe taucht der Chef des Staatssicherheitsdienstes mit Vor- und Zunamen auf. GlawLit hat jetzt zwei Möglichkeiten. Entweder sie streichen Jagoda und die »Wächter der Revolution« aus dem Buch *Belomor*, oder sie verbieten die gesamte Ausgabe.

Letzteres passiert, und damit verschwindet im Frühjahr 1937 die erste sozialistisch-realistische Kollektivarbeit aus Bibliotheken und Buchhandlungen.

Boris Pilnjak begreift, daß seine Teilnahme an der Belomor-Exkursion nicht länger ein Garant ist, den Säuberungen zu entgehen. Sein einziger Trost ist die Tatsache, daß in Peredelkino noch weitere zwölf Belomor-Reisende wohnen. Ist es vernünftig, ein Exemplar dieses Buchs im Haus aufzubewahren? Sobald GlawLit einen Titel auf die schwarze Liste gesetzt hat, ist dessen Besitz auch verboten. Das ist eine Regel, die man unbedingt einhalten sollte. Wird das Belomor-Buch bei einer Hausdurchsuchung gefunden, dann könnte der Besitzer ja heimlich für Jagoda und dessen fünfte Kolonne gearbeitet haben.

Pilnjak ist vorgewarnt. »Jeder von uns kann zu jeder Zeit als Anhänger des Trotzkismus bezichtigt und zum Tod verurteilt werden«, meint er zu einem befreundeten Dichter. »Wer nicht mit den *Prawda*-Leitartikeln auf einer Linie liegt, ist gleich ein Trotzkist. Du und ich, wir sind auch Trotzkisten.«

Pilnjak schreibt seinen letzten Roman. Nicht für das Volk, sondern »für die Schublade«. Besser gesagt für eine Kiste, die er im Garten seiner Datsche vergräbt. Der Roman spielt in den Revolutionsjahren 1905 bis 1917 und trägt den Titel *Die Salzscheune*. Immer, wenn er ein paar Seiten fertig hat, landen sie in der Kiste. Die genaue Stelle des Verstecks hat er nur seiner georgischen Frau Kira anvertraut. Selbst seine Nachbarn, Boris und Sinaida Pasternak, wissen nichts von diesem Geheimnis.

Die Datschen der Pilnjaks und der Pasternaks wirkten 2001 wie altersschwache Bruchbuden. Von der inzwischen asphaltierten Straße aus konnte man erkennen, daß sie nicht nur einen neuen Anstrich, sondern eine gründliche Renovierung benötigten. Die Gärten waren verwildert, und zwischen ihnen verlief ein kleiner Pfad aus festgestampftem Torfmull, der bei einem Loch im Zaun endete.

Gleich hinter mir auf dem Asphalt hielt dröhnend ein Bus. Eine Frau mit Baskenmütze stieg aus, ging ein paar Schritte in meine Richtung, und als sie Anstalten machte, das Gartentor zu öffnen, sprach ich sie an. Swetlana Semjonowa bewohnte mit ihrem Mann und ihren Kindern die untere Etage des hölzernen Schriftstellerhauses von Boris Pilnjak. Sie war die Gastfreundschaft in Person, ich solle doch reinkommen ... es sei nur ein ziemliches Chaos in ihrem Haus ... daraus solle ich mir bitte nichts machen.

Es *war* chaotisch bei Swetlana Semjonowa. Ich erkundigte mich, ob sie auch Schriftstellerin sei, woraufhin sie heftig nickte. »Mein Mann und ich haben dieses Häuschen von LitFond gemietet.«

Gab es diese Organisation denn noch?

»Aber sicher! Die führen sich auf wie ein teures Maklerbüro, das die besten Häuser im Angebot hat.«

Es war schwierig, Swetlanas Wortschwall zu folgen und gleichzeitig die Einrichtung in Augenschein zu nehmen. Ich entdeckte ein paar Extras: eine Decke aus Mahagoni und eine großzügige U-förmige Veranda. Das ließ darauf schließen, daß dies eine Datsche für besondere Personen gewesen sein mußte. Der beste Beweis, daß sowjetische Schriftsteller hoch angesehen waren, war Swetlanas Ansicht nach der Gasbehälter im Heizraum. »Der stammt aus dem Jahre 1935. Stellen Sie sich nur mal vor: 1935 und Zentralheizung, während die übrige Sowjetunion noch im Mittelalter lebte.«

Ich fragte sie, ob noch etwas Persönliches von Boris Pilnjak im Haus zurückgeblieben sei. Sie dachte einen Augenblick nach, hob einen Finger und winkte mich hinaus. Wir liefen über einen Lattenrost in den Garten zu einer sumpfigen Stelle, die mit großem Huflattich überwuchert war. Zumindest dachte ich, daß es sich um Huflattich handelte. Aber nein, Swetlana schüttelte den Kopf, das sei etwas anderes. Die märchenhaften Blätter dieser Pflanze waren noch größer, bestimmt einen Meter im Durchmesser. »Mein Mann und ich nennen es einfach ›Elefantenohr‹, weil wir es auch nicht wissen. Pilnjak hat es von einer seiner Reisen mitgebracht – es ist etwas Exotisches aus Japan.«

Auf einmal mußte ich an die Kiste denken, in der *Die Salzscheune* gelegen hatte – vielleicht war sie ja hier unter dem Elefantenohr versteckt gewesen. Kira hatte das getippte, so gut wie fertige Manuskript in den fünfziger Jahren ausgegraben, nachdem sie aus einem Frauenlager in Kasachstan entlassen worden war. Als »Frau eines Volksfeinds« war sie zu zehn Jahren Zwangsarbeit verurteilt worden.

Ihre Nachbarin, Sinaida Pasternak, war Zeugin der Verhaftung gewesen. Sie erzählte in ihren Memoiren, daß sich die beiden Schriftstellerfamilien oft gegenseitig besucht hatten. So auch am 27. Oktober 1937, dem Tag, als Boris und Kira Pilnjak den dritten Geburtstag ihres Sohnes feierten. Gegen Ende des Nachmittags kommen die Pasternaks, um ihre Glückwünsche zu überbringen. Sie sitzen gerade erst am Tisch, als eine schwarze Limousine vorfährt. »Ein uniformierter Mann stieg aus«, schrieb Sinaida. »Offensichtlich ein Bekannter Pilnjaks, denn sie sprachen sich mit Vornamen an. Der Mann hieß Sergej, und er entschuldigte sich bei Kira und den Gästen, daß er den Herrn des Hauses für ›gewisse Angelegenheiten‹ in die Stadt mitnehmen müsse, seine Abwesenheit aber nicht länger als zwei Stunden dauern würde.«

Am Morgen nach dem Geburtstagsfest rennt Kira über den Gartenweg zu den Nachbarn. Schreckensbleich. »Sie stammelte, daß Boris verhaftet und ihr Haus die ganze Nacht durchsucht worden sei. Kira konnte es nicht fassen, daß dieser Sergej, der ihren Mann auch noch duzte, keinen Haftbefehl vorgezeigt hatte. Sie sagte, dieser Feigling habe ihren Mann mit einer Ausrede weggelockt.«

Die Pasternaks können von ihrem Schlafzimmerfenster aus den Schuppen sehen, wo das NKWD die konfiszierten Gegenstände lagert. Darunter befindet sich auch Pilnjaks Schreibmaschine, eine Corona, die später als »belastendes Material« während des Prozesses dienen wird.

Gleich nachdem er den Grund der Verhaftung vernommen hat – Spionage für Japan, Planung terroristischer Aktionen –, stellt man dem Gefangenen auf seine Bitte hin Papier zur Verfügung. Pilnjak schreibt: »Ich frage mich, ob mich das NKWD zu recht verhaftet hat. Meine Antwort ist: Ja. Das NKWD hat mich zu Recht verurteilt.«

Pilnjak weigert sich, an ein fatales Ende zu glauben. »Mein Leben und meine Taten zeigen, daß ich ein Konterrevolutionär bin, ein Feind der bestehenden Ordnung und der heutigen Regierung ...« Indem er sich selbst bezichtigt, nimmt er den Staatssicherheitsbeamten, die ihn verhören, viel Arbeit ab. »Seit meinem ersten Aufenthalt in Japan habe ich mich von den Japanern als Geheimagent rekrutieren lassen und Spionageaktivitäten aufgenommen.«

Dieses »Geständnis« stammt vom ersten Verhörtag, dem 2. November 1937, und ist in einer blauen Mappe mit der Aufschrift »Strafsache 14488. Pilnjak-Vogau, Boris Andrejewitsch« erhalten geblieben. Die Synchronie der Geschichte will, daß ausgerechnet in derselben Woche zwei nördliche Gulags (Belomor und Solowki) aufgelöst werden. Die noch verbliebenen 11 000 Lagerinsassen, von denen es keine Personalakten gibt, sondern lediglich eine Namensliste erhalten geblieben ist, werden nach Massenerschießungen in den Wäldern Kareliens verscharrt.

»Sollte ich am Leben bleiben«, schließt Pilnjak sein Plädoyer ab, »werde ich aus dem Gefängnisaufenthalt meine Lehren ziehen und den Rest des Lebens ehrlich verbringen.«

Aber so leicht kommt der Schriftsteller nicht davon. Während späterer Verhöre wird er streng über die Art seiner Unterminierung und über die Beteiligung von Schriftstellerkollegen befragt. Im Eifer seiner Beichte berichtet Pilnjak von seinen »trotzkistischen Werken«. Als Beispiel nennt er die Erzählung *Tse-Tsche-O,* die er 1928 gemeinsam mit Andrej Platonow geschrieben hat. Der subversive Charakter der Geschichte liege in dem von ihm erweckten Eindruck, »daß die Lokomotive des Sozialismus die Endstation ›Sozialismus‹ nicht erreichen werde, weil die Bremsen der Bürokratie die Räder zum Stillstand bringen werden.«

Am 20. April 1938 wird die Strafsache 14488 verhandelt. Die Sitzung dauert von 17:45 bis 18:00. »Bekennen Sie sich schuldig?« fragt der Richter.

»Ja, vollkommen«, antwortet Pilnjak.

Hat der Angeklagte das Bedürfnis, noch einmal das Wort zu ergreifen?

»Durch meine Gefangenschaft bin ich ein ganz anderer Mensch geworden. Ich will leben und arbeiten. Ich möchte Papier vor mir haben und etwas Nützliches zum Wohl des sowjetischen Volks verfassen.«

Aber der Richter läßt sich nicht erweichen (das hat er noch nie getan) und verurteilt Boris Vogau Pilnjak, Schriftsteller, zum Tode. Mit einigen kräftigen Hammerschlägen erklärt er das Urteil für »unwiderruflich« und befiehlt »sofortige Vollstrekkung«.

Laut eines ausgefüllten Vollstreckungsauftrags in der blauen Mappe hat NKWD-Leutnant Schewelew die Hinrichtung am nächsten Morgen vollzogen.

Jetzt wird auch GlawLit aktiv. Pilnjak hat ziemlich viel geschrieben: angefangen vom Revolutionsroman *Das nackte Jahr* aus dem Jahre 1920 bis zu neueren Veröffentlichungen wie

Hör auf den Marsch der Geschichte und *Die Zukunft gehört dem Sozialismus, die Zukunft gehört der Sowjetunion, die Zukunft gehört uns!* Die Bücher werden aus den Bibliotheken entfernt und vernichtet. Mit dem Werk *Die Wolga fällt ins Kaspische Meer* verliert Gorkis Wasserbaubibliothek wieder einen Titel, aber daran ist nichts zu ändern.

LitFond wickelt die letzte Dinge ab: Die Datsche der Pilnjaks wird 1938 einem anderen Mitglied des Schriftstellerverbandes zur Verfügung gestellt.

Im Gegensatz zu GlawLit hatte LitFond die Sowjetunion überlebt. LitFond handelte schon immer mit Gütern und Dienstleistungen und hat rechtzeitig einen marktorientierten Kurs eingeschlagen. Swetlana Semjonowa und ihr Mann hatten die untere Etage der Pilnjak-Datsche 1993 über das staatliche Zuweisungssystem gemietet.

»Wären wir zwei Jahre später dran gewesen«, erklärte Swetlana, »hätte LitFond die neuen, kommerziellen Mieten berechnet. Und die sind für russische Schriftsteller unbezahlbar.«

Ich fragte sie, ob sie sich während eines Spaziergangs durch den Garten schon einmal überlegt habe, wo Pilnjaks Kiste versteckt gewesen sein könnte. Hatte sie nie den Drang verspürt, einfach mal irgendwo in der Hoffnung auf weitere hinterlassene Kunstschätze zu graben?

»Oh nein!« Swetlana brach in Lachen aus und rückte ihre Baskenmütze zurecht. »Ich würde es nicht wagen.«

»Nicht wagen?« fragte ich. Es war doch ihr Garten?

So einfach lag die Sache nicht. Die Mieterin von Pilnjaks Datsche erläuterte, daß zwar das gesamte Grundstück zum Haus gehöre, sie aber darauf keinerlei Anspruch erheben könne. »Kommen Sie mit, dann zeige ich Ihnen etwas.« Wir kamen an einer Hecke aus Königsfarn vorbei, passierten einen Baum mit einer Schaukel und einen halbversteckten Picknicktisch.

»Haben Sie die neuen Kottidshi gesehen, ein Stückchen weiter oben?« fragte sie beiläufig.

»Ja«, sagte ich. »Sie erinnern mich an Kreuzfahrtschiffe, groß und häßlich.«

»Und luxuriös«, ergänzte Swetlana. »Wissen Sie, was ein hundert Quadratmeter großes Grundstück in Peredelkino heute einbringen muß? Vierzehntausend Dollar!« Sie blieb an einer kürzlich gerodeten Ecke ihres Garten stehen. Der Boden war von Reifenspuren durchzogen. Hier und da baumelten noch die kupferbraunen Reste zerquetschter Farne. Die Umzäunung war hier plattgewalzt worden, und unter einer Plastikplane lagen die ersten Baumaterialien.

»LitFond«, sagte Swetlana ergeben. »Wir haben keine Ahnung, was da hinkommt. Aber mein Mann und ich haben beschlossen, auch nicht danach zu fragen, ganz zu schweigen davon, daß wir dazu etwas sagen.«

In meiner Naivität fragte ich: »Warum nicht?«

Swetlana starrte auf die Schlammspuren. Wie sollte sie das erklären? »Pilnjak wurde ermordet, weil er für die Sowjetführer ein unbequemer Zeitgenosse war«, sagte sie. »Aber heutzutage erschießen sie einen schon für weniger.«

Von den vierzig Schriftstellern, denen Stalin im Oktober 1932 in Gorkis Kaufmannsvilla zugeprostet hatte, sollten elf die Säuberungen nicht überleben. Unter ihnen Georgi Nikiforow, der vorlaute Schriftsteller, der vorgeschlagen hatte, einmal nicht auf die Gesundheit von Genossen Stalin zu trinken.

Die Idylle von Peredelkino wurde zwischen 1937 und 1939 sieben Mal durch ein Sonderkommando des NKWD gestört. Auch für den einst begeistert aufgenommenen Polen Bruno Jasienski, der Frankreich wegen seiner kommunistischen Agitation hatte verlassen müssen, war kein Platz unter dem Sowjetstern. Daß er als einziger Ausländer mit einer Datsche in der Schriftstellersiedlung belohnt wurde, machte keinen Eindruck auf den Geheimdienst. Sein Roman *Ein Mensch wechselt die Haut* – über die Anlage von Bewässerungskanälen entlang des Amu-Darja – wurde nach seiner Hinrichtung als subversives Buch verbannt, noch keine vier Jahre nach dem Erscheinen.

Und so lichtete sich Gorkis Wasserbau-Bibliothek immer mehr. Auch der Beitrag über den Bau des Moskau-Wolga-Kanals *Vom Verbrechen zur Arbeit* hatte ebenso wie der Autor

Leopold Awerbach von der Bildfläche verschwinden müssen. Die Warnung Andrej Platonows aus den *Epifaner Schleusen*, daß großangelegte Wasserbauwerke zu Terror in großem Stil einluden, bewahrheitete sich. Die Tatsache, daß Platonow keine LitFond-Datsche besaß – er war nicht einmal Mitglied des sowjetischen Schriftstellerverbands –, bedeutete nicht, daß ihn das NKWD vergessen hatte. Im Mai 1938 durchsuchten uniformierte Männer sein Appartement. Sie nahmen allerdings nicht ihn mit, sondern seinen fünfzehnjährigen Sohn Platon. Der Junge wurde beschuldigt, Anführer einer terroristischen Jugendbande zu sein. Man hatte bei der Hausdurchsuchung ein Luftgewehr gefunden. Er mußte vor Gericht erscheinen und wurde zu zehn Jahren Zwangsarbeit in den Nickelminen von Norilsk verurteilt. Vater Andrej hatte noch einen verzweifelten Brief an das NKWD geschickt. »Das beschlagnahmte Luftgewehr gehört mir und nicht meinem Sohn.« Aber für diese Art von Argumenten zeigte sich niemand empfänglich.

Was geschah mit Paustowski? Solange es Gorki gab, wähnte sich Paustowski in Sicherheit. Trotz der fehlgeschlagenen *Kara-Bugas*-Verfilmung wagte er es noch 1936, öffentlich gegen die Zensur vorzugehen: »Ein Schriftsteller muß schreiben, um leben zu können. Aber wir werden vor die verräterische Wahl gestellt: Entweder man schreibt, was von einem erwartet wird, oder man schreibt für die Schublade.«

Diese Sätze konnten in der ersten Jahreshälfte 1936 noch unverändert in Gorkis Zeitschrift *Unsere Errungenschaften* erscheinen, aber in späteren Anthologien oder Jubiläumsausgaben der Werke Paustowskis sollten sie nie wieder gedruckt werden.

Kennzeichnend für die plötzlich auftretende Abkühlung im Verhältnis zwischen Gorki und Paustowski ist das Ende der *Erzählung vom Leben*. Paustowski bricht seine sechsbändigen Memoiren 1935 abrupt ab. Es findet noch ein letztes Treffen mit Gorki statt, sie reden über Botanik und den Unterschied zwischen Schreiben und Dichten, und beim Abschied folgt eine fast religiöse Szene:

»Er [Gorki] legte seine große Hand auf meine Schulter und drückte sie kurz. Nichts wie ran! Leben Sie weiter, wie Sie angefangen haben.« Paustowski ist zu dieser Zeit 43, und er hat noch 33 Jahre vor sich. Dennoch hat er seine Erinnerungen an 1936 und die Jahre danach niemals zu Papier gebracht. Noch nicht einmal in einem Tagebuch, für die »Schublade«.

Nach Gorkis Tod hält sich Paustowski bedeckt. In privater Korrespondenz mit dem Esten Genrich (Heinrich) Eichler, seinem Lektor beim Verlag Junge Garde, schreibt er Ende 1937: »Obwohl es mit meiner Arbeit ausgezeichnet vorangeht, fühle ich mich niedergeschlagen.« Was ihm Sorgen bereite, sei die Hetze gegen Pasternak, dessen Gedichte angeblich von »Formalismus« und »Unverständlichkeit« geprägt seien. »Die Schufte in diesem Land genießen offensichtlich jedes Vertrauen«, beendet Paustowski seinen Brief.

Eichler antwortet nicht. Jemand hat ihn als Spion Hitlers denunziert. Er sei ein Deutscher, der sich als Este ausgebe. Er ist in ein Straflager in der kasachischen Steppe verbannt worden.

Paustowski muß sich wahnsinnig erschrocken haben. Im selben Jahr ist schon einmal etwas Ähnliches vorgefallen. Sein Kollege Sergej Budanzew war wegen eines Beitrags für das Buch *Das Land der großen Wasserstraßen* an ihn herangetreten. Paustowski hatte ihm einen Brief geschickt. Er möchte das Kapitel, um das er gebeten wurde, gerne liefern, kämpfe aber noch mit der Planung. Ob es reiche, wenn er seinen Text im April 1937 abgeben würde?

Auch auf diesen Brief bekommt er keine Antwort: Budanzew ist auf die Halbinsel Tschukotka an der Beringstraße verbannt worden. Was Paustowski dem Terror noch ein Stückchen näher bringt, ist die Verhaftung des Direktors des staatlichen Filminstituts, Boris Schumjatski, der die Filmrollen von *Kara-Bugas – Der schwarze Schlund* hatte verschwinden lassen.

Unter diesen Umständen wagt er es nicht, Aufträge von offiziellen Stellen abzulehnen. Gewissenhaft macht er sich daher daran, ein Buch über Feldmarschall Bljucher zu schreiben, womit die Rote Armee einen ihrer größten lebenden Helden ehren will. Paustowski hat gerade erst angefangen, als Bljucher in den

Zeitungen steht. Die *Prawda* vom 11. Juni 1937 meldet, er habe bei einem Kriegsgerichtsprozeß die Todesurteile von sieben Kollegen, alles Feldmarschälle und Generäle, unterzeichnet. Ist es geschickt von Paustowski, diese Tatsache in seine biographische Skizze aufzunehmen? Und wenn ja, als Heldentat im Mittelpunkt oder eher beiläufig?

In diesem Fall ist es ein beruhigender Gedanke, daß GlawLit den Text vor der Veröffentlichung durchgeht. Der Verlag PolitIsdat ist ziemlich streng. Paustowski lotst seinen Text unversehrt an allen Klippen vorbei, und im Frühjahr 1938 kann Feldmarschall Bljucher mit einer ernstzunehmenden Biographie eines anerkannten Schriftstellers geehrt werden. Ein halbes Jahr später berichtet die *Prawda*, daß Bljucher als Spion entlarvt wurde. Besorgte Freunde klopfen bei Paustowski an, sobald sie die Neuigkeit vernommen haben: »Nun werden sie auch dich holen!«

Zusammen mit Valeria, mit der er seit 1937 verheiratet ist, verläßt er Moskau Hals über Kopf und flieht in ein kleines Forsthaus bei Meschora. GlawLit organisiert eine Hetzkampagne gegen die Bljucher-Biographie, denn diese darf auf keinen Fall zu einem Kultbuch im Gedenken an den Befehlshaber avancieren. Niemand kommt allerdings auf die Idee, den Autor der Biographie zu verhaften.

1939 ebbt die Terrorwelle ab. Die letzten Opfer sind diejenigen, die sich nach Stalins Geschmack zu eifrig an den Säuberungen beteiligt haben.

Aber GlawLit läßt die Zügel nicht locker. 1939 erscheint eine neue Richtlinie. Von nun an müssen auch alle Brieftauben und deren Züchter im Auge behalten werden.

Ein interner Bericht über die Leistungen der GlawLit in den Jahren 1938/39 ist erhalten geblieben. Darin ist zu lesen, daß das zentrale Zensurorgan in diesem Zeitraum 7 806 »politisch schädliche« Werke zurückgeholt hat. Diese Titel stammten von 1 860 unterschiedlichen Autoren. Weitere 4 512 Titel wurden makuliert, weil man sie »für den Sowjetleser als ganz und gar wertlos« erachtete. Insgesamt handelt es sich um 24 138 799 Exemplare.

Rab-Rabotschi

Amansoltan Saparowa erkannte mich sofort. Zum Glück, denn bei unserem Wiedersehen drohte mich mein Gedächtnis im Stich zu lassen. Waren ihre Haare wirklich so lang gewesen? Trug sie nicht eine Brille? Ich vermißte auch den Fünfziger-Jahre-Rock, den sie auf dem Salzkongreß in Moskau getragen hatte.

Als sie das Gartentor öffnete, war sie in ein knöchellanges Gewand gehüllt. Ihr rabenschwarzes Haar war nicht in einem Netz gefangen, sie trug es auch nicht einfach offen, sondern hatte künstliche Zöpfe eingeflochten. Sie wirkte jünger als im Jahr zuvor und begrüßte mich, hier in ihrem eigenen Reich, lockerer als damals im Wohnheim der Universität.

Amansoltan bewohnte ein »Finnlandhaus«, eine der hölzernen Notwohnungen nach finnischem Modell, mit denen man die turkmenische Hauptstadt nach dem Erdbeben von 1948 wieder aufgebaut hatte. Aus Angst vor neuen Erdstößen bestand Aschchabad im wesentlichen aus Flachbauten. Die Finnlandhäuser hatten nur ein Geschoß, standen aber zum Ausgleich dafür auf großzügigen Grundstücken. Amansoltans Parzelle ähnelte einem kleinen Garten Eden. Der Brunnen war von prachtvollen Obstbäumen eingerahmt. Ich erkannte einen Feigenbaum, eine Hecke aus jungen Zitruspflanzen und Wein, der sich um eine Satellitenschüssel rankte. Des weiteren einen blattlosen Strauch, an dem orangefarbene Christbaumkugeln hingen.

»Kakifrüchte«, sagte Amansoltan und pflückte gleich eine Handvoll davon. Sie bat mich hinein, legte die orangefarbenen Kugeln auf einen Teller und entschuldigte sich: Im Hinterzimmer warte ein Tabib, den sie für die Behandlung irgendeines Leidens hergebeten hatte. Die Sitzung würde höchstens noch eine halbe Stunde dauern: Ob ich so lange warten könne?

»Ein Tabib?« fragte ich erstaunt. Ich war davon ausgegangen, daß die Sowjets alle Medizinmänner ausgerottet hatten.

»Sie haben sich die ganze Zeit über verborgen gehalten«, sagte Amansoltan im Flüsterton. »Aber jetzt sind sie wieder da.«

Durch die geöffnete Tür erhaschte ich einen Blick: Ein steinalter Magier im Schneidersitz, den Turban neben sich auf dem Boden. Vor ihm auf dem Teppich lagen eine Schlangenhaut, ein paar Würfel, ein Weihrauchstäbchen in einem Aschenbecher und andere Gegenstände. Während Amansoltan die Tür hinter sich zuzog, wurde mir bewußt, daß sie als Sowjetchemikerin in zwei Welten zugleich lebte – der traditionell turkmenischen und der rational russischen.

Als ich im leeren Wohnzimmer allein war, wollte ich mich irgendwo hinsetzen, aber ich sah keinen Stuhl. Turkmenen, Doktortitel hin oder her, sitzen zu Hause auf Teppichen auf dem Boden, schlußfolgerte ich. Und sie besitzen ein Fernsehgerät, das unablässig eingeschaltet ist. Ich machte es mir mit dem Schälchen Kakis vor dem Fernseher gemütlich. Man zeigte Volkstänze mit Hirtenkindern, die in der Hocke auf einer Bühne saßen und ein Zupfinstrument spielten. Rechts oben auf dem Schirm war ein Bildzeichen, der Kopf von Präsident Turkmenbaschi, als würde er ständig bei seinen Untertanen in die gute Stube schauen.

Im Abspann des Folkloreprogramms rollte das nationale Treuegelöbnis durch das Bild. »Laß meine Hand erlahmen in der Stunde, da ich sie gegen dich erhebe, oh Turkmenistan / Laß meine Zunge erschlaffen in der Stunde, da ich schlecht über dich spreche, oh mein geliebtes Vaterland / Laß meinen Atem stocken in der Stunde, da ich dich verrate, oh Turkmenbaschi.«

Fast wie im Rausch hatte ich meine Reise nach Turkmenistan angetreten. Nach monatelangem Warten und Einlesen nahm ich Kurs auf die Kulisse von Paustowskis *Kara-Bugas*, auf die Reste des 1939 verlassenen Hafens und auf den Salzspringbrunnen am Kai. Was war wohl davon übriggeblieben?

Ich mußte mich mit der Archäologie beschäftigen, um dahinterzukommen, wo genau das Sowjetexperiment – das literarische *und* das technische – gescheitert war. Auch wenn Aschchabad Hunderte von Kilometern von der Küste des Kaspischen Meeres entfernt lag, fühlte ich mich doch durch meinen ersten Sieg über die turkmenischen Behörden gestärkt: Nach endlosen Telefongesprächen hatte mir das turkmenische Konsulat in Moskau ein Visum verschafft.

Turkmenistan mißtraute ausländischen Korrespondenten, von denen man unbesehen annahm, daß die Zeitung oder der Fernsehsender nur Deckmantel für ihre eigentliche Aufgabe waren: die Sammlung militärstrategischer Informationen. Ein alter Sowjetreflex, den Präsident Saparmurat »Turkmenbaschi« Niazow quicklebendig gehalten hatte. »Turkmenbaschi« war die Anrede, die sich dieser neuzeitliche Pascha selbst gegeben hatte. Sie bedeutete »Oberhaupt der Turkmenen« und paßte zu der Metamorphose, die der Genosse Niazow als ehemaliger Parteichef Turkmenistans durchgemacht hatte. Nach dem Zerfall der Sowjetunion hatte er sich die Wüste als Privatbesitz angeeignet. Leninbilder ersetzte er durch seine eigenen Skulpturen, und Karl Marx mußte Kemal Atatürk weichen. Das 1940 eingeführte kyrillische Alphabet (das die türkischsprachigen Turkmenen mühsam erlernt hatten) hatte er von einem auf den anderen Tag abgeschafft. Zur Bestürzung und Wut der Russen ließ Turkmenbaschi diese sogar für ein Visum anstehen, wenn sie Aschchabad einen Besuch abstatten wollten.

Das turkmenische Konsulat in Moskau war eine bürokratische Festung. Der Konsul hatte eine panische Angst vor eigenen Fehlern. Deshalb erteilte er am liebsten erst gar keine Visa. Als ich im September 2000 meinen Visumsantrag einreichte, mußte ich fast für jeden halben Arbeitstag angeben, wo ich mich in Turkmenistan aufhalten würde, unter wessen Obhut und wie ich mich fortzubewegen gedachte.

Der Beamte beobachtete mich beim Ausfüllen des Antrags durch das Schalterglas. Als ich bei den Aufenthaltsorten das

Chemiestädtchen Kap Bekdasch an der Bucht von Kara-Bugas hinzufügte, läutete bei ihm eine Alarmglocke.

»Bekdasch wird nicht gehen«, sagte der Beamte.

Mein provozierendes »Warum nicht?« schürte sein Mißtrauen noch mehr. Wie ein Echo kam sein kindisches »Darum nicht!« zurück. Er wollte wissen, was ich dort vorhatte.

Ich beschloß, mit offenen Karten zu spielen, und nannte ihm den Namen Konstantin Paustowski. Ich sagte, ich wolle auf den Spuren des Schriftstellers die Orte besuchen, die in seinem Band *Kara-Bugas* vorkommen.

Der Beamte verzog keine Miene, aber ich sah ihn doch nachdenken: »Ein Spion! Vor mir steht ein Spion mit einer lückenhaften Begründung für seine Reise.«

Woche für Woche rief ich an, ob es schon Neuigkeiten in Sachen Visum gebe. Die von anstößigen Stellen gereinigte Anfrage (ohne die geplanten Ausflüge an die Küste des Kaspischen Meeres) läge zur Beurteilung in Aschchabad, bekam ich immer wieder zu hören. Aber Aschchabad rührte sich nicht. Schließlich stellte der Beamte sein Faxgerät in Gang, sobald er meine Stimme erkannte.

»Guten Morgen, Sie sprechen mit ...«

Fffffffiet ...

Ich bedauerte, daß ich Kap Bekdasch als ein Reiseziel genannt hatte. Auf meinem Antrag hatte ich Amansoltan Saparowa als Kontaktperson angegeben. In einem Brief hatte sie ihre Gastfreundschaft und Hilfe bestätigt. Aber war es denn wirklich klug gewesen, sie zu nennen? Sollte man sich nach ihrem Vorleben erkundigen, würde eine zweite Spur nach Kara-Bugas ans Licht kommen, nämlich ihre Doktorarbeit über die Geschichte der Sulfatgewinnung.

War ich zu argwöhnisch und zu pessimistisch? Nach fünf Monaten, an einem Februartag im Jahre 2001, erreichte mich unverhofft die Nachricht, mein Visum läge jetzt bereit. Ausgestattet mit meinem Paß, drei Paßfotos und neunzig Dollar eilte ich durch die eisige Kälte zum Konsulat.

Der Stempel der Republik Turkmenistan – ohne die Adjektive »sozialistische« und »sowjetische« – gab mir das Recht, maximal zehn Tage in Aschchabad zu verbringen. Unter der vorgedruckten Überschrift »Aufenthaltsorte außerhalb der Hauptstadt« stand in handgeschriebenen Großbuchstaben: KEINE.

Nach diesem zähen Anfang – der meine Entschlossenheit, die Bucht von Kara-Bugas zu besuchen, nur stärkte – überraschte mich das sanftmütige Äußere Turkmenbaschis. Sein Porträt prunkte auf der Boeing der Turkmenistan Airways auf der Strecke Moskau–Aschchabad. Er hatte die Wangen eines Trompeters, wache Augen und gepflegte Augenbrauen. Kurz nach dem Start schallte sein Name durch die Lautsprecher. Der Flugkapitän nannte die Durchschnittsgeschwindigkeit und die Flughöhe und erzählte in einem Atemzug, daß die rund vier Millionen Turkmenen Turkmenbaschi von ganzem Herzen liebten.

Auf dem Porträt sah er überaus freundlich aus. Ein herzensguter Kerl. War er denn wirklich so ein eitler Potentat, wie ihm nachgesagt wurde?

Ich mußte diese Frage schon nach meinem nächsten Erlebnis mit Ja beantworten: Auf 10 500 Meter Höhe brachte das Taxfree-Wägelchen ausschließlich Turkmenbaschi-Artikel vorbei: Turkmenbaschi-Wein und Wodkaflaschen der Marke »Serdar« (der Herrscher) klirrten. Für Fans gab es Turkmenbaschi-Manschettenknöpfe und Turkmenbaschi-Uhren (mit seinem Bildnis auf dem Ziffernblatt). Und als wäre es die normalste Sache der Welt, priesen die Stewardessen Parfümflakons in den Duftrichtungen »Turkmenbaschi« (für Herren) und »Gurbansoltan« (für Damen) an.

»›Gurbansoltan‹?«

»So hieß die Mutter unseres Präsidenten. Sie ist 1948 bei dem Erdbeben ums Leben gekommen.«

Ich studierte das Gesicht der Frau auf der Verpackung. Gurbansoltan sah fromm und sittsam aus, wie eine Heilige auf einem Gebetsbild, nicht unbedingt wie eine Frau, die man mit frivolen Duftwässerchen assoziierte. »Eau de toilette«, las ich auf dem Etikett. »Entworfen im Auftrag von seiner Exzellenz, dem Präsidenten von Turkmenistan, Turkmenbaschi. Produit de France.«

Ich kaufte 200 Milliliter »Gurbansoltan«.

Sobald wir die Wolga überflogen hatten, machten die Wälder und Schneefelder stumpfgelber Steppe Platz, ab und zu von einem karamelfarbenen Streifen durchzogen. Drei Flugstunden von Moskau entfernt glitzerte im Osten eine metallartige Scheibe: das Rudiment des Aralsees. Steil unter uns entdeckte ich die Verflechtung von größeren und kleineren Linien, die zusammen den Amu-Darja bildeten. Gleich beim ersten Anblick war mir klar, wem der Fluß seine legendäre Unauffindbarkeit zu danken hatte: Durch sein Bett strömte milchiges, bräunliches Wasser. Eine Farbe wie der Sand, der es umgab. Ich mußte an eine der Nomadenweisheiten denken, die mir Amansoltan in Moskau erzählt hatte: »Niemand weiß, wo der Amu-Darja morgen fließen wird.« Das Schmelzwasser des Pamirgletschers, so hatte sie erklärt, schleppte in jedem Frühjahr so viel Schlamm mit sich, daß der Fluß, sobald er die Tiefebene der Karakum erreichte, immer neue Sandbänke aufhäufte, denen er dann rechts- oder linksherum ausweichen mußte.

Plötzlich geriet der Amu-Darja außer Sicht, und vor uns tauchte in der Ferne eine schmale Reihe gezackter Felsen auf: die südliche Grenze der ehemaligen Sowjetunion. Der Pilot setzte zur Landung an, und erst im Schutz dieser Bergkette zeigte sich zum erstenmal die karge Bebauung. Fahle Äcker schoben sich an uns vorbei, an den Rändern lehmfarbener Dörfer sah ich merkwürdige Punkte, die noch am ehesten Ähnlichkeit mit viereckigen Heumieten hatten.

»Bunti«, erklärte die Stewardeß, die kontrollierte, ob ich mich auch angeschnallt hatte. »Bunti für die Lagerung von Baumwolle.«

Je tiefer wir kamen, desto mehr Bunti sah ich. Die meisten waren mit Segeltuch bespannt, aber es gab auch welche, deren Inhalt gerade auf Lastwagen verstaut wurde.

Die Boeing begann immer übermütiger auf der Thermik zu tanzen. Als ich erneut hinausschaute, fiel mir auf einmal der Schleier auf, der über den Äckern lag. Die Felder waren mit etwas Weißem bestreut. Fusselreste von Baumwollpflanzen? Eine Schicht Kunstdünger, die aus Wassermangel liegengeblieben war?

»Salz«, sagte Amansoltan, als ich sie danach fragte. »Dort wächst kein einziger Grashalm mehr.«

Wir saßen auf einer Holzbank neben ihrem Brunnen, und sie erzählte von der Baumwollzucht, die Turkmenistan und die anderen Länder Mittelasiens »wie eine Plage« getroffen hatte. Von ihrer Zurückhaltung und Bedächtigkeit, die sie damals beim Salzkongreß ausgestrahlt hatte, war nichts mehr zu merken.

»Die Baumwolle wurde uns immer als Segen präsentiert, aber in Wirklichkeit war der Baumwollanbau reine Ausbeutung.«

»Kolonialismus«, sagte ich.

»Baumwollkolonialismus«, bestätigte Amansoltan. »Aber so durfte man es absolut nicht nennen. Nahm man die Worte ›Kolonie‹ oder ›Kolonialgebiet‹ in den Mund, riskierte man seinen Arbeitsplatz oder mußte im schlimmsten Fall ins Gefängnis.«

Amansoltan sagte, daß ihre Dozenten für Marxismus-Leninismus am Mendelejew-Institut einen Begriff wie »Kolonialgebiet« ausschließlich für die überseeischen Gebiete der europäischen Kolonialstaaten verwendeten. Also für Staaten, die auf der Suche nach einer Beute die Weltmeere durchkreuzten, weil sie sich im »letzten Stadium des Kapitalismus« befanden.

Die Anwendung eines bestimmten »sozialistischen« Wortschatzes hatte mich mit der Zeit immer mehr fasziniert. Von »Imperialismus« oder »Expansionswut« konnte unter der Diktatur des Proletariats selbstverständlich keine Rede sein. Die türkisch- und persischsprachigen Völker Mittelasiens waren von den Rotgardisten »befreit« worden. Als Brudervölker bekamen die kleinen Sowjetrepubliken technische und materielle Unterstützung zur Überwindung ihrer Rückständigkeit. »Vorwärts im Kampf gegen die Baumwollabhängigkeit!« war eine der Parolen des ersten Fünfjahrplans. Dahinter steckte eine klare Logik: Solange die Soldaten der Roten Armee in Uniformen aus texanischer Baumwolle herumliefen, konnte sich die UdSSR nicht als Großmacht fühlen. Nur in Mittelasien gedieh dieses Fasergewächs, und deshalb mußte alles für den Baumwollanbau weichen. Und es gelang: Ab 1937 war die gesamte

Sowjetunion nicht mehr vom Import der Rohbaumwolle abhängig. Über die Kehrseite, die totale Baumwoll*abhängigkeit* von Usbekistan und Turkmenistan, durfte in der Öffentlichkeit kein Wort verloren werden.

An der Autarkie hatte man ganz schön zu knabbern. Wer – wie die Sowjets – eine völlig neue Gesellschaft auf die Beine stellen wollte, mußte die Einflüsse von außen auf ein Minimum beschränken. Und innerhalb des mit Wachtürmen abgesicherten Experimentierfelds konnte man sich nicht mit dem Bau von Gewerkschaftspalästen, Kulturhäusern und kolossalen Staudämmen begnügen. Die »Ingenieure der Seele« hatten eine mindestens genauso gewichtige Aufgabe: Sie gaben der neuen Ordnung Form, indem sie der Welt neue Namen gaben. Sie fingen also noch mal von Null an, wie einst Adam im Paradies.

Rab (Sklave) wurde Rabotschi (Arbeiter), Gospodin (Herr) wurde Towarischtsch (Genosse), und der Einzelgänger, der sich vom Kollektiv absonderte, wurde als Wrag naroda (Volksfeind) bezeichnet. Was man sah, hing davon ab, wie man es nannte. Das war der zentrale Gedanke der sozialistischen Semantik.

Die Schriftsteller standen an der Spitze der Revolution des Wortes. In der Presse und der Literatur hieß die Enteignung von Privateigentum fortan Kollektiwisazija, und wer sich dagegen wehrte, verdiente »eine Umerziehung in der sozialistischen Schule der Arbeit« (dem Arbeitslager). Für jede Art von Elend fanden die Liriki einen passenden Euphemismus. Chlopok (Baumwolle) wurde Beloje soloto (weißes Gold). Ein Baumwollpflücker, dessen Tochter und Enkelin auch Baumwolle pflückten, hatte eine Dinastija (Dynastie) von Baumwollpflückern gegründet. Das höchste Ideal. Und Kolchosen, die eine Million Rubel pro Jahr eintrugen, wurden zu Kolchosmillioneri ausgerufen. Die Mitglieder dieser Millionenunternehmen erhielten einen Bonus in Form von Töpfen und Pfannen.

Von allen sowjetischen Zeitungen hatte die *Prawda* im wahrsten Sinne des Wortes die Wahrheit gepachtet. In der Dachzeile dieses Parteiorgans wurde tagein, tagaus die Jahreslosung abgedruckt: »Wenn unsere Kolchosen reich sind, ist jeder reich!« Die Wiederholung von Schlagzeilen, Losungen und Sprüchen war ein besonderes Stilmittel, eine Art Hypnose. Das einfache Volk sollte diese Phrasen natürlich auch entziffern können, aus diesem Grund wurde eine landesweite Alphabetisierungskampagne durchgeführt. Die Sprache Lenins versetzte die Turkmenen, Tadschiken, Kirgisen und Usbeken in die Lage, die Losungen lesen und unter dem Volk verbreiten zu können.

Zeitgleich mit dem Start des Baumwollplans von 1929 wurde unter den Neulesern ein Preisausschreiben veranstaltet: Wer konnte das beste Theaterstück über die staatliche Initiative zur Erweiterung des Baumwollanbaus schreiben? Es gewann ein Szenarium, in dem es um die Entlarvung von Saboteuren geht. Eine Verschwörergruppe von Ingenieuren und reichen Bauern wollte eine Ernte fehlschlagen lassen.

Die Literatur – mit Titeln wie *Frühling auf der Kolchose des Sieges* – sollte den Widerstand der Ackerbauern brechen, die ihren Grund und Boden nicht für eine riesige Baumwollplantage opfern wollten. Sie lehnten es ab, ihre kleinen Bauernhöfe aus Lehm und Stroh gegen eine enge Wohnung in einer der »ländlichen Betonsiedlungen städtischen Typs« einzutauschen. Aber die Befehle aus dem Kreml waren unerbittlich: Das »technische Gewächs« Baumwolle wurde zum Wirtschaftsfaktor Nummer 1. Nahrungspflanzen wie Hirse, Sonnenblumen, Granatäpfel und Tomaten mußten das Feld für die Textilfaserproduktion räumen. Die Bemerkung »Aber diese Baumwollfusseln kann man doch nicht essen!« wurde als Anti-sowjetskaja agitazija (Aufwiegelei) eingestuft.

Aprikosen und Pfirsichbäume, die unter anderem in den Gärten Schatten und Kühle spendeten, wurden mit dem Wurzelwerk entfernt. Die Obstbäume brauchten zwar nicht viel Platz, aber sie waren eine Konkurrenz im Kampf um das knappe Wasser.

Am meisten schmerzte das Abhacken der Maulbeerbäume. Die Larven der Seidenraupe können sich nur auf den silbergrünen Blättchen dieses Baums entwickeln. Die Züchter aus dem Ferganatal wußten, daß ihr Gewerbe mit der Maulbeere verlorengehen würde. In den staatlichen Geschäften entlang dem sowjetischen Teil der Seidenstraße erschienen zwar immer mehr Baumwollkleider und -hosen, aber Seide sah man auf Dauer nirgends mehr.

Während der Erntemonate September, Oktober und November schwärmten die Baumwollpflücker über die Felder aus. Sie sangen:

Die Sonne brauchen wir nicht,
die Partei schenkt uns Licht,
was nutzt uns Korn und Schrot,
gebt uns Arbeit in der Not!

Wenn sich die Bauern zehn- bis zwölftausendmal am Tag gebückt hatten, war die Norm erreicht. Je schwerer ihre Schürzen waren, desto besser konnten sie ihre Kinder ernähren. Am Ende jeder Furche stand ein Brigadeleiter mit einer Waage und einem Notizbuch, in dem die erbrachten Leistungen registriert wurden. Der Brigadeleiter schrieb den Ertrag jeder Arbeiterin einzeln auf, damit sie je nach Gewicht der geernteten Wattebäusche in feinem Weizenmehl ausbezahlt werden konnte. »Die Kolchosemitglieder erhalten Getreide proportional zur gelieferten Baumwollmenge«, lautete ein Beschluß der Partei. Das war keine feudale oder koloniale Methode, sondern fiel unter die Kategorie leistungsgerechte Entlohnung.

Um noch größere Teile der Steppe urbar zu machen, waren längere Bewässerungskanäle mit mehr Aufnahmevermögen nötig. Wer sich eine Vorstellung von der Erweiterung des Bewässerungsnetzes unter der Sowjetherrschaft machen wollte, konnte sich auf der Allunionsausstellung für die Errungenschaften der Volkswirtschaft in Moskau umschauen. Im usbekischen Pavillon, direkt gegenüber dem Springbrunnen der Völkerfreundschaft, hing ein Gemälde vom Bau des großen Fergana-Kanals, der auf Anordnung Stalins ausgehoben wurde: Links im Vordergrund stehen russische Aufseher mit Feldstechern und ausgerollten Karten, rechts füllt sich das Bild bis zum Horizont mit einer Schar usbekischer Arbeiter. Sie hacken wie Besessene die spröde Erde auf, ihre Haut glänzt vor Schweiß. Das war pure »orientalische Despotie«. Auch auf die antiken

Kulturen am Amu-Darja (die Khanate von Buchara und Chiva) und am Syr-Darja (das Ferganatal) hatte Karl August Wittfogel seine Wasserbauhypothese gegründet. Das Gebiet zwischen diesen Flüssen hatte Persönlichkeiten wie den Kriegsherrn Timur Lenk hervorgebracht. Dieser Eroberer aus dem vierzehnten Jahrhundert in der Tradition Dschingis-Khans verband eine nie gekannte Grausamkeit mit raffiniertem Architekturgeschmack – wie die Moscheen und Koranschulen von Samarkand und Buchara beweisen.

Wittfogel hatte darauf hingewiesen, daß im Kollektiv geschaffene Wasserwerke nicht nur Hand in Hand mit der Tyrannei gingen, sondern auch mit einer schnellen Entwicklung der exakten Wissenschaften. Eine wichtige Rolle spielte dabei die Mathematik. Wer die Wasserabfuhr des Flusses voraussagen wollte, mußte Statistiken führen, und wer das zur Verfügung stehende Wasser über die Ländereien verteilte, lernte in Bruchteilen, Brüchen und Relationen denken. Laut Wittfogel war es kein Zufall, daß der Sternenkundige Ulug Beg, der mit Hilfe einer genial konstruierten Sternwarte die Länge des Jahres berechnen konnte, ausgerechnet aus Samarkand kam.

Leider lassen sich zwischen mittelasiatischen Sitten und den aufgezwungenen Sowjetpraktiken viele grausame Gemeinsamkeiten finden. So war der Stalin-Kanal – der große Fergana-Kanal mit einer Länge von 270 Kilometern – 1939 in 45 Tagen von 180 000 »Freiwilligen« nach der Volksmethode Gozjar gegraben worden. Gozjar war die Arbeit im Kollektiv für eine gemeinsame Sache. Eine alte Tradition, die der Kreml landesweit in Form der Subbotniks (freiwillige Arbeitseinsätze am Samstag) institutionalisierte. Es hatte tatsächlich den Anschein, daß die Sowjetführer das »östliche« oder »asiatische« Modell, das Marx schon 1853 als despotisch bezeichnete, unverändert übernahmen. Da gab es die Mobilisierung der (Sklaven-)Arbeit genauso wie die großangelegten Wasserwerke. Innerhalb weniger Jahrzehnte legten sie ein Geflecht aus Bewässerungskanälen über das Ferganatal, über die Hungersteppe Kasachstans, über die Karsisteppe von Usbekistan und über die Karakumwüste von Turkmenistan, mit dem 1 150 Kilometer langen Lenin-Kanal als Hauptader.

Die Schattenseite dieser Leistung, die Austrocknung des Aralsees, war von den Planern einkalkuliert worden. Alles hatte nun mal seinen Preis. Weil das Wasser der Wüstenflüsse rigoros abgelassen wurde, bekam der Aralsee keinen ausreichenden Nachschub. Die Mündung des Syr-Darja trocknete aus, während der Amu-Darja nicht mehr als einen mickrigen Strahl abführte. Die Uferlinie des Arals zog sich dadurch in einem hohen Tempo zurück. Von dem fischreichen Binnensee war nicht mehr als eine flache Pfütze übriggeblieben. Die Karkassen der Fischereiflotte lagen gekentert in den Wanderdünen. Sie waren das Opfer der Losung »All unsere Kraft für die Erfüllung des Baumwollplans!«

Amansoltan hatte das Gefühl, daß sie inzwischen – mit über sechzig Jahren – zu alt war, um sich noch darüber aufzuregen. Seit die Sicherheiten ihrer Sowjeterziehung und -ausbildung zerronnen waren, kämpfte sie mit einer Art Leere.

»Ich möchte mich eigentlich nur noch um meinen Garten kümmern.«

Ich fragte sie nach ihrer Arbeit als Beraterin des Ministeriums für Chemieangelegenheiten.

Die Arbeit hatte sie nicht mehr, sie war vor zwei Monaten in Rente gegangen.

Es war ihr nicht gelungen, eine Brücke zum Turkmenbaschi-Zeitalter zu schlagen. Die meisten Genossen in höheren Positionen hatten sich einfach um 180 Grad gedreht und den Kommunismus gegen den Islam eingetauscht.

»Wassermelonen«, nannte Amansoltan solche Opportunisten: »Außen grün und innen rot.«

Persönlich hegte sie kaum noch Ambitionen. Was zählte, waren ihre inzwischen erwachsenen Kinder und deren Leben. Alle drei hatten von ihr eine Flechtarbeit aus Kamelhaar bekommen, an der ein glatter Kieselstein hing. Das war das durch drei geteilte Erbe von Amansoltans Großmutter. Wenn man diesen Talisman an die Innenseite des Tuchs der Kibitka hängte (oder an die Tür), hielt er das Unglück auf Abstand. Bislang war dies ihr und ihren Sprößlingen gelungen. Ihr ältester Sohn studierte in Istanbul Kriminologie, der Jüngste war beim öffentlichen Dienst (er machte irgend etwas mit Transport) und wohnte mit Frau und Kind in ihrem Haus.

Aber der Stolz der Familie war Amansoltans Tochter, ihre einzige. Sie war schon jung verheiratet worden, und nicht gerade an den erstbesten. Ich bekam zu hören, daß Turkmenistan immer schon eine Stammesgesellschaft gewesen war, wobei die Nomaden, die Viehhalter mit ihren Zelten, als die Primitivlinge der Wüste galten. Höher im Ansehen standen die Ackerbauern der Oase von Mari, der antiken Stadt Merw mit ihrem jahrhundertealten Bewässerungssystem. Die Wasserverteiler unter ihnen (die Machthaber) waren Mitglieder des dominanten Tekkestammes. Und natürlich, es konnte kaum anders sein: Turkmenbaschi war Tekke.

Die Nomadin Amansoltan hatte es geschafft, ihre Tochter mit einem Tekken zu verheiraten. Aber das war nur die halbe Geschichte: Der Schwiegervater des Mädchens war Vorsitzender der turkmenischen Akademie der Wissenschaften. Er leitete bereits seit vierzig Jahren das Wüsteninstitut, und Amansoltan hatte bei ihm promoviert.

Professor Agadjan Babajew war die angesehenste Person, die sie kannte. Über die Familie hatte sie mit ihm Kontakt, und er wiederum hatte seine Beziehungen unter den Tekken und im Kreis von Turkmenbaschi. Für eine Reiseerlaubnis zum Kaspischen Meer sollte ich meine Hoffnung auf ihn stützen.

Amansoltan hatte einen Termin für mich vereinbart: Am nächsten Morgen sollte ich mich im Wüsteninstitut melden.

Sie schrieb die Adresse auf. Jedenfalls versuchte sie es. Ich sah sie mit Stift und Papier kämpfen. Sie *zeichnete* jeden Buchstaben einzeln, so konzentriert wie ein Kind. Auf dem Papier erschienen Krakel und Striche, aber nichts Lesbares. Sie entschuldigte sich. Suchte ihre Brille. Aber auch mit Brille konnte sie es nicht. Ich traute meinen Augen nicht. Sie war doch eine gebildete Frau?

»Es gelingt mir nicht«, sagte sie schließlich. Sie biß sich mit einem Zahn auf die Unterlippe und kämpfte gegen ihre Tränen. »Ich kann diese lateinischen Buchstaben nicht. Ist es schlimm, wenn ich die Adresse in kyrillischer Schrift notiere?«

Am Stadtrand von Aschchabad, in der Nähe der Pferderennbahn, sah ich erstmals Kamele. Mit trägem Schritt und ohne Begleiter überquerten sie ein brachliegendes Gelände, auf dem sich hier und da eine Kollerdistel in einer Mulde hin- und herwiegte. Weil auch dieses Feld weiß aussah, schien es, als bewegten sich die Kamele in einer unwirklichen Schneelandschaft.

Das Wüsteninstitut lag an der Ausfahrt zum nagelneuen, von den Deutschen gebauten Turkmenbaschi-Flughafen. Direktor Agadjan Babajew, der über meine Ankunft informiert war, trug einen viel zu warmen Anzug. Am Revers seiner Jacke prangte eine Turkmenbaschi-Anstecknadel.

Der Professor redete in Zahlen. Hektare, Kubikkilometer, Tonnen pro Jahr. Die Hände auf der Unterlage des Schreibtischs gefaltet, erzählte er über sein Fachgebiet, die Klima- und Wüstenforschung. Was ging in einem Land wie Turkmenistan doch alles durch Sandstürme verloren! Eisenbahnschienen, vom Flugsand zugeweht. Lämmer, durch Sandwehen zu Tode gequält. Manchmal wird ein ganzes Dorf unter einem heftigen Sandsturm begraben. Das kostete den Staat Millionen Manat pro Jahr. Das Institut berechnete die Verwehungen in Gramm des festen Staubs pro Volumeneinheit. Die Dichte der Verwehungen konnte extreme Formen annehmen.

Sobald sich die Gelegenheit ergab, stellte ich Babajew eine Frage, auf die keine Antwort in Ziffern möglich war: Wie wurde man Wüstenexperte?

Das half. Babajew schob eine Pressemeldung zur Seite und erzählte, daß seine Vorfahren aus Merw stammten. »Alle turkmenischen Genies kommen aus Merw«, sagte er. »Die Algebra wurde dort geboren. Wußten Sie das?«

Als Siebzehnjähriger hatte er in Aschchabad mit einem Geologiestudium angefangen. In jener Oktobernacht im Jahre 1948, als die Erde mit einer Stärke von 8,9 auf der Richterskala zu beben begann, war er im zweiten Studienjahr. Bei einem Sprung aus dem zweiten Stock des Schlafsaals brach er sich einen Knöchel – ein paar Sekunden bevor die Schlafkaserne aus Backstein einstürzte. Vor allem das Wimmern der Verletzten und die kleinen Brände, die spontan ausbrachen, waren ihm im Gedächtnis geblieben. »Die Überlebenden trugen Fackeln und suchten sich gegenseitig zwischen all dem Schutt.«

Ich fragte ihn, ob es wahr sei, was mir die Stewardeß erzählt hatte: daß auch die Mutter des Präsidenten bei dem Erdbeben umgekommen war.

»Und nicht nur sie«, meinte der Professor. »Auch die zwei Brüder des Präsidenten. »Gurbansoltan stürzte zu Boden und hat nur ihren jüngsten Sohn mit ihrem Körper beschützen können. Unser Präsident wurde als Waisenkind von der Partei erzogen.«

Babajew selbst hatte zweiundzwanzig von insgesamt sechsundzwanzig Kommilitonen aus seinem Studienjahr verloren. Die vier übriggebliebenen Geologiestudenten wurden über vier verschiedene Universitäten verteilt. »Ich landete in Leningrad, weil mich mein Dozent dorthin mitnahm. Der Dozent war der einzige Wüstenspezialist in der gesamten Sowjetunion und hatte beschlossen, daß ich sein Werk fortsetzen sollte.«

So war es und nicht anders. »Aber sagen Sie mal«, fragte er aufgeräumt, »was kann ich für Sie tun?«

Babajew hörte sich meine Geschichte gelassen an. Sein Gesicht verfinsterte sich, als der Name Paustowski fiel.

»Wissen Sie, daß man vor kurzem Turgenjew und Puschkin in Aschchabad vom Sockel geholt hat? Das sind nicht gerade die schlechtesten Schriftsteller. Aber Russen, verstehen Sie? Genau wie Paustowski.« Der Professor prophezeite, daß es auch ohne Hinweis auf Paustowski nicht leicht sein würde, einen Propusk für Kap Bekdasch zu erhalten.

Ich ließ verlautbaren, daß der Chef eines Wüsteninstituts in einem Land, das zu vier Fünfteln aus Wüste besteht, doch ein einflußreicher Mann sein mußte.

»Das sehen Sie völlig falsch«, sagte er, während er sich mit den Fingerspitzen von der Schreibtischkante abstieß. »In einem Land, das zu vier Fünfteln aus Wüste besteht, hat das *Wasser*institut die größte Macht.« Es folgte ein Vortrag über Tautropfen, die im Volksmund »Goldkörner« heißen, und über das Ministerium für Wasserwirtschaft, das größer und stabiler war als das Finanzministerium. Die Fassade dieses Ministeriums bestand aus einer meterhohen Stahlbetonwand und war damit gegen schwere Beben gewappnet.

Als wäre ein Argument ohne mathematischen Beweis nicht vollständig, fügte der Direktor hinzu, daß in seinem Institut 150 Mitarbeiter tätig sind und im Wasserbauministerium »einige Zehntausende«.

Ob er denn keine Kontakte zu diesem Ministerium habe?

Ein Lächeln machte sich auf seinem Gesicht breit. Natürlich hatte er Kontakte! Babajew hatte eine seiner sechs Töchter mit einem der fünf Vizeminister des Ministeriums für Wasserwirtschaft verheiratet. Der Professor versprach, bei beiden vorzufühlen, ob ich für ein »Bekdasch-Visum« in Frage käme.

Ich dankte ihm herzlich, zögerte aber. Ich wußte nicht, ob man von mir eine Gegenleistung erwartete. Mußte ich ihm nun hier vor Ort und auf der Stelle einen mit Gummibändern zusammengehaltenen Stapel Manat zuschieben? Oder einen Dollarschein? Oder sollte ich besser eine Flasche Whisky besorgen (in einem islamischen Land)?

Während ich meine Gedanken zu ordnen versuchte, fiel mir plötzlich ein, daß ich ein festlich verpacktes Geschenk bei mir hatte: das Fläschchen »Gurbansoltan«.

Ich holte es hervor und stellte es auf den Tisch. »Würden Sie das Ihrer Tochter überreichen? Als einstweiliges Dankeschön?«

Unter einem Blätterdach aus Platanen lief ich zu meinem Hotel zurück. Es fiel mir auf, daß die Straßen sauber gekehrt und die Blumenbeete geharkt waren. Selbst die zerknautscht aussehenden Fahrer, die im Schatten ihrer Kamas-Lastwagen Triktrak spielten, gingen dieser Tätigkeit ohne typisch mittelasiatisch erhobene Stimmen nach. Auf einem Kinderspielplatz sah ich Frauen in bunten Röcken, die einen Tonofen schürten. Darin backten sie flache Brote, die sie den Passanten verkauften.

Über den Häuserblocks lag ein Grauschleier bolschewistischer Einförmigkeit, aber im Zentrum ragten hier und da goldene

Kuppeln, Obelisken und Minarette heraus. Alte, verwohnte Gebäude bekamen eine neue Fassade aus Spiegelglas, und auf dem »Unabhängigkeitsplatz« glitzerte ein meterhoher Fernsehschirm. Hier war lediglich das staatliche Fernsehen zu sehen. »Das einundzwanzigste Jahrhundert wird das Goldene Jahrhundert Turkmenistans«, las ich auf dem Giebel eines modern aussehenden Bankgebäudes.

In Erwartung von Babajews Vermittlung rief ich Dshamar Alijew an, einen renommierten Biologen, dessen Nummer ich in Moskau bekommen hatte. Alijew war Azeri. Er stand über der turkmenischen Stammesfehde und litt auch nicht unter der Zurücksetzung, die Russen gegenwärtig zuteil wurde. Schon in den sechziger Jahren war er eine Laus im Pelz der Sowjetfisiki. Vor allem weil sich seine Prophezeiung bewahrheitet hatte, die Austrocknung des Aralsees werde das noch einigermaßen feuchte Mikroklima am Amu-Darja zerstören.

Von Dshamar Alijew wollte ich wissen, warum man die sowjetischen Wasserbauexperten jahrzehntelang unbehelligt gelassen hatte.

»Sie sind Ingenieur?« fragte er am Telefon.

»Landwirtschaftsingenieur«, präzisierte ich.

Es schwieg einen Augenblick, dann hörte ich ihn sagen: »Armer junger Mann. In diesem Fall habe ich schrecklich viel Arbeit mit Ihnen.«

Darauf konnte ich so schnell nichts erwidern. Alijew war achtzig Jahre alt, und Alter und Würde waren in Turkmenistan hoch angesehen. Wie man von einem alten Herrn erwarten konnte, duldete er keinen Widerspruch.

»Wo sind Sie momentan untergebracht?« fragte er schließlich.

»Hotel ›Nissa‹.«

»Gut«, sagte er. »Dann hole ich Sie ab.«

Dshamar Alijew sah aus wie ein Yogalehrer. Er war drahtig, kahl, aber mit einem gepflegten Bart. Er fuhr einen moosgrünen Lada-Jeep mit einem riesigen Lenkrad. Jedenfalls war der betagte Biologe so klein, daß er nur mit knapper Not über das Lenkrad hinausragte.

»Steigen Sie ein«, sagte Alijew und deutete auf den Vordersitz. »Dann werde ich Ihnen den legendären Lenin-Kanal zeigen.«

Über den Alleen mit ihren wuchtigen Bäumen schimmerten die bleichen Spitzen des Kopet-Dag-Gebirges. Früh am Morgen zeichneten sie sich scharf gegen den blauen Himmel ab. Aber jetzt, da die Sonne ihren Zenit erreicht hatte, schien sich alles in einem milchigen Licht aufzulösen.

Direkt an der Stadtgrenze, wo die Bebauung plötzlich aufhörte und die sandige Karakum begann, verlief die transkaspische Eisenbahnlinie, die Verbindung der mittelasiatischen Republiken mit Sibirien. Alijew steuerte seinen Lada über einen unbewachten Übergang und hielt ein Stückchen weiter oben an der Auffahrt zu einer Pontonbrücke. »Bitte sehr«, sagte er. »Das längste Wasserbauwerk der ganzen Welt.«

Versunken in der Landschaft lag ein Graben mit bräunlichem Wasser. An den Ufern wedelte Schilfrohr, vereinzelt mit zigarrenförmigen Rispen. Wir standen auf der Höhe des Kilometersteins 809, und dort war das Flußbett noch zwanzig Meter breit.

Alijew tischte Standardwissen auf. »... mit vereinten Kräften aller Unionsrepubliken angelegt ... mit technischen Hilfeleistungen aus mehr als zweihundert sowjetischen Städten ... aus Solidarität mit dem turkmenischen Volk ...«

Es gab einen Polizeiposten und ein einsames Verkehrsschild, das vor dem Abrutschen ins Wasser warnte.

»Turkmenbaschi-Kanali«, lautete die Aufschrift.

»Ich dachte, dies sei der Lenin-Kanal«, sagte ich.

»Das war er auch«, antwortete Alijew. »Er hat nur einen neuen Namen bekommen, wie alles in diesem Land.«

Eine Sandale gegen die Kanalbefestigung gestützt, wies er mich auf das trübe Wasser hin, das zwei Meter unter uns zwischen den Schilfrohrstengeln brodelte. Genau um dieses Brodeln ging es dem Biologen: »Sehen Sie, daß dies kein stehender Tümpel ist, sondern ein zügig fließender Strom?«

Mehr war Alijews Ansicht nach nicht zu sehen. Er wandte sich um und nahm mich mit zu einer Baubaracke kurz hinter dem Polizeiposten. Dieser fensterlose, mit Zink verkleidete

Wohnwagen diente offensichtlich als »Karawanserei«. Früher war das der Name eines Rastplatzes an der Seidenstraße, jetzt heißt jedes exotisch gelegene Ausflugslokal so. Sogar an einer einsamen Tanksäule konnte man Schaschlik von Karakulschaf bekommen. Obwohl die »Karawanserei« von außen nichts Anziehendes hatte, war es innen behaglich und kühl. Die Wände und der Boden waren mit weinroten Teppichen bedeckt. Wir nahmen auf Kissen Platz und bekamen unaufgefordert eine Schale Tee, die von einem Bedienten ständig nachgefüllt wurde. Der blecherne Samowar war der einzige russische Gegenstand, den ich hier entdecken konnte.

Mein Gastgeber bestellte Fisch, was angesichts seines Spezialgebiets, der Ichthyologie, auch nicht verwunderlich war.

»Wissen Sie, Wasserbaufachleute verstehen mich meistens nicht.« Alijew streckte sich. Er saß mir in Buddhahaltung gegenüber.

»Ich weiß nicht, wo Sie studiert haben«, fuhr er fort, »aber ich nehme an, man hat Ihnen weisgemacht, daß Wasser das Oxid von Wasserstoff ist? Man hat Ihnen erzählt, Wasser gefriere bei null Grad Celsius und koche bei hundert? Wasser sei farb-, geruch- und geschmacklos?«

Ich nickte kaum wahrnehmbar, mehr aus erzwungener Höflichkeit denn aus Zustimmung.

»Wasser ist transparent, nicht wahr? Durchsichtig?« Dshamar Alijew wandte resigniert den Blick ab. Er entschuldigte sich für seine Verbitterung. Als Sekretär der Akademie der Wissenschaften hatte er sein Leben lang unter Agronomen und Wasserbauexperten gearbeitet. Er hatte ihre Berichte und Blaupausen in Händen gehalten, und er wußte genau, wovon er sprach.

»Sie hatten das Fach Hydraulik?« Das klang nicht wie eine Frage, sondern wie ein Vorwurf. »Dann sind Sie der Ansicht, Wasser suche immer den tiefsten Punkt auf. Sie können Stromschnellen an Hand der Höhenunterschiede berechnen. Sie können die Kapazität eines Bewässerungskanals auf Grund seiner Abmessungen bestimmen.«

Alijew beteuerte, daß er mir meine Fähigkeiten nicht persönlich übelnahm. »Aber unser Kummer ist, daß Experten in Ihrer Richtung so zahlreich sind, so mächtig.«

Wir bekamen panierten Fisch, gebacken in Baumwollkernöl. Schmackhaft, aber voller Gräten. Unser Gespräch – sofern davon die Rede sein konnte – verlief von jetzt an etwas holprig. Manchmal hörte einer von uns einfach auf zu kauen, starrte vor sich hin und vermutete etwas Spitzes in der Kehle.

Viele Generationen von Sowjetingenieuren hatten laut Alijew unverzeihliche Fehler begangen. Die Theorie gab ihnen meistens recht, aber nicht die widerspenstige Praxis.

Wasser *war* durchsichtig. »Aber es ist auch lichtdurchlässig, und die Photosynthese kann hier stattfinden. Das heißt, Algen können hier wachsen. Es bildet sich Biomasse.«

»Und dann stagniert der Strom«, setzte ich seine Gedanken fort.

»Dann hat man Sümpfe statt Kanäle.« Alijew wirkte erleichtert. Trotz seines hohen Alters suchte er immer noch nach Menschen, die er bekehren konnte.

Ich nickte verständnisvoll, aber das fand der Biologe unpassend: Ich hatte keine blasse Ahnung von der Tragweite der Ignoranz sowjetischer Ingenieure.

»Sie haben gelernt, daß es organische und anorganische Stoffe gibt und daß Wasser anorganisch ist«, fuhr er fort. »Wasser ist keins von beiden, es ist lebenspendend. Sie werden sagen: Das ist die typische Sicht eines Ichthyologen. Aber ich wünschte, Agronomen und Wasserbauexperten würden es einmal aus dieser Perspektive betrachten. Dann hörten sie vielleicht endlich einmal auf, diese sinnlosen Pfützen in der Wüste anzulegen.«

Alijew hatte gesehen, wie sich die Sowjetingenieure 1947 mit der Planung des turkmenischen Hauptkanals beschäftigten. Dahinter steckte die Idee, den Amu-Darja als Ganzes wieder in sein altes Bett – die Usboischlucht – umzulenken. »Dort gab es keine Dörfer oder Städte, keine Straßen oder Telegraphenmasten, aber das hielt man nicht für problematisch: Die konnte man einfach im nachhinein entstehen lassen.«

Ich erzählte ihm, daß Paustowski schon 1932 in *Kara-Bugas* über dieses konkrete Projekt geschrieben hatte. Über den »Tag des großen Triumphs«, an dem das Wasser des Amu-Darja zum Usboi floß, »ohne daß der Sand auch nur einen einzigen Eimer davon stahl. Hatte Paustowski 15 Jahre voraus, in die Zukunft geschaut?«

»Das kommt darauf an, wie man es betrachtet«, sagte Alijew. »Es ist nie gelungen, den Amu-Darja zur Usboischlucht umzuleiten.«

Er erzählte, daß die Ausschachtungsarbeiten unter Aufsicht eines Generalmajors des NKWD standen, der sich auch mit der Verwaltung der Straflager beschäftigte.

»Ich habe den Mann noch gekannt«, sagte Alijew. »Er war ein erbarmungsloser Major. Er dachte, er könne die Wüste besiegen, wenn er eine Division Zwangsarbeiter mit Schaufeln und Spaten auf sie losließ. Kamen die Arbeiter nicht zurück, weil sie ausgetrocknet und zusammengebrochen waren, schickte er einfach eine neue Mannschaft los.«

Das Erdbeben von 1948 legte die Ausschachtungsarbeiten für den Kanal still, und nach dem Tod Stalins war die Anlage des turkmenischen Hauptkanals aufgegeben worden. Der Plan wurde als wahnwitzig und als »unzureichender Beitrag bei der Erhöhung der volkswirtschaftlichen Erträge« bezeichnet.

Die Alternative, der Bau des Lenin-Kanals, war allerdings laut Alijew ebenso zum Scheitern verurteilt. Die Kanalstrecke verlief parallel zum Kopet-Dag-Gebirge. Die geplante Trasse führte zwar entlang bestehender Städte, allerdings konnte der Kanalverlauf nirgends von einem natürlichen Flußbett Gebrauch machen, die Strecke mußte also Kilometer für Kilometer ausgegraben werden.

Alijew: »Jedes Kind hat in der Schule die Geschichte vom Bulldozerfahrer Bitdy Jasmuchamedow gehört, der 1954 den ersten Sand aus der Karakumwüste schaufelte. Es stimmt, Bitdy und seine Genossen haben den längsten Kanal der Welt gegraben. Er wurde mit viel Aufhebens von Nikita Chruschtschow eröffnet. Aber was danach geschah, wurde jahrelang geheimgehalten.«

Zum Schrecken der turkmenischen Kanalverwalter schien sich das Wasser nichts aus den theoretischen Strommodellen zu machen. Das Profil stimmte exakt mit den Baubeschreibungen überein, daran lag es nicht. Aber trotz des Gefälles von einem Meter fünfzig je Kilometer wollte das Wasser nicht strömen. Der Amu-Darja sickerte in den Sand, vermischte sich mit dem Grundwasser und sättigte den Wüstenboden. Es bildeten sich Lachen und Seen, die innerhalb kürzester Zeit von Algen, Entengrütze und Wasserhyazinthen überwuchert wurden.

»Sie müssen sich die Reaktion der Hydrotechniker vorstellen«, sagte Alijew erzürnt. »Sie stritten es einfach ab. Sie sagten, es könne nicht wahr sein, daß sich das Wasser ansammle. Und wenn es wahr sein sollte, dann hätten sich eben die Bulldozerführer nicht an die ausgewiesene Trasse gehalten.«

Ingenieure reisten an, um die Situation zu prüfen. Sie bekamen Fieberanfälle. Bei Temperaturen um die fünfzig Grad Celsius zitterten sie abwechselnd vor Kälte oder litten unter Schweißausbrüchen. Chinin hatten sie nicht geschluckt, denn Malaria gab es in der Karakumwüste eigentlich nicht. Sie hatten jedoch nicht berücksichtigt, daß die von ihnen geschaffenen Sümpfe der ideale Lebensraum für die Malariamücke sein würde. Der Ausbruch der Malaria in dieser Gegend half ihnen zwar bei der Problemerkennung, aber Alijews Ansicht nach waren ihre mühsam formulierten Lösungen noch katastrophaler.

Als erstes wurden Traktoren entwickelt und gebaut, die seitlich mit Mäharmen und Schleppnetzen ausgestattet waren. Sie fuhren am Kanalufer entlang und beseitigten Algen und andere Wasserpflanzen. »Alle zwei Minuten waren die Schleppnetze voll«, sagte Alijew. »Kaum waren die Pflanzen einmal entfernt, wuchsen sie auch schon wieder nach. Und die Maschinen mußten schließlich eine Strecke von 1150 Kilometer zurücklegen.«

Danach durften es die Agronomen versuchen. Sie verfügten über ein wirksames Entlaubungsmittel namens Bischofit, das in großem Maßstab im Baumwollanbau verwendet wurde. Das Mittel wurde per Flugzeug über die Baumwollfelder gestreut, so daß das Laub abfiel und verdorrte. Dadurch war eine maschinelle Ernte mit staubsaugerähnlichen Pflückmaschinen möglich.

»Das war zu Chruschtschows Zeiten. Sie müssen sich das

mal vorstellen, Chruschtschow war ein Bergarbeiter, der nur die Parteischule besucht hatte. Der hatte keine Ahnung von der Vegetation, aber er glaubte an die Chemie. Er verkündete die ›Chemisierung der Landwirtschaft‹.«

Der Biologe hatte kopfschüttelnd dabeigestanden, als namhafte Agronomen das Bischofit in den Lenin-Kanal schütteten. Es funktionierte, Algen und Entengrütze starben ab, und das Wasser strömte wieder. Aber das Pflanzenvertilgungsmittel erwies sich als schlecht abbaubar. Das Wasser mit dem Pflanzengift gelangte auf die Felder, und die Baumwollpflanzen gingen jämmerlich ein.

Auf Grund seiner Fachkenntnisse hatte Alijew einen konkreten Lösungsvorschlag, aber das Fach Biologie stand unter den sowjetischen Neuerern nicht gerade hoch im Kurs. Ein einzelner Biologe konnte sich damals kaum Gehör verschaffen.

»Das war erst der Anfang allen Elends«, sagte Alijew. »Niemand hatte es für notwendig gehalten, an die Entwässerung zu denken. Deshalb wurden keine Drainagegräben angelegt.«

»Demnach fand auch keine Durchspülung der bewässerten Felder statt«, ergänzte ich.

»Also sammelten sich Salze an ...«

»... und Pestizide.« Ich hatte fast das Gefühl, als würde ich ein mündliches Examen bei ihm ablegen. Wenn sich sogar der Boden weiß färbte, schlußfolgerte ich, dann mußten die Ernten rückläufig gewesen sein?

Alijew sah von seinem Grätenfisch auf. »Aha!« sagte er mit erhobenem Finger. »Also was taten die Herren Agronomen? Sie versuchten, den Ertragsrückgang durch die Zugabe von Kunstdünger zu kompensieren.«

»Das geht nur bei einer guten Entwässerung«, wußte ich noch von meinem Studium. »Ansonsten wirkt es kontraproduktiv.«

»Richtig«, sagte Alijew, während er mich zum ersten Mal mit einem Anflug von Zufriedenheit betrachtete. Er fuhr sich mit einer Hand um Mund und Bart und sagte: »Auf der Hälfte der kultivierten Böden wächst absolut nichts mehr.«

Nach dem Mittagessen fuhr mich Alijew in seinem Lada zurück ins Stadtzentrum. Die Sonne brachte den Asphalt zum Schmelzen, was man am Surren der Autoreifen hören konnte. Ich stocherte eine Gräte aus den Zähnen, und plötzlich durchschaute ich meinen Gastgeber. Frischen Fisch in der Wüste: Es konnte nicht anders sein – er mußte direkt aus dem Kanal stammen. Und dieser Fisch war nicht von allein dort gelandet.

»Sie haben eine Fischart ausgesetzt, die den Kanal sauberhält!« rief ich aus.

Alijew machte ein triumphierendes Gesicht, während er geschickt einem Schlagloch in der Straße auswich. »Hypophthalmichthys molitrix«, sagte er. »Auch bekannt als Silberkarpfen.«

Nachdem alle anderen Experimente fehlgeschlagen waren, hatte er 1972 als Biologe einen Vorschlag gegen den Bewuchs des Lenin-Kanals unterbreiten dürfen. Dort, wo sich die Sümpfe gebildet hatten, am Zulauf des Amu-Darja, hatte Alijew seine Silberkarpfen ausgesetzt. »Das sind kräftig gebaute Fische, die das Kanalbett abgrasen. Das Schilf lassen sie stehen, aber sie sorgen dafür, daß das Wasser durchfließt.«

Am Ende des von ihm inszenierten Ausflugs fischte Dshamar Alijew ein Dokument vom Rücksitz. Es erwies sich als eine Abschrift der Verordnung 898 vom 29. Dezember 1972, unterzeichnet von Leonid Breshnew persönlich. Mein Blick schweifte über das offizielle Dokument, in dem der Generalsekretär der Kommunistischen Partei der Sowjetunion den Befehl erteilte, im Lenin-Kanal »nach der biologischen Methode von Dr. D. Alijew« Silberkarpfen auszusetzen.

Vom Hotel »Nissa« aus rief ich am nächsten Tag Professor Babajew im Wüsteninstitut an und fragte ihn, ob er schon etwas von seiner Tochter gehört hätte. Ich erklärte, daß die Zeit allmählich drängte, da mein Visum nur noch zehn Tage gültig war.

Babajew antwortete mit angestrengt freundlicher Stimme: »Wir tragen an einer bleischweren Bürokratie wie ein Kamel an seiner Last.« Es tat ihm leid, vielleicht konnte er etwas für mich in die Wege leiten, aber dann solle ich in Zeiträumen von Monaten denken, nicht von Tagen.

Hurra-Patriotismus

Ob er zum Reden vorbeikommen könne?

Katja Paustowskaja hatte seit ihrer Scheidung vor dreizehn Jahren keinen Kontakt mehr mit ihrem Ex-Mann. Wie ihr vierundzwanzigjähriger Sohn Dima wunderte sie sich darüber, als er im Sommer 1949 mit einer für ihn unüblichen Bitte anrief. Kaum hatte er aufgelegt, fragten Mutter und Sohn gleichzeitig: »Was ihm wohl fehlt?«

Dima erinnerte sich, daß sein Vater einen halben Tag bei ihnen blieb. So nervös und verlegen hatte er ihn noch nie zuvor erlebt. Er hatte sogar Schwierigkeiten, sich auszudrücken. Konstantin Paustowski berichtete, daß seine Ehe mit der Schauspielerin Valeria in eine Sackgasse geraten war.

»Wenn Valeria um mich ist, bekomme ich keinen Buchstaben zu Papier«, brachte er heraus. »Der einzige Ausweg, den ich sehe, ist ein Umzug.«

»Und auf wen wirst du dich dann stützen?« Mit dieser Frage hatte Katja den Finger auf die Wunde gelegt, denn ohne die Fürsorge einer Frau würde der geplagte Schriftsteller nicht arbeiten können.

Paustowski begann von einer Freundin zu erzählen.

»Aha, die dralle Tanja«, ergänzte Katja treffsicher und spielte auf Tatjana Jewtejewa an, eine impulsive, extravertierte Frau, der er 1939 zum ersten Mal auf einer Silvesterfeier in Jalta begegnet war. Katja traf ins Schwarze: Er wollte sich von der launischen Valeria scheiden lassen und mit der Schauspielerin Tatjana eine dritte Ehe eingehen.

Paustowski nickte und gab mit gequältem Stirnrunzeln zu, er habe tatsächlich beschlossen, seinen Komfort in der Schriftstellerkolonie Peredelkino für eine unsichere Existenz mit Tanja aufzugeben. LitFond hatte zwar ihm die Datsche in Peredelkino nach dem Krieg zugewiesen, aber er konnte Valeria und ihren Sohn Sergej nicht auf die Straße setzen.

»Ich brauche ein Dach über dem Kopf und einen Schreibtisch, an dem ich arbeiten kann«, faßte Paustowski seine Situation zusammen.

Die Darstellung dieser Begegnung stand in Dimas knapper Chronik über die drei Ehen seines Vaters. Der Sohn verteidigte darin die »Untreue« seines Vaters. Er erklärte, daß dessen freiheitsliebendes »Kosakenblut« raste, sobald er die eheliche Bindung als beengende Fessel erfuhr. In solchen Fällen entschied er sich immer »für den Erhalt seiner kreativen Freiheit«.

Aber was war dann passiert? Wie war es Paustowski während seiner Ehe mit Tatjana ergangen?

Darüber konnte Tatjanas Tochter Galja aus erster Hand berichten. Sie war dreizehn, als der Schriftsteller in ihr Leben trat.

Inzwischen war Galina Arbuzowa-Paustowskaja eine stämmige Dame in den Sechzigern. Nach Dimas Tod waren die Urheberrechte und die Verwaltung von Paustowskis Nachlaß auf sie übergegangen.

Als ich sie im Spätsommer 2001 anrief, wollte sie gerade zu ihrem Gemüsegarten am Rande Moskaus aufbrechen. Sie sagte, die Meteorologen hätten eine paar sonnige Tage vorausgesagt. Die Wintermöhren und der Lauch müßten geerntet und die schwarzen Johannisbeeren gepflückt werden.

Galja klang ungezwungen. Sie nannte Paustowski »meinen zweiten Vater« und begann schon am Telefon allerlei Dinge zu erzählen, oft mit theatralischer Intonation.

»Lieber Himmel!« unterbrach sie sich selbst. »Ich gerate schon richtig in Fahrt.« Wenn ich wollte, könnte ich gleich bei ihr vorbeikommen. Die Wintermöhren und der Lauch hielten es schon noch ein bißchen in der Septembererde aus.

Galja und ihr Mann Wolodja wohnten standesgemäß: Sie besaßen eine geräumige Wohnung in einem der sieben Wohntürme im Zuckerbäckerstil, mit denen Stalin die Hauptstadt des Weltkommunismus verschönern wollte. Wie eine vergessene Kulisse aus sozialistischen Zeiten dominierten diese Wolkenkratzer noch immer die Skyline von Moskau. Allein schon der Standort der Wohnung galt als besonders erstrebenswert. Der Turm lag am kleinen Fluß Jauza, der hier – nicht ganz einen Kilometer vom Roten Platz entfernt – in die Moskwa mündete.

Die Bauten im Zuckerbäckerstil sind pompös, die vertikalen Linien bestimmen die unterschiedliche Höhe der Türme. Auf den Rändern der Dächer thronen Skulpturen von Soldaten und kräftig gebauten Proletariern. Der höchste Punkt des Turmes ist mit einem von Lorbeer umkränzten roten Stern geschmückt. Der mittlere Turm stammt aus dem Jahre 1951. Die Seitenflügel entstanden 1952 – kurz vor Stalins Tod – und 1953. An der Straßenfront aus Granit entdeckte ich einen Friseurladen, ein Postamt, ein Porzellangeschäft, eine Bar mit Restaurant und ein Kino mit dem Namen Illusion. Mir fiel auf, daß die Schaufenster noch nicht unter dem Einfluß von Privatunternehmern standen. Es waren Dioramen einer grauen einförmigen Sowjettristesse.

Die Eingangshalle sah wie ein kathedralenartiges Gewölbe aus und sollte jedermann imponieren. Als Besucher fühlte ich mich dort unscheinbar und eingeschüchtert. Bei der Portierloge hing ein Lageplan, der mir den richtigen Weg zum richtigen Aufgang wies. Im Aufzug, der mich in den fünften Stock brachte, kehrten die Proportionen eines normalen Mehrfamilien-Wohnhauses allmählich wieder zurück. Erst als Wolodja die Wohnungstür öffnete, merkte ich, daß ich nicht mehr die Luft anhielt.

Galjas Ehemann hatte freundliche, tiefliegende Augen und breite Lippen. Er war in blasses Jeansblau gekleidet.

Seine Frau hatte sich herausgeputzt. Ihr lockiges Haar war mit Hilfe von Haarnadeln und Haarspray hochgesteckt, um den Hals hingen mehrere Goldkettchen, und die Molligkeit versteckte Galja unter einem Kleid mit Schmetterlingsmotiven.

Während sie Wolodja mit schallender Stimme zurief, er solle Wasser aufsetzen, warf ich einen Blick nach draußen: rauschender Verkehr auf einer breiten Straße, Ausflugsdampfer, die über die Moskwa tuckerten, und im Hintergrund ein Park mit einer farbenfroh gestrichenen kleinen Kirche. Ich betrachtete auch die Innenausstattung: Bücherschränke bis zur Decke, Paustowskiporträts an der Wand. Viel Zeit gönnte mir Galja nicht. Sie schnippte zwei Süßstofftabletten in ihren Nescafé und begann mit ihren Erzählungen im Jahr 1949, als sie und ihre Mutter ein enges Zimmer in der Gorkistraße bewohnten.

»Nummer 22«, sagte sie. »Wo jetzt das Hotel ›Mariott‹ steht.« Paustowski hatte ihre Mutter und sie zuvor schon öfter besucht, dann brachte er Blumen und manchmal auch ein Buch oder ein anderes Geschenk für Galja mit.

»Eines Tages zog er bei uns ein. Ich sehe ihn noch vor mir, in seinem langen Mantel, mit hängenden Schultern und ein bißchen durcheinander. Er hatte nur einen Koffer bei sich.« Mit klimpernden Armbändern zeichnete Galja die Abmessungen von Paustowskis Gepäckstück in die Luft: »So ein kleines Ding war es.«

Man mußte zusammenrücken. Das Zimmer maß drei mal fünf Meter und mündete auf einen gemeinsamen Flur mit Waschbecken und Toiletten, am Ende des Flurs befand sich die Gemeinschaftsküche. Tanja hatte den Wäscheschrank um eine Vierteldrehung verschoben, damit das Ehebett einigermaßen abgeschirmt war.

»Ich schlief unter dem Eßtisch«, erzählte Galja, die nicht gerade glücklich über den Einzug ihres zweiten Vaters war. Sie begriff, daß ein Schriftsteller schreiben mußte. »Ich fand es nur schade, daß ich dann nicht mehr singen oder Radio hören durfte, ich war ein Kind mit einer großen Klappe, und das störte ihn sehr.«

Mit dem Umzug in die Gorkistraße war Paustowskis schriftstellerische Krise noch nicht überwunden. Darüber hinaus dämpfte auch das politische Klima im Land seine Kreativität. Die Hoffnung auf mehr künstlerische Freiheit, die in den Kriegsjahren geweckt worden war, schien sich nach 1946 endgültig verflüchtigt zu haben. Von den sowjetischen Schriftstellern wurde ein platter »Hurra-Patriotismus« verlangt.

»Konstantin Georgijewitsch hielt das für Quälerei«, sagte Galja. »Er schrieb nur noch über die russischen Wälder und über Puschkin.«

Wie alle anderen in dem von den Nazis befreiten Land hatte auch Paustowski gehofft, die schlimmste Zensur wäre vorbei. Der Sieg über den Faschismus hatte immerhin eine ungekannte Verbrüderung zwischen den Verbündeten zuwege gebracht: Im Rausch des Jahres 1945 fielen sich Amerikaner und Russen an der Elbe als Freunde um den Hals. Die Glasglocke über dem Territorium der Sowjetunion zeigte Sprünge und kleine Schlupflöcher. Aber Stalin schob dieser Offenheit bald einen Riegel vor. Nach dem Potsdamer und dem Jaltaer Abkommen kehrte er dem Westen den Rücken zu und hielt die Sowjetunion noch fester im Griff als bisher.

Es war auch nicht Stalins eigene Entscheidung gewesen, die ideologischen Zügel zu Beginn des Kriegs zu lockern. Hitlers »Unternehmen Barbarossa« hatte die junge Sowjetmacht überrumpelt. Die deutschen Truppenverbände brauchten nur vierzehn Monate – von Juni 1941 bis August 1942 –, um bis nach Stalingrad vorzudringen. Die Verteidigung kam nur mühsam in Gang. Stalin begriff, daß sich sein Volk nur aus Patriotismus und nicht aus Stolz auf den Sozialismus zum Gegenangriff motivieren ließ.

In Kriegszeiten zeigte sich Stalin selbst tolerant. Er räumte der russisch-orthodoxen Kirche ab 1943 wieder einen gebührenden Platz ein. Popen mit Weihwasser bat man, die Katjuscha-Granatorgeln zu segnen.

Der Haß auf die Deutschen machte die Bevormundung von Schriftstellern und anderen Künstlern durch die Behörden überflüssig. Aus Vaterlandsliebe ließen sie sich in eine Uniform zwängen, um als Kriegsberichterstatter an der Front zu dienen, wobei man ihnen im antifaschistischen Rahmen freie Hand ließ.

Der Krieg hatte Paustowski und seine Schriftstellerkollegen schlagartig von den Schrecken der dreißiger Jahre befreit.

Galja erzählte, wie ihr Stiefvater die Verhaftungen, Verbannungen und das Verschwinden der Kollegen im Rückblick betrachtete. Er verglich es mit russischem Roulette. Willkür und Terror nahmen überhand. Dennoch hatte Paustowski *ein* Muster entdecken können: Die lautstärksten Mitglieder des Schriftstellerverbandes liefen eindeutig die größte Gefahr. »Er war der Ansicht, daß Isaak Babel durch seinen freundschaftlichen Umgang mit Vertretern aus der Parteispitze mit dem Feuer gespielt hatte.«

Seine eigene Rettung schreibt er seiner Flucht in die Wälder von Meschora zu, wo er sich als Autor der Biographie des in Ungnade gefallenen Marschalls Bljucher acht Monate lang versteckt gehalten hatte.

In einem Brief an einen vierzehnjährigen Neffen hatte er einmal geschrieben: »Merke dir, Junge: Es ist leicht, den Tod eines Helden zu sterben, aber es ist schwierig, als Held zu leben.«

Im Herbst 1939, während Europa unter dem Bann der Kriegsgefahr stand, hatten die Stalinschen Terroraktionen bereits ihren Höhepunkt überschritten. In diesem Jahr hatte Valeria ihren Mann dazu angespornt, für das Theater zu schreiben. Sie träumte davon, irgendwann einmal in einem seiner Stücke zu glänzen. Auch wenn ihm (Natur-)Beschreibungen leichter von der Hand gingen als konkrete Handlungen und Dialoge, gab Paustowski nach und nahm den hundertsten Todestag des Schriftstellers Lermontow zum Anlaß für das Theaterstück *Leutnant Lermontow.* In dem Stück ging es um die militärische Rolle Lermontows bei der Befriedung der kaukasischen Aufstände. Dieses Stück von Paustowski wurde in den Provinztheatern des Landes gespielt, als Hitlers Truppen in Weißrußland und in der Ukraine einfielen.

Während der anschließenden, chaotisch verlaufenden Mobilmachung wurde Paustowski als Militärkorrespondent nach Odessa an die Front geschickt. Auf einem Foto aus dieser Zeit liegt er im Tarnanzug hinter einem Schilfgürtel, Papier und Stift im Anschlag. Seine Reportagen und Kurzgeschichten zeugen vom Mut und der Unbesiegbarkeit des sowjetischen Volkes, auch wenn sie schon bald die gesamte Ukraine preisgeben mußten. Beim Rückzug wurden Paustowski und seine Familie als »wichtige Sowjetbürger« nach Alma-Ata evakuiert. Hier setzte der Schriftsteller sein Schaffen fort – er schrieb Heldengeschichten und melancholische Prosa. Hunderttausende von Lesern – und vor allem Leserinnen – waren von seiner Erzählung *Schnee* begeistert. Sie berichtete über die Liebe zwischen einer Evakuierten und einem verwundeten Marineoffizier.

Es war der Führungsspitze nicht entgangen, daß Paustowski seine Rolle als Autor – die Moral des kämpfenden Sowjetvolkes zu stärken – mit Bravour meisterte, und im Mai 1945 wurde Paustowski schließlich die Ehre zuteil, anläßlich des Sieges über Hitlerdeutschland eine Rede für Radio Moskau zu halten. »Der Morgen des Sieges« nannte er seine Ansprache. Mit der ihm eigenen Sanftmütigkeit verwies Paustowski den Zuhörer auf die vergessene Stimme der Natur, die nach dem Geklirr der Waffen und dem Sirenengeheul zum ersten Mal wieder zu hören waren.

Paustowski fühlte sich doppelt frei. Befreit aus den Fängen der Deutschen und aus den Fängen des Staatssicherheitsdienstes, des NKWD. Als bekannter und geschätzter Autor begann er mit dem Schreiben seiner Lebensgeschichte. Der erste Teil seiner Memoiren (*Ferne Jahre* – über seine Jugend auf dem Familienanwesen im Flüßchen Ros und seine ersten Schritte im Gymnasium von Kiew) erschien im Juli 1946. Obwohl das Buch die Zensur ohne Probleme überstanden hatte, hagelte es in der Presse Rügen.

»Bedauerlich«, lautete die Kritik. »Aber dies ist wieder so ein Beispiel für einen Schriftsteller, der keinen klaren politischen Standpunkt einnehmen will.«

Ferne Jahre war in den Augen der Literaturkritiker unpolitisch und somit ziemlich wertlos: Niemand wartete jetzt auf ein Buch, in dem ein kleiner Kosakenjunge über seinen Lateinlehrer nachdachte. Was war schiefgegangen? Woher diese unerwartete Verurteilung? Galjas Ansicht nach hatte sich der Rezensent der *Prawda* Paustowski gegenüber bereits entschuldigen wollen. »Konstantin Georgijewitsch war ihm auf der Straße begegnet«, erzählte sie. »Ein mickriges Kerlchen war es, das sich wie ein Aal wand. Er sagte, daß es ihm leid täte und daß er *Ferne Jahre* für ein gutes Buch hielte, aber daß man ihm und seinen Kollegen nun einmal neue Beurteilungskriterien erteilt hatte.«

Die Baken in der Kulturlandschaft der Sowjetunion schienen von einem auf den anderen Tag (vom 11. auf den 12. August) wieder auf ihre Vorkriegspositionen gerückt zu sein. Das Intermezzo der kreativen Freiheit war vorbei. Mit einer Reihe von Befehlen hatte Stalin dem Ausnahmezustand, der in den Kriegsjahren herrschte, ein Ende bereitet.

Die erneute Einführung einer straffen politischen Linie überließ er Andrej Shdanow, der im Namen des Politbüros über Kultur und Kunst wachte. Dieser starre Ideologe hatte im Auftrag Stalins dem sowjetischen Schriftstellerverband bereits im Jahr 1934 Vorschriften über den genauen Inhalt der sozialistisch-realistischen Literatur diktiert. Inzwischen waren die Regeln verwässert.

Shdanow packte seine neue Aufgabe schlau an. Zunächst suchte er sich zwei Sündenböcke: den Leningrader Satiriker Michail Soschtschenko und die Dichterin Anna Achmatowa. »Die Moral, die Soschtschenko in seinen Satiren verkündet, paßt nicht in unsere Literatur«, legte Shdanow dar. »Seine Schriften gähnen vor ideologischer Leere, sie sind vulgär und führen die sowjetische Jugend in die Irre.« Vor der Achmatowa hatte er noch weniger Respekt, ihre Poesie sei absichtlich pessimistisch und ästhetisierend. »Sie ist halb Hure, halb Nonne«, urteilte der Kulturinspektor.

Die Methoden, sowjetische Schriftsteller erneut unter die Kontrolle des Staates zu bringen, waren viel subtiler als in den Jahren 1937–1939 und verfehlten genau wie damals ihre Wirkung nicht. Ein Schriftsteller, dessen Werk von einer ganzen Armee von Kritikern angegriffen worden war, mußte seine Fehler in einem umfassenden Schuldbekenntnis eingestehen. Öffentliche Selbstbezichtigung gehörte zu den zahlreichen Pflichtveranstaltungen, der sogar der dogmatische Vorsitzende des sowjetischen Schriftstellerverbands, Alexander Fadejew, nicht entkam. In seinem Roman *Die junge Garde* stehen ukrainische Dorfkinder im Mittelpunkt, die im Kampf gegen die deutsche Besatzungsmacht heldenhafte Taten vollbringen. *Die junge*

Garde war 1945 mit dem Stalinpreis ausgezeichnet und ein Jahr später auf Grund des Einspruchs von Shdanow aus dem Verkehr gezogen worden. Der Autor hatte unwiderruflich versagt, weil sich die jungen Kämpfer in seinem Roman spontan erhoben und nicht unter der Leitung einer kommunistischen Führungspersönlichkeit gehandelt hatten.

Genosse Fadejew wankte. Er hatte Stalin immer als »das größte Genie der Arbeiterklasse« gepriesen und betrachtete den Stalinpreis als Belohnung für seine Loyalität. Aber Shdanows Entscheidung brachte ihn drei Tage lang aus der Fassung, er zog sich nach Peredelkino zurück und überließ sich dem Zapoj, einer unübersetzbaren russischen Bezeichnung für eine mehrtägige Flucht ins Wodkadelirium. Mit Mühe raffte er sich wieder auf und tat, was man von ihm erwartete: In aller Öffentlichkeit erniedrigte er sich selbst und machte sich danach daran, *Die junge Garde* neu zu schreiben. Während der jahrelangen Schinderei, bei der er bestehende Passagen aufbauschte und fünf zusätzliche Kapitel einfügte, tuschelten seine Kollegen schadenfreudig über ihn.

»Was treibt Fadejew denn bloß?« Dieser Scherz machte in Peredelkino die Runde. »Oh, der arbeitet an der ›dicken Wache‹.

Shdanow versetzte den Schriftstellern anständige Peitschenhiebe und teilte ein Verbot nach dem anderen aus. Das antiwestliche Element wurde jetzt großgeschrieben. Die Zeitschriften *Swesda* und *Leningrad* durften nicht mehr herausgegeben werden, weil die Redaktionen angeblich alles Westliche vergötterten. »Im Rahmen der Sowjetliteratur kann eine derartige westliche Vergötterung keineswegs toleriert werden.«

Mit neuer Kraft distanzierte sich Stalin vom Kapitalismus, und dabei ärgerte er sich vor allem über die »Iwans«, die Soldaten, die den Feind bis Berlin oder Budapest verfolgt hatten und sich nun über den miserablen Lebensstandard beklagten. Sie argumentierten, daß selbst die Tschechen und Ungarn in größerem Wohlstand lebten als die Sowjetgenossen. Und wer ihren Geschichten keinen Glauben schenkte: Die mitgebrachte Beute aus Juwelen, Uhren, Nähmaschinen, Motorrädern und allerhand Möbeln lieferte einen überzeugenden Beweis.

Stalin orientierte sich nicht länger an Peter dem Großen, der mit dem Bau von St. Petersburg das »Fenster nach Europa« geöffnet hatte. Fortan wurde Iwan der Schreckliche zu Stalins Vorbild, denn auch dieser verbannte alle ausländischen Einflüsse aus seinem Reich. Alexej Tolstoi, der schon früher einmal Zar Peters Biographie an Stalins Vorlieben angepaßt hatte, vollendete 1945 ein Theaterstück über Iwan den Schrecklichen, das auch sofort verfilmt wurde.

In dieser Zeit zogen die Vorboten des kalten Krieges in hohem Tempo durchs Land. Wie kein anderer gab Andrej Shdanow dabei den Ton an: Was er sagte, wurde auch sofort zur offiziellen Version. Dem »reaktionären, antidemokratischen und kriegsimperialistischen Amerika« stellte er die Sowjetunion als »unermüdliche Kämpferin für die Freiheit und Unabhängigkeit aller Länder und gegen Aggression und Ausbeutung« gegenüber.

Shdanow starb 1948, aber die Periode zwischen 1946 und Stalins Tod im Jahre 1953 trägt seinen Namen: die Shdanowschtschina, die Zeit des Shdanowismus.

Noch bevor diese »siebenjährige Finsternis« eintrat, hatte die britische Botschaft in Moskau im September 1945 ein vertrauliches Memorandum über die Sowjetliteratur nach London geschickt. Darin stand: »Über dem gesamten Spektrum der sowjetischen Literatur hängt eine seltsame Atmosphäre vollkommener Regungslosigkeit.« Der Verfasser dieses verschlüsselten Berichts war lediglich auf braches Literaturland gestoßen. Anna Achmatowa und Boris Pasternak hatten ihm erklärt, die alte Generation von Intellektuellen habe den Alptraum der dreißiger Jahre noch nicht abgeschüttelt. Sie lebten bedachtsam und gehörten zur »Klasse der Ängstlichen«. Ihrer Ansicht nach entkam kein Schriftsteller folgender Überlegung: Wie weit kann und will ich den Forderungen des Staates entgegenkommen, und wieviel Raum bleibt mir dann noch für meine persönliche Integrität?

Dem britischen Außenministerium legte man eine düstere Prognose vor: »Es gibt wenig sichtbare Zeichen von Neuem oder Originellem, das in der Sowjetunion das Licht der Welt erblickt.«

Gorki war gestorben, Schriftstellerpersönlichkeiten wie Pilnjak, Babel und Mandelstam wurden aus dem Weg geräumt. Es gab niemanden mehr von Format, auf den man sich verlassen konnte. Boris Pasternak, der 1944 einen Gedichtzyklus in der Armeezeitung *Roter Stern* hatte veröffentlichen dürfen, verschanzte sich hinter Übersetzungsarbeiten. Mit Shakespeare und Goethe war er für Jahre versorgt. Ein sicherer Zufluchtsort waren auch Kinderreime (worauf sich der Peredelkinobewohner Tschukowski spezialisierte) und Fabeln (die neue Beschäftigung des Naturforschers Michail Prischwin). Andere – wie zum Beispiel Juri Olescha – flüchteten in den Alkohol. Wieder andere folgten dem Beispiel der Dichterin Marina Zwetajewa, die sich 1941 erhängt hatte.

Literarische Talente konnten sich unter den jetzigen politischen Verhältnissen nicht entfalten und wurden in die Enge getrieben. Andrej Platonow wurde ruhiggestellt. Seit er sich 1931 mit der Erzählung *Zum Vorteil* (über die Kollektivierung der Landwirtschaft) den Zorn Stalins zugezogen hatte, war er ständig auf hartnäckigen Widerstand gestoßen. Von den wenigen Erzählungen, die durch die Zensur kamen, konnte Platonow seine Familie nicht ernähren, so daß er unter dem Pseudonym F. Mensch Rezensionen schreiben mußte. Dennoch hatte ihm der Krieg neue Möglichkeiten geboten: Zwischen 1942 und 1944 erschienen drei Sammelbände mit Kriegsgeschichten. Als Korrespondent gelang es Platonow, im Rang bis zum »Major im verwaltungstechnischen Dienst« aufzusteigen. Aber diese unerwarteten Glücksfälle konnten ihn und seine Frau Mascha nicht vor weiteren Tragödien behüten. Seit ihr Sohn Platon 1938 als Fünfzehnjähriger zu zehn Jahren Zwangsarbeit verurteilt worden war, hatten sie alle Hebel in Bewegung gesetzt, den Jungen freizubekommen. Platonow bat Stalin in einem Brief um Gnade und ließ das Schreiben von Scholochow, der für den Schriftstellerverband im Obersten Sowjet saß, überbringen.

Erst bei der Öffnung der NKWD-Akte in den neunziger Jahren sollte sich zeigen, wie genau der Staatssicherheitsdienst den

Schriftsteller ins Visier genommen hatte. Ort und Zeitpunkt seiner Begegnungen mit Scholochow kann man aufgrund der detaillierten Aufzeichnungen der Staatssicherheitsbeamten exakt nachvollziehen. Die 2. Politische Abteilung archivierte die Berichte zu den Telefongesprächen und die denunzierenden Briefe anonymer Informanten. Die 4. Politische Abteilung dagegen beschäftigte sich mit der literaturkritischen Analyse von Platonows Werk. Hier habe man angeblich seit 1931 eine »zunehmend antisowjetische Haltung« entdecken können.

Dank Scholochows Fürsprache war Platonows Sohn 1940 ins Moskauer Butyrka-Gefängnis überführt worden. Als der minderjährige »Terrorist« bei der Wiederaufnahme seines Verfahrens vorgeführt wurde, erklärte er: »Auf Anraten des Richters, der mich verhörte, habe ich damals unwahre Erklärungen abgegeben [...], und diese Erklärungen unterschrieben, weil er mir damit drohte, andernfalls meine Eltern festzunehmen.«

Platons Strafe wurde auf die Dauer seines Vorarrests verkürzt, und am 26. Oktober wurde er – akut unterernährt und geschwächt – freigelassen. Noch keine drei Jahre später starb er an Tuberkulose, die er sich im Gulag zugezogen hatte. »Die Sowjetmacht hat mir meinen einzigen Sohn genommen«, meinte Platonow gegenüber einem Informanten der 2. Politischen Abteilung des NKWD. »Ich fühle mich total leer. Körperlich erschöpft. Wie eine Fliege im Sommer, die kaum noch summt.« Nicht lange danach wurde Platonow auf einer Krankenbahre abtransportiert. Er hatte sich bei der Pflege seines Sohnes angesteckt. »Ich habe Tb zweiten Grades«, erzählte Platonow am 18. Mai 1945 einem anderen NKWD-Beamten. »Ich huste und spucke Blut.«

Als Offizier wurde er mit allen Ehren aus der Armee entlassen, um zu Hause sterben zu können. Aber Platonow starb nicht. Zum Erstaunen Shdanows und seiner Drahtzieher produzierte *und* publizierte er weiter. 1946 erschien ein neues Werk von ihm – *Die Familie Iwanow* – in einer tonangebenden literarischen Zeitschrift. Es war eine Erzählung über den Marinekapitän Iwanow, der verwirrt und aufgelöst aus dem Krieg heimkehrt und zwischen der Geborgenheit seiner Familie und dem aufregenden Leben mit der Kantinenaushilfe Mascha schwankt. In der *Familie Iwanow* analysierte Platonow die Verzweiflung eines Soldaten, der befürchtet, nie wieder ein richtiger Familienvater und Ernährer sein zu können. Viele Leser erkannten sich selbst oder die Situation in Platonows Erzählung wieder und lasen die Geschichte in einem Atemzug bis zum explosiven, aber pädagogisch vertretbaren Schluß: Auf dem Weg zu seiner Liebhaberin springt Iwanow aus dem fahrenden Zug, als er in der Ferne seine beiden Kinder hinter ihm herrennen sieht.

»Eine Verhöhnung der anständigen, ehrenhaften und charakterstarken Menschen unserer sozialistischen Heimat«, schrieb ein Kritiker. Denn welcher Militärangehörige in der Sowjetunion zeigt eine solche Charakterschwäche? »*Die Familie Iwanow* ist eine Verfälschung unser Wirklichkeit.«

Nach dieser Verurteilung flog Andrej Platonow definitiv raus. Die letzten Jahre seines Lebens bewohnte er Zimmer 27 in einem Seitenflügel des Gorki-Literaturinstituts. Er versank im Wodka und vernachlässigte sich so sehr, daß er von der neuen Schriftstellergeneration höchstens noch für den Hausmeister gehalten wurde.

Als Dozent sah Konstantin Paustowski ihn auf dem Innenhof dahinsiechen. »Der Mann, der da hinten die Treppe fegt«, so hatte er einmal vor einer Klasse bemerkt, »ist ein Genie.«

Dennoch wagte es keiner der Literaturdozenten, auch Paustowski nicht, sich seiner zu erbarmen. Wer sich mit einem Verstoßenen auf eine Stufe stellte, mußte selbst den Ausstoß fürchten. Die Furcht war so groß, daß sich nach dem Tod Platonows am 9. Januar 1951 niemand an einen lobenden Nachruf oder an eine andere Geste der Würdigung wagte.

Paustowski war ruhelos. Er verdiente sein Geld am Gorki-Institut, wo er seit 1945 Unterricht im Schreiben sozialistisch-realistischer Prosa erteilte. Dennoch verschaffte ihm sein Dasein als Dozent kaum Befriedigung. Er wollte selbst schreiben. Aber wie und wo? Als Mitglied des Schriftstellerverbands durfte er in einem der Gästehäuser des LitFond auf der Krim oder an der Ostsee verbleiben, allerdings nie länger als einige Wochen.

Paustowski fand auch bei seiner neuen Familie keine Geborgenheit und Ruhe. Er war kaum bei Tatjana eingezogen, als sie auch schon schwanger wurde.

»Wir hatten überhaupt keinen Platz für ein Baby!« rief Galja aus, die sich immer noch mit Erstaunen an die Unbesonnenheit ihrer Eltern erinnerte. Als ihr Halbbruder Aljoscha 1950 zur Welt kam, quoll die Familie in Galjas Erinnerung buchstäblich aus der Einzimmerwohnung. Sie erzählte von »einem gräßlichen Kinderwagen«, den die Nachbarn nicht auf dem Gemeinschaftsflur duldeten und der in dem kleinen Zimmer die Tür versperrte. »Wenn man hinaus wollte, mußte man erst den Kinderwagen auf den Gang schieben; *so* eng war es bei uns.«

Kurz nach Aljoschas Geburt wurde Paustowski zum Generalsekretär des Schriftstellerverbands berufen. Von dem bekam er zu hören, daß ein Auftrag vom Chosjain – dem Chef persönlich – eingetroffen war: Stalin wünschte sich ein Buch über die Entstehung des Wolga-Don-Kanals. Ob Genosse Paustowski diesen ehrenvollen Auftrag kurzfristig ausführen könne?

»Meine Mutter sagte sofort: ›Nicht annehmen, Kostja! Sie wollen, daß du deine Seele dem Teufel verkaufst.‹« Galja rutschte auf ihrem Stuhl hin und her, sie führte den Dialog auf, der sich zwischen ihren Eltern abgespielt hatte.

»Aber wir brauchen das Geld dringend!«

»Wir schaffen es doch auch so!«

Davon war Paustowski nicht überzeugt. »Wenn ich ablehne, werden sie mich vielleicht nie wieder um etwas bitten.«

»Sei froh, daß du kein Auftragsschreiber bist.«

»Aber wenn ich mich weigere, können sie es als Beleidigung auffassen, und wer weiß, vielleicht lassen sie meine Bücher dann überhaupt nicht mehr erscheinen ...«

Zu Galjas Erleichterung hatte ihr Stiefvater die Aufgabe übernommen.

Das Resultat war 1952 unter dem Titel *Die Geburt der See* vom sowjetischen Verteidigungsministerium veröffentlicht worden. Gemäß der Maxim-Gorki-Methode wurde hier der Bau des

Wolga-Don-Kanals bei der Heldenstadt Stalingrad beschrieben. Paustowski hielt die infolge der Säuberungen und des Krieges dezimierte Fahne der sowjetischen Wasserbauliteratur wie ein einsamer Soldat hoch.

Genau wie *Kara-Bugas* handelt *Die Geburt der See* vom Aufbau des Sozialismus. Das Buch enthält lediglich mehr Ausrufezeichen, mehr Ordnungszahlen, mehr Ziffern. Paustowskis wichtigstes Stilmittel ist die Steigerungsform: »Keine Sprache ist lockerer, bildhafter, genauer und magischer als die russische. Aber wir, diejenigen, die mit dieser Sprache umgehen, merken immer häufiger, daß uns die Worte fehlen, die unserer Zeit gerecht werden, die das grandiose Spektrum unserer Aufgaben und Werke ausdrücken könnten.«

Die Geburt der See hat die Zeit nicht überlebt. In den Bibliotheken war dieser Titel nicht aufzufinden. Mein Aufruf über eine Antiquariatsseite im russischsprachigen Internet blieb unbeantwortet. Das war seltsam, denn bis auf die Biographie des hingerichteten Marschalls Bljucher war kein einziges Werk von Paustowski aus dem Handel genommen worden. In einem deutschen Nachschlagewerk wurde Paustowskis Wolga-Don-Erzählung als »ein Klassiker der zweiten Welle der Fünfjahrplanliteratur« beschrieben. Das Buch selbst blieb unauffindbar.

Ich mußte mir also den Text im Dachgeschoß des Paustowski-Instituts kopieren. Auf dem Deckblatt war sorgfältig die GlawLit-Nummer (G-92215) vermerkt und das Datum der »Freigabe zur Verbreitung« (13. Oktober 1952).

Protagonist in der *Geburt der See* ist der unbestechliche Bauaufseher Basargin. Während einer Beratung im Kreml verspricht er »im Namen des Volkes«, daß der Wolga-Don-Kanal ein halbes Jahr eher als geplant fertiggestellt werde, weil die Schiffahrt nicht länger warten könne. Basargin sieht sich als Ausführender »der genialen Gedanken Stalins«, und als er Moskau verläßt, trägt er dem Piloten auf, über die neuen Wasserstraßen der Sowjetunion zu fliegen.

Paustowski, der sich als Erzähler an Bord befindet, erfährt die Landschaft als eine zum Leben erweckte Karte im Maßstab 1:1. Sogar das Summen der Baumwollspinnereien der Textilstadt Iwanowo vermischt sich in seiner Phantasie mit dem Lärm der Propeller. Das Flugzeug folgt dem Lauf des Moskau-Wolga-Kanals und beschreibt dann einen weiten Bogen über die Staudämme an der Wolga. Paustowski äußert sich in dem Buch erstaunt über den materiellen Wohlstand, den der Bau der Staudämme und Schleusen dem Sowjetmenschen gebracht habe. Aber es könne auch nicht anders sein, denn Überfluß ist der unzertrennliche Gefährte, ja, »der Sputnik des Kommunismus«.

Als Schriftsteller der Sowjetunion scheint Paustowski ungebrochen. Ein junger Dichter, mit dem er im Frühjahr 1951 in Stalingrad umherzieht, wird später anmerken, daß sich der vielgelesene Romantiker ein bißchen krumm hielt und das Profil eines Raubvogels besaß. »Aber sobald man ihn anschaute, fühlte man sich wohl. Hinter seinen starken Brillengläsern versteckten sich Gesichtszüge, die keinerlei Sarkasmus ausstrahlten.« Bei den Abstechern zum versengten Ufer der Wolga trägt Paustowski ein altmodisches Sandalenmodell, und als er sich einen Moment ausruhen will, setzt er sich fast auf eine Panzerabwehrmine. Trotz seiner achtundfünfzig Jahre führt Paustowski nächtelange Gespräche mit dem Komsomolvorsitzenden, der dem Alter nach sein Sohn hätte sein können. Zusammen grübeln sie über einen Namen für das neue Wohnviertel, das bei dem riesigen, im Bau befindlichen Wasserkraftwerk in der Wolga entsteht. »Elektrograd«, schlägt der Schriftsteller vor. Oder als Alternative: »Hydrograd«.

Nach der Lektüre der *Geburt der See* nahm ich den »Mutter Rußland«-Expreß nach Wolgograd (dem ehemaligen Stalingrad). Ich wollte mit eigenen Augen sehen, worüber Paustowski geschrieben hatte. Der Bau des Wolga-Don-Kanals war, sicherlich in Anbetracht des Dutzends mißlungener Anläufe in den vergangenen Jahrhunderten, keine geringe Leistung. Die 101 Kilometer lange Fahrrinne war außerdem der letzte Baustein zu Stalins Plan, Moskau zu einem Seehafen zu machen. Vor dem Krieg hatte er das Weiße Meer, die Ostsee und das Kaspische Meer bereits innerhalb des hauptstädtischen Fahrbereichs gebracht, und durch den Bau dieser Wasserstraße sollte das Schwarze Meer hinzukommen.

Ich hatte über das inzwischen privatisierte Intourist-Büro eine Führung vereinbart. Meine Begleiterin, Ludmila Danilowa, wartete an einer Straßenbahnhaltestelle am Friedrich-Engels-Boulevard auf mich. Wenn es irgendwo vor Parolen nur so wimmelte, dann hier. »Alles zum Wohle unseres Volkes, ein Hoch den Bauarbeitern der Sowjetunion«, stand in Neonleuchtschrift, die nicht mehr funktionierte, über der Haltestelle an einem Wohnhaus. Ein einziger Windstoß, und das gesamte Geflecht der Röhrenlampen würde an den ebenso klapprig aussehenden Balkons entlang in die Tiefe stürzen. Aber Ludmila achtete nicht auf die über ihr schwebende Bedrohung. Sie war in sommerliches Lila gekleidet und trug lila Lackschuhe, von denen sich ihre violett-metallic-farbenen Zehennägel scharf abhoben.

»Achten Sie bitte nicht auf das Unkraut.« Ludmila – sie hatte die Vierzig bereits überschritten – ging vor mir über einen touristischen Trampelpfad am Kanal. Trotz ihrer Brille entzifferte sie aus großer Entfernung die Sprüche und Aufschriften, die an jeder passenden und unpassenden Stelle angebracht waren. Routiniert erzählte sie von dem großen Staudamm, der sich ganz in der Nähe nördlich der Stadt befindet (»der größte Europas«) und der »Hydrozentrale des XXII. Parteitages« hieß. Für sie gehörten Bezeichnung und Objekt unzertrennlich zueinander, gemeinsam waren sie eine Bake der Beharrlichkeit. Das galt auch für den Leuchtturm in der Ferne, der die Zufahrt zum Wolga-Don-Kanal markierte.

Bevor ich lesen konnte, was darauf stand, sagte Ludmila: »Den heldenhaften Siegern über den Faschismus«. Die Obelisken, Skulpturen und Triumphbögen, die am Kanal entlang standen, kündeten allesamt vom Sieg über Hitlers 6. Armee, die im Winter 1943 umzingelt und zerschlagen wurde. Das kostete Hunderttausende Menschenleben.

Es war haargenau ein halbes Jahrhundert her, seit Paustowski hier gesehen hatte, wie sich die Arme der Kräne und Greifbagger bewegten. Ludmila kannte sein Werk, aber von der *Geburt der See* hatte sie noch nie gehört. Sie ging davon aus, daß ich mich irrte: Wenn ein so wichtiger Schriftsteller über ihre Geburtsstadt geschrieben hätte, wäre sie darüber informiert. »Sind Sie sicher, daß dieses Buch vom Wolga-Don-Kanal handelt?« Als Intourist-Führerin, die schon zu Sowjetzeiten Ausländer begleitete, war sie darauf trainiert, die Regie fest im Griff zu halten.

»Es ist ein kleines Büchlein«, sagte ich zur Beruhigung. »In Moskau ist es nirgends zu finden.«

Erst nachdem ich die Kopien hervorgeholt hatte, ließ sich Ludmila überzeugen. Sie notierte sich die Daten der Ausgabe in ihrem Taschenkalender und nahm sich vor, diese Wissenslücke unverzüglich zu schließen. Dann beichtete sie mir, daß sie keine diplomierte Stadtführerin sei, sondern Metallurgin. »Ich bin da so hineingerutscht«, sagte sie. »Intourist brauchte in den Siebzigern Personal.«

Nachdem ihre Zuverlässigkeit erwiesen war und sie ein paar Nachhilfestunden in Englisch genommen hatte, durfte sie ab 1978 Besucher aus dem Westen begleiten. Buchten diese eine Reise durch die Sowjetunion, war Stalingrad meistens eines der Reiseziele. Die Stadt war nach dem Krieg von Grund auf als Modell des kommunistischen Utopia wiederaufgebaut worden. Gedächtnislos, ohne Kirchen oder alte Gebäude, aber mit Plätzen, die weiter, Boulevards, die breiter, und Denkmälern, die höher waren als sonstwo.

In der Zeit, als sich Urlauber ihre Ferienziele noch nicht aussuchen konnten, galt ein Ausflug zum Staudamm »Hydrozentrale des XXII. Parteitages« oder eine Kreuzfahrt durch den Wolga-Don-Kanal als ein touristischer Höhepunkt und die großartigste Sehenswürdigkeit, die die Stadt zu bieten hatte. »Die Schleusen liegen wie weiße Schwäne in der Landschaft«, las ich in einer Agitationsbroschüre aus dem Jahre 1965. Die Wasserbauer hatten mit den Schleusen architektonische Denkmäler geschaffen, die geschmückt waren mit Kuppeln, Säulen, Obelisken, Fackeln, Reiterstandbildern und bronzefarbenen Getreidegarben. Als wiederkehrendes Element befanden sich an jeder Schleuse ein oder zwei schlanke Gebäude (»Schwanenhälse«) mit einem Balkon oder einem kleinen Umlauf. Von hieraus achtete der Schleusenwärter darauf, daß die Durchfahrt ordnungsgemäß verlief.

Die einstigen Tempel des Sozialismus waren schmuddelig und heruntergekommen. Ludmila schämte sich für die leeren Gin-Tonic-Büchsen am Kanalufer. Seit der Touristenstrom von einer Saison zur nächsten (1991/1992) versiegt war, unterrichtete sie Englisch an einer Oberschule. Eine Kanaltour hatte sie seit Jahren nicht mehr begleitet, und darum überraschten sie die Picknickplätze, die ihre Mitbürger spontan in Besitz genommen hatten. »Wilde Strände«, sagte sie voller Abscheu.

Der bröckelige Asphalt führte wie ein weltlicher Kreuzweg zu einem Hügel mit einer riesigen Leninstatue, die höher war als der hiesige Leuchtturm. Unterwegs kamen wir an einem Palast mit Säulengalerie (dem Sitz der Kanalverwaltung) und an einem Triumphbogen aus weißem Stein als Eingang zur ersten Schleuse vorbei. In Form und Ausmaß machte dieses Bauwerk sicher dem Arc de Triomphe Konkurrenz. Zwei mittelgroße Tanker warteten auf die Durchfahrt, die »Lukoil Neft 114« und die »Lukoil Neft 66«. Näher konnten wir nicht heran, denn die Treppe zur Schleuse war mit Zäunen und Verbotsschildern abgeriegelt.

»Auch das noch«, entschuldigte sich Ludmila. »Aber ich verstehe es schon. Alle haben Angst vor Anschlägen auf strategische Objekte. Und wir sind hier schließlich näher an Tschetschenien als ihr dahinten in Moskau.«

Im Giebeldreieck des Ehrenbogens, unter dem die Tanker kurz darauf hindurchglitten, war »Es lebe Lenin« eingekerbt. Als ob Ludmila durch meterdicken Beton schauen könnte, las sie auch vor, was auf der Rückseite stand: »Es lebe das Sowjetvolk – die Erbauer des Kommunismus«.

Meine Begleiterin kannte alle Gegebenheiten und Sprüche aus sozialistischen Zeiten auswendig: Slogans an Dachgiebeln und Zahlen auf Informationstafeln. Nur die Graffiti-Aufschriften am Lenin-Denkmal konnte sie nicht herbeten, sondern versuchte darüber hinwegzusehen.

Der Begründer der Sowjetunion stand hier als ein achtundzwanzig Meter hoher Betonriese. Er schaute über die Wolga und die Kanalmündung hinweg. Auf seinen Sockel waren in Graffiti die Namen »Olja«, »Natascha« und »ROTOR« (der örtliche Fußballverein) gekleckst worden. Weiter oben stand in tropfenden Buchstaben: »Rußland den Russen«, darunter ein Runenzeichen der Braunhemdenpartei RNE. Ludmila wies auf die Schubschiffe hin, die in der Ferne gegen den Strom ankämpften. Sie fiel erst aus ihrer Rolle, als wir um die Skulptur herumliefen und uns der Uringestank in die Nase stieg.

Die Jugend pißte nur noch auf Lenin, es blitzte Ludmila in den Augen. »Niemand hat mehr Respekt vor der Vergangenheit«, sagte sie gekränkt. »Man kann wirklich alles gegen die Sowjetunion vorbringen, aber wenn unser Land nicht so schnell industrialisiert worden wäre, wenn wir keine Panzer und keine Flugzeuge gehabt hätten, dann hätten wir die Deutschen nie vertrieben.«

Ihr Vater war 1942 auf der Flucht aus Stalingrad gefangengenommen worden; den Rest des Krieges hatte er in einem ukrainischen Arbeitslager verbracht. »Und dabei war er noch ein Kind, mit zehn kam er ins Lager und mit 13 hat er das Licht der Freiheit wiedergesehen. So etwas vergißt man doch sein ganzes Leben lang nicht, oder?«

Ludmila störte sich an der Geistlosigkeit, mit der die heutige Jugend erzogen wurde. »Ich merke es im Unterricht. Da ist kein Funken Vaterlandsliebe mehr. Die heutige heranwachsende Generation ist planlos, hat einfach kein Ziel vor den Augen.«

In der *Geburt der See* hatte Paustowski mehr als nur eine Beschreibung von Erlebtem und Gesehenem gegeben. Sein Text war voller Lob über Stalin: »Und immer wieder fragt man sich: Wessen Zukunftsvision ist es, die bis in die kleinste Nuance so klar und verständlich ist? Wessen mächtiger Wille, wessen unbegrenzter Mut hat unser Land in die heutige Zeit geführt, die zu Recht die Zeit der größten Schöpfungen genannt wird?

Das ist die Vision, der Wille, die Zuneigung und der Mut Stalins, Freund der gesamten arbeitenden Menschheit. Und diese größte Stadt an der Wolga, unverbrüchlich verbunden mit Stalins Werken, trägt seinen Namen mit Stolz.«

Paustowskis Buch endete mit der Beschreibung der Fahrt des ersten Motorschiffs vom Don in die Wolga.

»Das Motorschiff wurde von mehreren Scheinwerfern begrüßt, die Stalins Namen in den Nachthimmel projizierten. Und das Motorschiff fuhr unter diesem leuchtenden Namen hindurch wie unter einem Bogen und öffnete damit das Tor zum goldenen Zeitalter des Kommunismus!«

Drei Buchstaben sind von dem einstigen Führer der Sowjetunion, nach dem diese Stadt benannt war, übriggeblieben: das S, das T und das L. Die Buchstaben sind im Schnitt etwa vierzig Zentimeter hoch und zierten einst den Sockel des Stalindenkmals.

Alexej Iljin verwahrt die drei Buchstaben im Raritätenkabinett der Kanalverwaltung und wienert sie einmal im Monat mit Kupferputzmittel. Schon seit Jahren ist er in Rente, aber das hält den Wasserbauingenieur nicht davon ab, sich täglich unter seine geschichtsträchtigen Reliquien zu begeben, die Arme verschränkt, eine Tasse Tee in Reichweite. Manchmal duselt Iljin einen Moment ein, und dann fallen ihm Teile seiner nach hinten gekämmten Haartolle über die Stirn.

Ludmila hatte Iljin für mich aufgestöbert, als sie sich bei den Bewohnern in der Nachbarschaft erkundigte, die die Ausschachtungsarbeiten miterlebt hatten. »Dann müssen Sie sich an Alexej Iljin wenden«, bekam sie immer wieder zu hören. Ich traf ihn, genau wie Ludmila beschrieben hatte, mitten in seiner musealen Sammlung.

Alexej Iljin saß vor einer Wand mit Zeitungsausschnitten und Abbildungen. Auf einem Bild war die größte Stalinstatue zu sehen, die jemals angefertigt wurde. Der Bildhauer hatte Stalin in Napoleonpose dargestellt, die rechte Hand auf dem Herzen. In der linken hält er seine Mütze.

»Gucken Sie bloß, diese Mütze«, sagte Iljin und wurde plötzlich hellwach, »die war so riesig groß ... da paßten drei Taxis rein.«

Mir wurde klar, daß Paustowski Stalin nicht hatte negieren können. Er ragte weit über die Wolga hinaus und schaute hinunter auf die Baustelle. Iljin erzählte, daß die Statue nicht einfach aus Naturstein oder Beton hergestellt worden war, sondern aus einer kostbaren Kupferlegierung. Ich fragte ihn, ob es wahr sei, daß die Verwalter, die voller Bedauern zusahen, wie Möwen Stalins Kopf und Schultern beschmutzten, das Ungetüm zur Vertreibung der Möwen unter Strom gesetzt hätten.

»Ich weiß nicht, wer Ihnen das erzählt hat«, sagte Iljin. »Aber das ist eine bösartige Verleumdung.«

»Ich habe es in einer Stalinbiographie entdeckt ...«, begann ich, aber der Hydrotechniker schnitt mir das Wort ab.

»Stellen Sie sich einmal vor, man hätte das wirklich getan. Das geht doch gar nicht! Dann würden ja bei Paraden oder Kranzniederlegungen plötzlich tote Vögel aus der Luft fallen. Was denken Sie denn, wer dafür die Verantwortung übernommen hätte?«

Das klang stichhaltig. Ich ließ mich überzeugen und fragte ihn nach seiner Jugend. Wie war er beim Kanalbau gelandet?

Iljin erzählte von seinem Studium am Institut für Hydrotechnik in Leningrad. Aus seinem Jahrgang – dem ersten, der nach dem Zweiten Weltkrieg das Studium abschloß – waren nahezu alle zum Wolga-Don-Projekt geschickt worden. »Als ich 1950 hier ankam, waren die deutschen Kriegsgefangenen noch da, richtige Bürger mit diesen gezwirbelten Schnurrbärten. Sie kennen die bestimmt.«

Das ließ mich aufhorchen. Paustowski hatte kein Wort über deutsche Kriegsgefangene fallenlassen.

»Es gab 110000 deutsche Kriegsgefangene«, fuhr Iljin fort. »Da waren die normalen Wehrmachtssoldaten, die wussten, in welcher Situation sie sich befanden und die höflich an den russischen Aufsehern vorbeigingen. Ein Riesenunterschied zu den SS-Leuten und der Gestapo. Von denen sind mir ein paar bei der dreizehnten Schleuse begegnet. Arrogante Kerle, die einen mit tiefster Verachtung musterten. Sie dachten wirklich, sie gehörten zu einem besseren Menschenschlag als wir.«

Iljin brachte einen getippten Bericht von einem Soldaten aus Wien zum Vorschein, einem gewissen Erwin Peter. Der hatte seine Lagererinnerungen unter dem Titel *Jugend hinter Stachel-*

draht zusammengestellt und im Eigenverlag herausgegeben. »Tja, sie hatten Stalingrad von der Landkarte gefegt, und nun mußten sie dafür büßen. Mir scheint, das war eine gerechte Strafe.«

Ilijn wußte von der Existenz der *Geburt der See*, aber selbst er – als leidenschaftlicher Sammler – besaß kein Exemplar davon.

Ich erzählte ihm, daß Paustowski bloß über Freiwillige sprach, die spontan auf Züge sprangen, um sich verdient zu machen.

»Die gab es auch«, sagte Iljin. »Vor allem Komsomolmitglieder. Aber der überwiegende Teil bestand aus Zwangsarbeitern. Deutsche und die unseren.«

»Russen?«

»Ja, normale Gefangene. Diebe, Vergewaltiger, Verräter. Alles mögliche. Auch so ungefähr 100 000 Leute. Natürlich ging es ziemlich rauh dort zu. Nie gab es ausreichend zu essen, die Ernte von 1947 war mißraten. Aber ob Sie es glauben oder nicht, auch unter den Gefangenen herrschte Begeisterung.«

Ich konnte es nicht glauben. Stalinopfer, die voller Elan für diesen Diktator arbeiteten?

Iljin schüttelte den Kopf. Das sähe ich verkehrt. »Unter Stalin wurde jemand schon für ein kleines Vergehen verurteilt. Aber man konnte die Dauer der Strafe verringern, wenn man wie verrückt schuftete. Das hatte man selbst in der Hand.« Er erklärte, daß eine »individuelle Planerfüllung« von 151 Prozent eine Strafminderung von zwei Drittel einbrachte. So konnte also jemand, der zu zwölf Jahren verurteilt worden war, nach vier Jahren freikommen. »Dann mußte man zwölf Stunden und länger am Tag arbeiten, aber na ja, das taten wir Wasserbauer auch. Und zwar ohne daß wir dafür zusätzlich belohnt wurden.«

Iljin bedauerte es, daß Stalingrad seit 1961 wieder Wolgograd heißt. Die Entstalinisierung hätte seiner Ansicht nach nicht sein müssen. »Ich persönlich beteilige mich auch nicht daran«, sagte der pensionierte Kanalverwalter. Er ging zu einem kleinen Zimmer, einem leeren Raum, in dem nur ein Schreibtisch stand, flankiert von zwei Fahnen mit Hammer und Sichel. Ein paar Sonnenstrahlen fielen durch ein Erkerfenster herein. Der »Freund der gesamten arbeitenden Menschheit« schaute von einem Gemälde aus zu.

»Ich bin Atheist«, sagte Iljin. »Aber ich glaube nicht, daß ein Mensch ohne Ideologie leben kann.«

Nicht Stalins Tod (»jeder ist sterblich«), sondern der Moment, als sie ihn von seinem Sockel holten, war für Iljin ein »psychologischer Schlag«. Das geschah an einem Oktoberabend 1961. Seine Mutter hatte etwas läuten hören und war mit anderen Frauen aus dem Rote-Armee-Viertel schnell an den Ort des Geschehens geeilt. Für sie war die Angelegenheit kaum von Bedeutung. Sie war eine gläubige Frau, die man niemals zum Kommunismus bekehrt hatte. Als sie dann zu Hause von dem Bildersturm berichtete, tat sie dies mit einer Gleichgültigkeit, die ihren Sohn sehr schmerzte. Sie hatten Stalin demontiert. Die Umgebung war abgesperrt, aber aus der Ferne konnte man gut beobachten, wie er in den Flaschenzug eines Krans gehievt worden war. Es dämmerte; über der Wolga leuchteten eine Handvoll Sterne. Man sah nur seine Silhouette. Aber plötzlich hob er ab. Stalin baumelte, er drehte sich, und die kupferlegierten Füße stießen gegen die Laderampe eines Lastwagens. »Klong!« hatte seine Mutter ihm vorgemacht. »Ein zwanzig Tonnen schweres Stück Kupfer! Ja, was soll man machen, das hallt wie eine Kirchenglocke.«

»Sie haben ihn in eine Fabrik abtransportiert. Dort hat man ihn zerstückelt.« Iljin war noch zum Tor gegangen, aber er war nicht durchgekommen. Er hörte, daß die Statue zu Kupferdraht verarbeitet werden sollte, so daß keine Spur von Stalin zurückbleiben würde.

Nur das S, das T und das L hatte er am nächsten Morgen von dem leeren Sockel retten können.

»Nein«, sagte Galja bestimmt. »Über Gefangene beim Wolga-Don-Kanal hat Konstantin Georgijewitsch nie etwas gesagt.«

Auch nicht im stillen Kämmerlein, sozusagen »am Küchentisch«?

»Nicht soweit ich mich erinnere«, sagte sie nachdenklich.

Ich fragte mich, mit welchen Geschichten Paustowski dann aus Stalingrad nach Hause gekommen war. Aber das lag auf der Hand: Kriegsgeschichten.

Galja stand auf und lotste mich zu einem Wandschrank voller Kram, den sie als Andenken an ihren Stiefvater aufbewahrte. Zwischen Urkunden, Brillenetuis und seinem Angelzeug (grellfarbene Schwimmer) lag ein Stück Eisenerz. Ein Schmiedekunstwerk?

Mit einem nasalen »uh-uh« gab Galja zu erkennen, daß ich falsch geraten hatte. Sie hob die rostige Scheibe hoch und zeigte auf etwa zehn Kugeln und Patronenhülsen, die durch die Hitze verschmolzen waren.

»Konstantin Georgijewitsch erzählte, daß Stalingrad durch Flammenmeere und Bombardierungen hinweggefegt worden war und der Boden in der ganzen Stadt mit solchen Kriegsfossilien übersät gewesen sei.«

Dennoch berührte es mich merkwürdig, daß Paustowski seiner Stieftochter die Straflager verschwiegen hatte. War dieses Thema so beladen, daß zu Hause nicht darüber gesprochen werden durfte?

Galja schaute mich ungläubig an. »Aber nein. Das halbe Land saß hinter Gittern. Das wußte doch jeder!«

Außerdem konnte man die Gefangenen einfach *sehen*. »Deutsche, Russen ... dafür brauchte man wirklich nicht nach Sibirien.«

Ich müsse wissen, daß Stalin den gesamten Wohnturm, in dem wir uns befanden, von Zwangsarbeitern hatte erbauen lassen. »Die Gefangenen waren in Baracken im Innenhof eingesperrt, wo jetzt die Garagen sind. Als wir 1953 hier einzogen, mußten sie noch den linken Flügel fertigstellen ...«

An dieser Stelle unterbrach ich sie. »Warten Sie mal, Sie wohnen hier seit der Veröffentlichung der *Geburt der See*?«

Eigentlich war das keine Frage, sondern eine Feststellung. Plötzlich wurde es mir klar: Paustowski hatte diese Wohnung als Belohnung für seine Ode an Stalins »unvergleichliche Wasserwerke« bekommen.

Galja nickte. »Ich hatte auf eine Vierzimmerwohnung im Mittelturm gehofft, am liebsten im vierundzwanzigsten Stock, aber der zentrale Korpus schien den Offizieren des NKWD vorbehalten zu sein.«

Ihr entschlüpfte ein Kichern, als sie sich daran erinnerte, wie ihre Mutter die Lüftungsschächte in der Küche und im Badezimmer mit Lappen verstopft hatte, damit sie nicht abgehört werden konnten. Selbst hatte Galja nie darüber nachgedacht, sie war schon mit einem eigenen Bett zufrieden.

Eins konnte ich mir immer noch nicht zusammenreimen: Warum war *Die Geburt der See* nirgends aufzutreiben?

»Ach«, sagte Galja, »das war eins seiner schwächsten Bücher. Er selbst wußte es auch.« Ihre Hand vollführte eine zornige Gebärde, als sie erzählte, daß sich Paustowski für dieses Werk schämte. »Nach Stalins Tod hat er dafür gesorgt, daß es nie wieder aufgelegt wurde.«

Die Bucht von Kara-Bugas

In der Wüste zwischen Aschchabad und dem Wallfahrtsort Geok-Tepe gibt es eine vierspurige Straße mit Standspur und Leitplanken. Bis auf eine Brigade, die mit Hacken arbeitete und auf dem Mittelstreifen Bäumchen anpflanzte, lag der Asphalt jedoch verwaist da. Der ungeordnete Verkehr – Radfahrer, Pferdegespanne, Traktoren – kroch über eine staubige Seitenstraße.

Es war halb acht morgens. Ich saß auf dem Vordersitz eines Daewoo-Kleintransporters, einer brotförmigen Blechbüchse auf hohen Rädern. Der Himmel war wolkenlos, saubergefegt von einer steifen Brise, die die Sanddünen der Karakumwüste unsichtbar in Bewegung brachte. Ibrahim-Aka, der Eigentümer des Kleintransporters, mußte ständig gegenlenken, um zwischen den weißen Streifen zu bleiben. Wir hatten Aschchabad bei Sonnenaufgang verlassen und mit siebzig Stundenkilometern Kurs auf das Kaspische Meer genommen.

»Rauchen Sie?« Die Knie unters Lenkrad geklemmt, steckte sich Ibrahim-Aka eine Zigarette der Marke »Präsident« an.

Gegen meine Gewohnheit nahm ich eine. Das Problem war: Ich besaß keine gültigen Papiere, um das Hinterland von Turkmenistan zu bereisen.

»Bis Geok-Tepe gibt es keine Polizeikontrollen«, sagte Ibrahim-Aka, um mir Mut zu machen.

Wir hatten ausreichend Benzin (einen vollen Tank und zwei Reservekanister im Kofferraum). Flache Brote, die sich noch warm anfühlten. Zwei Wassermelonen. Ein gebratenes Huhn in Alufolie. Eine halbe Stange »Präsident«.

Sich zu verirren war unmöglich. Es gab nur einen einzigen Weg, und der verlief parallel zum Turkmenbaschi-Kanal. Der

Wind ließ das Wasser grau aussehen. Es schwappte mit kurzen Wellen gegen die Uferbefestigung.

Könnten wir ohne Pause durchfahren, würden wir gegen Abend Krasnowodsk erreichen: die Hafenstadt, die gegenwärtig Turkmenbaschi hieß.

Ich hatte mir vorgenommen, näher als Paustowski an die Bucht von Kara-Bugas heranzukommen. Koste es, was es wolle. Jetzt erst recht, denn nun kannte ich die Situation: Die Bucht existierte und hatte immer existiert – aber zehn Jahre lang war sie spurlos verschwunden. Von 1982 bis 1992 war die Bucht wie vom Erdboden verschluckt, und es befand sich an ihrer Stelle lediglich eine Salzpfanne.

Dshamar Alijew, der Ichthyologe, hatte das Geheimnis gelüftet.

Die Wandkarte, die in meinem Büro in Moskau hing, war also nicht verfälscht. »Auf einer Karte von 1991 hat die Bucht von Kara-Bugas nichts zu suchen«, sagte Alijew energisch. »Ihre Karte gehört sogar zu den wenigen, die das Schicksal der Bucht von Kara-Bugas korrekt darstellen.«

Am Tag nach unserer ersten Begegnung hatte ich mich erneut an ihn gewandt, diesmal mit der Frage: »Kann man sich in Turkmenistan ohne eine Besuchserlaubnis eigentlich bewegen?« Ich brauchte dringend seinen Rat, da sich Amansoltans Vermittlungsversuch festgefahren hatte.

Wie hätte ich wissen können, daß Alijew die Bucht von Kara-Bugas ausgiebig studiert und begutachtet hatte?

Als der Biologe mein wirkliches Reiseziel vernahm, drückte er mich in einen Rattanstuhl und entkorkte eine Flasche Aprikosenschnaps.

»Selbst gebrannt«, sagte der Achtzigjährige mit einem Grinsen. Wir saßen bei ihm zu Hause im gläsernen Anbau seines Arbeitszimmers, wo sich Geißblatt mit jungen Trieben durch die Fenster drängte.

Vor Zufriedenheit fast schnurrend, begann Alijew, über seine bevorzugten Sündenböcke herzuziehen, die sowjetischen Wasserbauer. Sie hätten in »ihrer unendlichen Kurzsichtigkeit« darauf gedrängt, den schmalen Durchgang zwischen dem Kaspischen Meer und Kara-Bugas mit einem Damm zuzuschütten. Dazu hatten sie die alten Argumente von Leutnant Sherebzow wieder aus der Versenkung geholt: Kara-Bugas sei lediglich ein unnützer Verdampfungskessel, ein »unersättliches Loch«, das das wertvolle Wasser des Kaspischen Meeres aufsog. »Indem man die Bucht abriegelte, wollte man dem ständigen Sinken des Meeresspiegels Einhalt gebieten.«

Die Wasserbauer hatten ihren Willen bekommen: Im Februar 1980 war der Seewasserfall mit schwerem Gerät zum Schweigen gebracht worden. Bulldozer warfen einen zweihundert Meter hohen Damm in der Adshi-Darja auf, dem Zugang des Kaspischen Meeres zur Bucht von Kara-Bugas. Während einer Festveranstaltung wurden die letzten Erdbrocken über dem Deich ausgeschüttet. Funktionäre und geladene Gäste applaudierten. Der Direktor des Moskauer Instituts für Wasserwirtschaft sprach von einer »allumfassenden Umverteilung sowjetischer Wasservorräte«. Umringt von schweigenden Baggern bekundete er, daß die Arbeiter des Volkes nicht nur eine schädliche Bucht abgeriegelt, sondern auch den ersten Stein für den Flußumlenkungsplan – Perebroska – unter der Verantwortung des Instituts für Wasserwirtschaft gelegt hätten.

»Perebroska war ein Zauberwort«, sagte Alijew. »Die Umlenker waren eine Art Halbgötter. In der Presse hießen sie die ›Naturdompteure‹, die das ›Projekt des Jahrhunderts verwirklichten‹.«

Hinter Perebroska stand ein komplexes Programm, das das europäische Rußland, Sibirien und Mittelasien erfaßte. Eine ganze Generation von Physikern hatte sich nach dem Zweiten Weltkrieg auf die Idee des Genossen Krschischanowski gestürzt, des »Elektrifizierers« der Sowjetunion, der bereits 1933 für die Flußumlenkung plädiert hatte. Ab den fünfziger Jahren propagierte man seine Idee, die nach Norden fließenden russischen Gewässer in den Süden zurückzustauen. Ein Allheilmittel für den Wassermangel in bestimmten Regionen der Sowjetunion. Auf der Sowjetkarte schien es ein übersichtlicher Plan: Die blauen Adern, die zum Polarmeer führten, sollten über kerzengerade Kanäle eine Wasserzufuhr in Richtung Süden ermöglichen. Die sibirischen Flüsse Ob und Irtysch erhielten ein neues Bett von 2200 Kilometern Länge, um die Baumwollplantagen südlich des Aralsees zu bewässern. Auf europäische Maßstäbe übertragen, würde der Einlaßpunkt dieser »Wasserbrücke« nördlich von Helsinki liegen und die Mündung südlich von Rom.

Neben der sibirischen Komponente bastelte man am Stromgebiet der Wolga und dem Kaspischen Becken. Dort häuften sich von Menschen geschaffene Probleme, die nach Ansicht der Fisiki auch nach Lösungen verlangten. Die »Kaskade« der Wolgastauseen verlangsamte die Strömung und vergrößerte den Wasserverlust durch Verdampfen. Das verschlimmerte das mysteriöse Absinken des Kaspischen Meeres, das in den dreißiger Jahren bei Antritt Jakow Rubinsteins als Direktor der Kara-Bugas-Sulfatwerke eingesetzt hatte.

Hydrologen stellten mathematische Modelle auf, um das zukünftige Wassergleichgewicht des Kaspischen Meeres vorherzusagen. Diese Balance war reine Ökonomie: eine Gewinn- und Verlustrechnung mit konjunkturabhängigen Variablen wie Niederschlag und Verdampfung. Aus der Berechnung wurde deutlich, daß der Spiegel des Kaspischen Meeres drastisch absinkt, wenn man der Wolga (zwecks Bewässerung der kalmükkischen und kasachischen Steppen) weiterhin Wasser entziehen würde – mit der Konsequenz, daß die wichtigsten Häfen nicht mehr am Meer lägen. Daher war nach Ansicht der Wasserbauer eine zusätzliche Zufuhr anzuraten. Es gab zwei Möglichkeiten: erstens, die nordrussischen Flüsse Newa, Dwina und Petschora zur Wolga umzulenken, oder zweitens, die Bucht von Kara-Bugas abzuriegeln.

»Laßt Kara-Bugas so heldenhaft wie einen Frontsoldaten sterben«, schlug der Staatssekretär des Ministeriums für Wasserwirtschaft vor. Die Bucht mußte geopfert werden, damit das Wasser an anderer Stelle nützlich verwendet werden konnte. Hatte die vorige Generation von Sowjetplanern nicht dasselbe mit dem Aralsee getan?

Aber das Ministerium für Chemiewesen, das die Bucht als natürliches Sulfatlabor nutzte, fand sich nicht mit dieser Entscheidung ab. Das Epizentrum der Salzchemie der gesamten UdSSR befand sich in Kap Bekdasch: Dort konzentrierten sich die Fabriken, die Bischofit (das Entlaubungsmittel für die Baumwollernte) und Epsomit (einen chemischen Stoff für die Leder- und Textilbearbeitung) produzierten. Das Chemiewesen nahm es gegen die sowjetische Wasserwirtschaft auf.

»Natürlich vergebens«, sagte Dshamar Alijew. »Es war wie bei David gegen Goliath, mit einem Unterschied: Goliath gewann.«

Aus der Schublade einer antiken Singer-Nähmaschine holte Alijew die Kopie eines Briefes, den er im Herbst 1978 »An den Ministerrat der Sowjetunion« gerichtet hatte. Auf drei Seiten hatte er seine Einwände gegen die geplante Abriegelung der Kara-Bugas-Bucht vorgebracht.

Mein Gastgeber leerte sein Glas und tippte mit dem Fingernagel auf den von ihm aufgesetzten Protestbrief.

Ich überflog den Text, bis mein Blick an den Worten »Stör« und »Kaviar« hängenblieb – fettgetippt und unterstrichen. Der Ichthyologe hatte eine Lanze für die Fische gebrochen! Bestärkt durch seinen Erfolg mit dem Silberkarpfen, hatte er den Sowjetführern vorgerechnet, daß sie die Kaviarindustrie aufs Spiel setzten, wenn sie die Bucht von Kara-Bugas abriegeln würden.

Dort stand: »Die Bucht von Kara-Bugas beeinflußt nicht nur das Wassergleichgewicht des Kaspischen Meeres. Sie hält gleichzeitig den Salzgehalt auf einem relativ niedrigen Stand (14,3 Gramm pro Liter). Der Abschluß der Bucht würde diese natürliche Regulierung ausschalten und die Salzkonzentration ansteigen lassen. Steigt der Salzgehalt des Kaspischen Meeres auf über 15,1 Gramm pro Liter, werden alle Störarten aussterben.«

Während ich las, trommelten Alijews Finger auf die Stuhllehne. Er hatte gehofft, daß die Aussicht auf Staatsbankette ohne Kaviar Breshnew abschrecken würde. Der Rückgang der Störpopulation war ein Punkt, für den sich der steife Herr im Kreml möglicherweise interessieren könnte.

Der Biologe hatte seinen Trumpf zwar schlau ausgespielt,

aber dennoch bekam das Ingenieursamt BakHydroProjekt aus Aserbaidschan 1979 den Auftrag, den Damm zu entwerfen.

Zwei Jahre nach der Abriegelung der Bucht von Kara-Bugas – Parteichef Breshnew war gerade zu Grabe getragen worden – kam die fatale fehlerhafte Berechnung der Wasserbauexperten ans Licht. Gemäß der Prognose des Instituts für Wasserwirtschaft sollte das Wasser von Kara-Bugas erst nach fünfzehn bis fünfundzwanzig Jahren verdampft sein. Aber bereits nach zwei Jahren schien die gesamte Oberfläche von 18 000 Quadratkilometern freizuliegen. Die Hydrologen versteckten sich hinter technischen Entschuldigungen. Es sollte sich ein Fehler in den angewandten Korrelationsquotienten der Verdampfungsformel eingeschlichen haben. Ein Fehler in der Größe von Faktor zehn. Man habe nie die Absicht gehabt, die Bucht komplett austrocknen zu lassen, denn dann würde das niedergeschlagene Salz aufwehen. Und wenn es erst einmal von den »Bucharastürmen« mitgeführt würde, konnten die fruchtbaren Äcker an Wolga und Don vernichtet werden. Die Planer des BakHydroProjekts schlugen vor, den Zustrom von kaspischem Meerwasser mit Rohren wiederherzustellen, damit der Boden der Bucht zumindest naß blieb. Aber das Unglück war bereits geschehen. Die Flamingos, die sich in diesem Jahr in der Bucht von Kara-Bugas niederließen, fanden keine Nahrung und starben scharenweise.

Die turkmenische Akademie der Wissenschaften unternahm 1983 eine Expedition zur Prüfung der Gerüchte über das Vogelsterben. Dshamar Alijew war dabei. Von einem Hubschrauber aus sah er seltsame rosafarbene Buckel in endlosen Reihen: den Federschmuck toter Flamingos.

»Seeadler hatten die Kadaver leergepickt«, berichtete der Biologe. »Überall stank es nach Verwesung.«

Die Mitglieder der Expedition fanden nirgendwo auch nur einen Tropfen Wasser. Mit Erdbohrungen hatten sie den Boden von Kara-Bugas begutachtet. Der war mit einer Salzkruste von anderthalb Metern Dicke überzogen. Wie von den Chemikern vorhergesagt, eignete sich diese Schicht nicht als Rohstoff für die Industrie.

Bis zu tausend Kilometer von der Bucht entfernt, auf der gegenüberliegenden Seite des Kaspischen Meeres, nahmen Agronomen in der nächsten Saison eine Versalzung der Landwirtschaftsflächen wahr: Die Winterstürme hatten Rußlands fruchtbares Schwarzerdegebiet mit einer Puderschicht bedeckt. Analysen bestätigten, daß es sich tatsächlich um schwefelhaltige Salze handelte. Über deren Herkunft konnte es keinerlei Zweifel geben.

Der Kreml ergriff halbherzige Maßnahmen (die befohlene ergänzende Untersuchung) und versuchte, die Katastrophe vor der Außenwelt geheimzuhalten. Aber das war zwecklos. In Santa Barbara, Kalifornien, entdeckte der Hydrologe Norman Precoda auf Satellitenfotos aus dem Jahre 1983 einen weißen Flecken auf 41 Grad nördlicher Breite, 53 Grad östlicher Länge, der normalerweise meergrün war. In der Zeitschrift *International Water Power and Dam Construction* veröffentlichte er seine Entdeckung: »Kara-Bogaz-lagoon dried up«.

Als Sekretär der Turkmenischen Akademie der Wissenschaften hatte Alijew freien Zugang zu derartiger Fachliteratur, und die wichtigsten Artikel verwahrte er in der Schublade seiner Nähmaschine.

1985 wies das Magazin *Soviet Geography* auf die einschneidenden Folgen für Kartographen hin: »Angesichts des enormen Umfangs der Bucht von Kara-Bugas ist sie selbst auf Karten mit kleinem Maßstab gut zu erkennen, und in diesem Zusammenhang erfordert ihre Umwandlung zu einer stattlichen Salzpfanne die Anpassung nahezu aller veröffentlichten Karten und Atlanten.«

Gewissenhafte Kartographen in der ganzen Welt färbten die Bucht von Kara-Bugas (hellblau) von dieser Zeit an als Land-unter-dem-Meeresspiegel (dunkelgrün). Aber die Ironie der Geschichte wollte es, daß sie diese Änderung gleich nach dem Zerfall der Sowjetunion wieder rückgängig machen konnten: Im Frühling des Jahres 1992 nahm Saparmurat Niazow (der noch nicht »Turkmenbaschi« genannt wurde, wohl aber schon Präsident des unabhängigen Turkmenistan war) den ersten Spatenstich am Damm vor. Vor laufenden Fernsehkameras krempelte er die Ärmel hoch und sprach ein paar Worte über das »Abwerfen des sowjetisch-kolonialen Jochs«. Man hätte Turkmenistan um die Kara-Bugas-Bucht gebracht, so die Worte des turkmenischen Staatsoberhaupts. Demagogisch fuhr er fort: Der Damm (Baukosten 1 Million Rubel) habe in zehn Jahren einen Schaden in Höhe von hundert Milliarden Rubel angerichtet. Durch den Abriß des Damms könne er »im Namen des turkmenischen Volks« die Wüste der Natur und den Menschen zurückgeben.

Dshamar Alijew bemerkte, daß dieselben Funktionäre, die 1980 dem Abschluß der Meeresstraße zugejubelt hatten, auch bei deren Wiedereröffnung applaudierten. Er zeigte mir ein Bulletin des *US Geological Survey*, in dem das Verschwinden und das Wiederauftauchen der Bucht mit Satellitenbildern aus den Jahren 1977, 1987 und 1997 dokumentiert worden war. Die Bildunterschrift lautete: »Zu der wohlbekannten Instabilität der staatlichen Grenzen der ehemaligen Sowjetunion war ein weiterer Aspekt physischer Instabilität hinzugekommen: die Kara-Bugas-Bucht.«

Bevor ich Ibrahim-Aka auf dem Basar traf und ihn samt seinem Daewoo-Transporter für meine Reise charterte, hatte ich in einem Souvenirladen eine Straßenkarte von Turkmenistan erstanden. An der lateinischen Beschriftung konnte man erkennen, daß es sich um eine aktuelle Ausgabe handelte. Und tatsächlich: Kara-Bugas lag wieder als hellblaue Muschel im Karakumsand.

Neue Wahrzeichen wie die Moschee von Geok-Tepe waren mit kleinen Zeichnungen angegeben. Dieses Gotteshaus bestand aus vier Minaretten und einem Gebetsraum, in dem viertausend Gläubige gleichzeitig knien konnten. Der Franzose Martin Bouygues hatte es Ende der neunziger Jahre gebaut.

Ibrahim-Aka hatte diesen bretonischen Großunternehmer oft in Gesellschaft Turkmenbaschis in den Fernsehnachrichten gesehen.

»Wenn sie sich begrüßen, küßen sie sich brüderlich«, sagte er voller Abscheu.

Über das Säuseln des Motors hinweg erzählte der Fahrer, daß es sich bei dem in der Ferne auftauchenden Heiligtum um einen Nachbau der Moschee handele, die König Hassan in Casablanca hatte bauen lassen (»aber dann eine Nummer größer«).

»Die hat Bouygues auch gebaut. Als unser Präsident bei König Hassan zu Besuch war, hat er gesagt: So eine will ich auch.«

Die vier Minarette ragten wie Speere ins Land. Mit ihrer Höhe von 63 Metern – so alt war Mohammed geworden – bewachten sie eine jadefarbene Kuppel von vierzig Metern – so alt war Mohammed, als er den Titel »Prophet« erhielt.

Ibrahim-Aka, der als Nachtwächter an der englischen Schule für Diplomatenkinder genug Manat verdient hatte, um sich einen neuen Daewoo anzuschaffen, erwies sich als hingebungsvoller Moslem. Zu vorgegebenen Zeiten lenkte er seinen Kleintransporter an den Straßenrand. Dann entfaltete er eine Gebetsdecke und richtete seine faltige Stirn gen Mekka. Ibrahim-Aka mißtraute allerdings den Glaubensbekenntnissen seines Präsidenten. Er beschuldigte ihn, »den halben Haushaltsetat Turkmenistans für die Errichtung von Tempeln zu verwenden«.

»Hast du die Trinoschka in Aschchabad gesehen?«

Ich lachte auf. Trinoschka bedeutete »Dreifuß« und war eine ziemlich abfällige Bezeichnung für den fünfundsiebzig Meter hohen Turm mit einem vergoldeten und geflügelten Turkmenbaschi auf der Spitze. Diese Skulptur des selbsternannten Wüstenfürsten richtete sich mit gespreizten Armen zur Sonne. Die Haltung der Figur übermittelte die wichtige Botschaft, daß es im Universum lediglich zwei Orientierungspunkte gab: die Sonne und Turkmenbaschi selbst.

Für Ibrahim-Aka war die Moschee von Geok-Tepe ebenso größenwahnsinnig. Das Bauwerk markierte die Überreste einer aus Lehm errichteten Festung, von der aus die Tekken, der Stamm Turkmenbaschis, 1879 das zaristische Eroberungsheer zurückgeschlagen hatten. Zwei Jahre danach wurde das Reitervolk doch noch besiegt. Aber dieser Niederlage wollte das Oberhaupt der Turkmenen natürlich nicht gedenken. Ihm ging es einzig und allein um den Ruhm seiner Vorfahren, die mit Allahs Hilfe den russischen Vormarsch verzögert hatten.

Die vierspurige Straße mündete in einem Verkehrskreisel. Links lag der antike, mit Grasbüscheln überwachsene Erdwall von Geok-Tepe, rechts die Moschee mit ihren schlanken Türmen. Bis auf einen freilaufenden Maulesel und eine Klasse uniformierter Schulkinder, die gerade die Straße überquerten, wirkte der Wallfahrtsort wie ausgestorben. Wir entschieden uns, geradeaus zu fahren, und gerieten in die Fänge eines Polizeipostens.

Auf Höhe der Stoßstange war eine Kette mit roten Fähnchen, eine Markierung zum Halten, gespannt. Ibrahim-Aku stieg aus, um sich bei einem kleinen rechteckigen Gebäude aus Glas und Aluminium zu melden. Ich sah ihn mit zwei Beamten gestikulieren. Nach einigen Augenblicken stiefelte mein Chauffeur über den Schotterweg wieder heraus. Sie wollten auch meine Dokumente sehen.

Was ich bereits befürchtet hatte, geschah: Die beiden Bediensteten erfaßten den Namen jedes Reisenden in einem Ausreiseverzeichnis.

Es hätte wenig gefehlt, und sie hätten mich als den Bürgermeister von Amsterdam registriert. So mußte ich ihnen zunächst erklären, daß dies die Gemeinde ist, die den Paß ausstellt. Einer der Beamten schaute hoch. Der Blick zweier eindringlicher asiatischer Augen bohrte sich in mein Gesicht. Sah ich meinem Foto ähnlich?

Ja, das tat ich.

Der Registrator blätterte weiter zu meinem Visum, aus dem ausdrücklich hervorging, daß ich mich nicht außerhalb der Hauptstadt Aschchabad aufhalten durfte. Der Polizist zog ein bedenkliches Gesicht, warf einen Blick auf seinen Kalender – offensichtlich kontrollierte er, ob der Termin noch nicht verstrichen war.

»Bitte sehr.« Zu meiner Überraschung bekam ich meinen Paß zurück und Ibrahim-Aka seinen Führerschein.

»Das sind doch halbe Analphabeten!« rief Ibrahim-Aka einen Augenblick später aus, als er seinen Bus startete. Er legte die Kassette einer turkmenischen Sängerin ein, die laut Abbildung auf der Kassette auch bauchtanzen konnte. »Hast du das gesehen? Die armen Schlucker können immer noch keine lateinische Schrift lesen, obwohl diese schon 1993 eingeführt wurde.«

Ich dachte wieder an Amansoltan und an ihre Scham, als sich herausstellte, daß sie die Adresse des Wüsteninstituts nicht aufschreiben konnte. Die turkmenische Chemiehistorikerin war offensichtlich nicht die einzige, die die Sprachumstellung nicht hatte bewältigen können. Mir wurde bewußt, daß man über eine große mentale Gewandtheit verfügen mußte, wenn man in Turkmenbaschis Reich nicht untergehen wollte. Die alten verschlissenen Wahrheiten sollte man möglichst schnell gegen neue eintauschen können. Baumwolle & Pferd statt Hammer & Sichel. Feierlichkeiten zum Unabhängigkeitstag statt Paraden zum 1. Mai. Opportunismus war gefragt, aber das gelang längst nicht jedem.

Am Abend vor meiner Abreise war ich noch bei Amansoltan vorbeigegangen. Ich hatte sie nach den zehn Jahren gefragt, in denen Kara-Bugas nicht existierte: Warum hatte sie mir nie davon erzählt?

Auch das war wohl eine Frage der Scham. Sie wollte das Wort »Trockenlegung« nicht in den Mund nehmen. Kara-Bugas war ausgelöscht. Das war ein mutwilliger Anschlag der sowjetischen Lehrmeister auf die Natur ihrer Heimat. »Das war wie Verrat.« Schwankend zwischen Ergebenheit und Unglauben, fügte sie hinzu: »Ich konnte nicht verstehen, daß die Salzgewinnung, die so mühsam in Gang gekommen war, einfach so abgeschrieben werden konnte.«

Natürlich war Turkmenbaschi im Frühjahr 1992 auch ihr Held. Sie erinnerte sich an die aufgeregten Stimmen ihrer Nachbarn: »Hast du ihn in den Nachrichten gesehen?« Für einen kurzen Augenblick hatte sich Amansoltan gefragt, ob sich die Russen das Durchstechen »ihres« Damms widerstandslos gefallen lassen würden, aber gleichzeitig wurde ihr bewußt, daß die neuen Kremlmachthaber ganz andere Probleme zu lösen hatten.

Die Bucht von Kara-Bugas hatte sich auf wundersame Weise erholt. Das angebackene Salz hatte sich aufgelöst, und die Flamingos, die Enten und die Pelikane (»Klatschtanten« nannte sie Amansoltan) waren zurückgekehrt.

Nur die Salzchemie von Kap Bekdasch war nicht mehr ins Lot gekommen. »Ja, was soll man da machen, die existierte eben dank der Planwirtschaft.« In der Zeit, in der die Fabriken noch auf vollen Touren liefen, erzählte Amansoltan, garantierte GosPlan – die staatliche Plankommission – die Abnahme der Produktion, den Urlaub der Werktätigen, die Lieferung von Gemüse und Obst. Zweimal pro Woche landete eine Antonow aus Moskau. Aber die Vorratsflüge waren 1991 eingestellt worden, und von diesem Moment an wurde das Leben in der kleinen Chemiestadt zur Qual.

Seit der Präsentation ihrer Dissertation im Jahr 1978 war Amansoltan nicht mehr in Bekdasch gewesen. Sie habe genug Enttäuschungen verarbeiten müssen, sagte sie. Jetzt, da sie pensioniert war, traf sie Vorbereitungen, sich in die Usboischlucht zurückzuziehen. In dieser Schlucht – die einst der Oxus ausgewaschen hatte – war sie mit ihrer Mutter auf dem Rücken eines Pferdes umhergestreift, bevor die Sowjets ins Land zogen. Amansoltan erzählte von einem vom Fortschritt verschonten Aul, einem Weiler aus Lehmhäusern, der Goldener Brunnen hieß. Dort gab es eine Wasserstelle, einen Kral für das Vieh und einmal pro Woche einen Kamel- und Schafmarkt. Im Jahr zuvor hatte sie dort die Sommermonate verlebt und sich zum ersten Mal seit langer Zeit sorglos gefühlt.

»Nirgendwo sonst ist der Nachthimmel von so vielen Sternen übersät«, sagte sie. »Selbst bei Neumond kann man nachts einfach erkennen, wo man läuft.«

Ich hörte ihr zu und dachte: Das ist, was man die »Rückkehr zu den Wurzeln« nennt. Wie wenig konnte doch das Sowjetregime in das Leben Amansoltans eingreifen!

Auch wenn die Frühjahrssonne noch keine sengende Kraft besaß, fühlten sich die Basaltfelsen, die dem Hafen von Krasnowodsk Schutz boten, am frühen Abend noch warm an. Der letzte Polizeiposten vor der Stadt lag direkt auf dem Kamm, war aber nicht besetzt: Die diensthabenden Polizisten aßen Schaschlik und ließen den spärlichen Verkehr ungehindert passieren.

Der Hafen unter uns war reizvoll und häßlich zugleich. Am

Kai herrschte ein heilloses Durcheinander: Schiffswracks, lädierte Anlegestege, zerfallene Schuppen, Eisenbahnschienen, Gasfackeln. Dies alles war übersät von einem Netz aus Hochspannungskabeln. Aber im Streiflicht unter einem Ansichtskartenhimmel über dem Kaspischen Meer vermittelten die eng aneinanderstehenden Häuser ein Gefühl von Intimität. Der Seewind, die Moriana, hatte sich gelegt.

Krasnowodsk war nicht gerade eine brausende Stadt, in der das Leben pulsierte. Daß mich das spartanisch eingerichtete Hotel »Khazar« nicht schrecken konnte und ich das Reisgericht im kantinenartigen Restaurant als sehr genießbar empfand, hatte mit der Leere unterwegs zu tun. Ich löschte mein desolates Gefühl gierig mit einem Bier. Den ganzen Tag über waren wir dem weltweit längsten Bewässerungs-Kanal gefolgt, der »Lebensader Turkmenistans«. Dennoch war noch kein einziger Baumwollsteckling zu sehen. Die Saison sollte erst nach den Frühlingsfesten im März anfangen, wenn auch die Hahnenkämpfe wieder losgehen und die Bajga-Turniere, ein rohes Spiel (»Rugby zu Pferde«), bei dem die Reiter versuchen, sich gegenseitig ein totes Schaf abspenstig zu machen.

Von diesen Sensationen war noch nichts zu merken. Es schien, als würde sich die Bevölkerung der Karakumwüste auf die bevorstehenden Ereignisse stützen und sich durch eine Art Vorfreude aufrecht und am Leben erhalten. Ein Schild bei der Pferderennbahn verkündete, daß eine große Bajga kommen würde. Plakate am Wegesrand stellten »Wohlstand innerhalb von zehn Jahren« in Aussicht. Und dann gab es noch das Zukunftsbild bei der Gloriakolchose. Man hatte das Tor mit einer Oase aus Dattelpalmen und Zitrushainen bemalt, die vom strahlenden Kopf Turkmenbaschis beschienen wurde. Hier hatte er tatsächlich den Platz der Sonne eingenommen. Ich war ausgestiegen, um die futuristische Impression aus der Nähe zu bewundern, und las, daß an der Ostküste des Kaspischen Meeres ab 2005 ein wahres Paradies entstehen würde. In den ersten fünf Jahren des neuen Millenniums sollte der Turkmenbaschi-Kanal um dreihundert Kilometer verlängert werden – bis zum ausgetrockneten Delta des Oxus.

Der Sonnenkönig Turkmenbaschi wollte in die Geschichte als der Mann eingehen, der den Amu-Darja nach sechshundert Jahren wieder zum Kaspischen Meer zurückgeführt hatte. Er hatte es sich in den Kopf gesetzt, sowohl Peter den Großen (dessen Schlacht 1717 um das Khanat von Chiwa schiefging) als auch Stalin (der den Bau des turkmenischen Hauptkanals 1949 hatte aufgeben müssen) auszustechen.

Auf einmal wurde mir bewußt, wie genau der Diktator und Wasserbauer Turkmenbaschi dem Profil des östlichen Despoten entsprach. Bewußt oder unbewußt trat er in die Fußstapfen Timurs des Lahmen, des Herrschers aus dem vierzehnten Jahrhundert. Er ließ von den Angehörigen der ihm unterworfenen Stämme Aryks (kleine Bewässerungskanäle) bauen, die Untertanen mußten bis zur Erschöpfung arbeiten, und in der Gegend zwischen dem Amu-Darja und dem Syr-Darja entstanden Paläste, Koranschulen und Moscheen zur Ehre und zum Ruhm des Herrschers. Der Vollendung des noch fehlenden Grabens von dreihundert Kilometern vorausgreifend, hatte der turkmenische Führer ein Dekret erlassen: »Der Turkmenbaschi-Kanal wird mit sofortiger Wirkung von heute, 3. Mai 1999, Turkmenbaschi-Fluß heißen.«

Am Morgen des zweiten Tags kauften wir bei einer Bude gegenüber dem Bahnhof einen Kasten Kysyljar – Flaschenwasser aus dem Kaukasus. Ich rechnete aus, daß man für einen Liter Trinkwasser drei Liter Benzin kaufen könnte.

»Das ist absurd«, sagte ich. Aber Ibrahim-Aka prophezeite, am Kap Bekdasch sei Trinkwasser noch teurer.

Die Bahnhofsuhr schlug neun, als wir uns von einem ältlich aussehenden Jungen mit verschlissenem Schuhwerk noch eine Tasse Honigtee einschenken ließen. Ich dachte an Konstantin Paustowski, der siebzig Jahre zuvor hinter dieser arabisch anmutenden Fassade (mit dem übermalten Namen »Krasnowodosk«, den man über der Tür noch lesen konnte) zu den russischen Zügen hinübergespäht hatte. »Die glühenden Güterwaggons waren, so schien es mir, die einzige spürbare Verbindung mit Rußland«, schrieb er. Zwischen den Basaltfelsen über der Stadt echote »das trockene Knattern der Gewehrschüsse von Basmatschi-Banden, die von sowjetischen Einheiten bekämpft wurden«. Von hier aus lief man höchstens zwei Minuten zum belebten Passagierterminal am Kai, der Stelle, wo früher das kleine Hafengebäude gestanden hatte. Wie oft hatte Paustowski diesen Weg zurückgelegt, während er auf die Tanker »Frunse« und »Dsershinski« wartete?

Während Ibrahim-Aka seinen Daewoo in Bewegung setzte, pries ich mich glücklich, daß ich nicht vom unzuverlässigen maritimen Transport abhängig war. Nach einer Viertelstunde irrten wir durch einen Geisterpark funkelnder Rohre: die Turkmenbaschi-Ölraffinerie. Im Norden dieses von Dieseldämpfen vergifteten Gebiets erstreckte sich die Küstenstraße nach Kasachstan. Einhundertachtzig Kilometer weiter mußte Bekdasch liegen. Laut einer Volkszählung von 1989 lebten dort zwar 10500 Menschen, aber das Chemiestädtchen war seltsamerweise nicht auf meiner turkmenischen Karte zu finden. Die Fernverkehrsstraße war jedoch eingezeichnet, ebenso der Adshi-Darja, die Verbindung zwischen dem Kaspischen Meer und der Bucht von Kara-Bugas.

Ab und zu verschwand die Straßendecke unter Sandfächern. Die Wanderdünen wurden so gut es ging mit Schilfmatten im Zaum gehalten, die man aufrecht in den Sand gesteckt hatte und die selbst wiederum den Anfang neuer Dünen formten. Links und rechts wuchsen gelbe Disteln.

Am Horizont erschien ein weißer Aussichtsturm. Ein Leuchtturm, dachte ich. Aber er erwies sich als Kontrollposten der turkmenischen Grenztruppen. Als wir vor dem heruntergelassenen Schlagbaum anhielten, kam niemand hinunter. Wir mußten selbst die Stahltreppe emporklimmen. Auf dem kreisförmigen Balkon stand ein Soldat in wüstengelbem Tarnanzug und einem Fernglas um den Hals. Drinnen saß ein Offizier an einem Tisch mit Feldtelefon.

»Was wollen Sie hier?« Der Wachposten (mit zwei Streifen auf den Epauletten) wandte sich an Ibrahim-Aka. Aber der zog die Augenbrauen hoch und sah mich an. Er war lediglich der Chauffeur.

Jetzt kam es auf Glaubwürdigkeit an. »Krewetki«, sagte ich. »Ich komme wegen der Garnelen.«

Den Tip hatte ich zum Abschied von Dshamar Alijew bekommen: »Gib dich als Garnelenzüchter aus.« Das einzige Interesse, das Turkmenistan daran haben könnte, einen Ausländer nach Bekdasch zu lassen, so hatte er mir eingeschärft, war das Geschäft mit den winzigen Garnelen, den Artemia salina. Da die Sulfatindustrie zum Untergang verurteilt war, produzierte man in der Bucht von Kara-Bugas nur noch Fischfutter für Aquarienbesitzer und Garnelenzüchter. Zwei Fischfuttergroßhändler, die Firma Sanders aus Salt Lake City und ein Betrieb aus dem flämischen Dendermonde, hatten auf das Alleinrecht zur wirtschaftlichen Nutzung der Artemiavorräte von Kara-Bugas gehofft, wobei die Belgier am längeren Hebel saßen.

»Aha, der Garnelenhandel.« Der Kommandant in seinem Turm schob seinen Stuhl zurück. »Und woher weiß ich, daß ihr die Grenze nach Kasachstan nicht überschreitet?«

Ich warf Ibrahim-Aka einen Blick zu, in der Hoffnung, daß er eine triftige Antwort parat hatte. »Dafür habe ich ja gar keine Papiere ...«, versuchte er.

Die turkmenische Grenzsoldat stand mechanisch auf. »Ich werde Ihr Fahrzeug inspizieren müssen«, kündigte er an.

Selbstverständlich fand er ein paar Päckchen »Präsident«, und auch von den Mineralwasserflaschen bediente er sich. Aber dann schlug der Offizier die Kofferraumklappe zu. Mehr wollte er nicht.

Jetzt war die Stimmung etwas aufgelockerter, und ich fragte den Wachposten nach den Ruinen der Stadt Kara-Bugas-Hafen. Nach meinen Vorstellungen mußten sich diese hier in der Nähe befinden, genauso wie der Seewasserfall.

»Kommt mit«, meinte der Offizier. Er rief dem Soldaten auf dem Kontrollturm etwas zu und hastig zog dieser an einem Seil den Schlagbaum hoch. Der Wachposten begleitete uns bis zur Brücke über den Adshi-Darja, der sein Bett keine fünfhundert Meter weiter oben ausgewaschen hatte. Ich sah eine Wassermasse, die sich zwischen die Betonpfeiler drängte und dort durchgeschleust wurde. Kormorane schaukelten auf dem Wasser und tauchten ab und zu nach Fischen. Der Brückenkopf lag ein paar Meter höher als der Rest der Landschaft, so daß wir die Brandung des Kaspischen Meeres in der Ferne erkennen konnten. Die Wellen umspielten eine Sandbank, aus der schwarze Felsenspitzen ragten. Je näher das grüne Wasser der Brücke kam, desto höher wurde die Strömungsgeschwindigkeit. Es war schon eine seltsame Vorstellung, daß das hier vorbeiströmende Wasser in dem dahinterliegenden Binnensee völlig verdunstete.

Die Bucht selbst lag hinter einigen Dünen versteckt, wo sich der Adshi-Darja wild hindurchschlängelte.

Nirgends konnte ich die Spur einer Siedlung entdecken. Keine befestigte Anlegestelle, kein gesandstrahltes Skelett eines Lagerschuppens oder Überreste des von Rubinstein angelegten Springbrunnens. Ich konnte mir nicht vorstellen, daß Kara-Bugas-Hafen, das 1939 zugunsten von Bekdasch verlassen worden war, lediglich wegen der Geißel der Moriana verschwunden war. »Was ist mit den Resten dieser Stadt geschehen?« fragte ich.

»Sie stehen darauf«, sagte der Kommandant und wies auf meine Füße. Ich machte einen Schritt zur Seite, meine Schuhsohlen bewegten sich im Schutt, mit dem die Auffahrt zur Brücke befestigt worden war. »Betonschutt?«

Der Turkmene nickte. Als der Adshi-Darja zugeschüttet worden war, erzählte er, haben die Bulldozer die verbliebene Bebauung niedergewalzt. Die Trümmer benutzte man zur Deichverstärkung. Zwölf Jahre später, im Jahre 1992, war der Damm wieder abgegraben worden und bei dieser Gelegenheit war derselbe Schutt von Kara-Bugas-Hafen verwendet worden, um die Brückenköpfe zu verstärken.

Der Soldat tippte an seine Mütze und sagte: »Ich wünsche Ihnen weiterhin eine gute Reise.« Mit unerwartetem Schwung seines Oberkörpers drehte er sich um und marschierte zu seinem Turm zurück.

Kap Bekdasch wirkte zwar wie ausgestorben, war es aber nicht. Der Ort lag eine Autostunde vom Adshi-Darja entfernt, aber immer noch etwa fünfzig Kilometer vor der Grenze zu Kasachstan. Der Zugang bestand aus einem Industriefriedhof. Auf einer schmalen Spur am Straßenrand stand eine Reihe verrosteter Kipplader und ein Tankwagen mit der Aufschrift »Pitewaja Woda« (Trinkwasser). Dahinter zeichnete sich eine Skyline ab: Silos, erloschene Schornsteine, Produktionshallen und ein Rohrlabyrinth. Hinter den Fenstern eines Verwaltungsgebäudes waren die Jahreszahlen 1929 und 1999 geklebt und darunter die Parole: »70 Jahre Sulfat – Hurra!« Aus dem Chemiekombinat von Kara-Bugas kam kein einziges Geräusch. Es stach wie ein Gerippe aus dem Sand. Die toten Äste einiger Eukalyptusbäume am Tor des Fabrikkomplexes ragten sinnlos in die Luft. Es wollte sich einfach kein Zeichen von Leben zeigen. Auch im Plattenbauviertel, in dem die Chemiearbeiter wohnten, herrschte Ruhe. Da lief plötzlich ein Gerippe, das aussah wie eine Kuh, zwischen den Klettergerüsten auf dem Spielplatz hin und her. Das Vieh kaute auf einem Stück Karton und wandte uns den Kopf zu.

»Es scheint niemand zu Hause zu sein«, sagte Ibrahim-Aka. Aber das war eine glatte Untertreibung. Bekdasch wirkte wie eine Filmkulisse nach einem Bombenangriff. In den Wohnkasernen aus Kalkstein gähnten Löcher, wo normalerweise Fenster und Türen sind. Weniger als die Hälfte der Balkons war mit Glas oder Kunststoff abgeschirmt – was wiederum auf Bewohner hinwies.

Auf einmal sahen wir zwischen zwei Wohnungen ein Mädchen vorbeiflitzen. Sie rannte so schnell ihre Beine sie trugen und hielt in jeder Hand einen orangefarbenen Eimer. Ibrahim-Aka gab Gas. Ich kam mir lächerlich vor: als ob wir auf Menschenjagd wären.

Das Mädchen mit den orangefarbenen Eimern war offensichtlich nicht allein. Sie lief an oberirdischen Rohren vorbei zu einem Tankwagen, der gerade angekommen war, und rief dabei: »Mama, schnell!« Eine Frau auf hohen Absätzen und einer Waschschüssel unter dem Arm folgte ihr im Trippelschritt, während plötzlich unzählige Durstige von den Treppenabsätzen stiebten. Sie schleppten Fässer und Wassersäcke und drängten sich um den Lieferwagen. Es entstand keine Reihe, sondern ein Tumult, eine wuselige Menschentraube. Ein Kerl in Boxershorts, der in eine wattierte Jacke geschlüpft war, schob das Mädchen mit den orangefarbenen Eimern zur Seite. Ein fürchterliches Geschimpfe brach los.

»Her mit dem Ding!« Aus einem Gummischlauch strömte grünliches Wasser. Trinkwasser. Jemand stieß gegen einen vollen Eimer, Wasser schwappte über den Rand. »Dämliches Weib! Schau, was du da angestellt hast.«

Vor unseren Augen vollzog sich eine Wiederholung der Trinkwasserszene aus der *Kara-Bugas*-Verfilmung. Mit diesem Vorfall schloß sich der Kreis. Als Drehbuchautor hatte Paustowski den Kampf um das Wasser dargestellt und den Gegensatz zwischen einem primitiven Zustand des »Jeder-für-sich« und den Segnungen des sozialistischen »Genug-für-alle« gezeichnet (in Form einer Entsalzungsmaschine für Meerwasser). Ein Nomade drehte lachend an einem Hahn, und das Trinkwasser sprudelte nur so heraus. Das war Paustowskis sozialistischer Realismus.

Aber die konkrete Wirklichkeit erwies sich als viel schwieriger und trister: Der Küstenort hatte sich nicht zum Ausgangspunkt eines »planmäßigen Feldzugs gegen die Sandfläche« entwickelt. Die Wüste war auch kein »blühender Weingarten« geworden. Und genausowenig hatten die hier angesiedelten Nomaden ein höheres Stadium des Glücks erreicht.

Sobald der Schlauch nichts mehr hergab, trollten sich die Umstehenden. Ein älterer Mann in Gummistiefeln setzte sich vor Erschöpfung auf den Boden. Er hatte nur sehr wenig Wasser ergattern können.

Ich ging zu ihm und wollte ihm auf die Beine helfen, aber er winkte ab. »Auf mich kann man doch verzichten ... meine Frau ist gestorben ... und ich habe niemanden, für den ich sorgen muß«, sagte er außer Atem.

Ibrahim-Aka wühlte in unserem Gepäck, um ein paar Flaschen Kysyljar-Wasser für ihn zu holen. Ich fragte ihn, woher er käme.

»Kasachstan«, sagte der Mann, während er sich den Staub von den Hosenbeinen klopfte. »Ich wohne seit meinem fünfzehnten Lebensjahr hier... See Nr. 6, dort habe ich länger als ein halbes Jahrhundert gearbeitet.«

Der Kasache erzählte, bis vor etwa zehn Jahren habe er »ein Auto, zwei Kamele und einen Fernseher« besessen, aber er habe alles verkaufen müssen, weil er keine Rente mehr bekam.

Auf meine Frage nach seinem Namen antwortete er: »Niazbaj. Aber ›baj‹ ist eine Nachsilbe, die für ›angesehen‹ und ›vermögend‹ steht, aber ich habe alles verloren. Nenn mich ruhig Niaz.«

Nach langem Drängen ließ sich Niaz zum Aufgang seines Wohnhauses bringen, aber sein Appartement durften wir nicht betreten. Sein kasachischer Stolz hielte ihn davon ab, seine Armut zu zeigen, erklärte er uns.

Das Gebäude der Firma Artemia aus Dendermonde war ein Zufluchtsort inmitten dieser Trostlosigkeit.

Eddy, ein hagerer Flame mit Bärtchen, hatte die frühere Direktorenwohnung bezogen. Auf dem Dach war ein Wassertank montiert worden, und auf dem umzäunten Hof standen zwei robuste Jeeps.

Eddy empfing uns als willkommene Gesandte einer fernen Zivilisation. Mit seinem weichen Akzent entschuldigte er sich für die offiziellen Porträts am Eingang. König Albert und Königin Paola hingen hier neben Präsident Turkmenbaschi.

Die Haushälterin stellte Pantoffeln bereit, besticktes Schuhwerk, das sich fröhlich gegen die schwarzlederne Couch im Empfangszimmer abhob.

Eddy, gekleidet in einen Rollkragenpulli und ausgeblichene Jeans, leitete ein Unternehmen mit einem Jahresumsatz von zwei Millionen Dollar. Sein Partner in dem Joint-venture war der Fonds von Turkmenbaschi persönlich, aber der Präsident selbst saß weit weg in seinem Palast in Aschchabad und hatte Artemia vor Ort noch nie besucht.

»Artemia ist der einzige Arbeitgeber, der in Bekdasch noch übriggeblieben ist«, erzählte Eddy. Er beschäftigte etwa dreißig

Turkmenen, darunter den ehemaligen Direktor des Chemiekombinats. Die Kara-Bugas-Salzwerke waren unmittelbar nach der Feier zum siebzigjährigen Jubiläum 1999 für zahlungsunfähig erklärt worden. In diesem Jahr war noch ein letztes Mal ein iranischer Bulkcarrier auf der Reede zur Sulfatbeladung erschienen. Bekdasch, so lautete ein Befehl aus der Hauptstadt, war als Bezirkszentrum zum 1. Januar 2000 aufgehoben worden. Das beinhaltete, daß sich der turkmenische Staat aus dieser Stadt zurückzog. Damit die zweitausend übriggebliebenen Bewohner (die zu alt oder zu arm waren, um irgendwo anders neu anzufangen) die Stadt verlassen, waren die Versorgungsbetriebe zum Abbau der Dienstleistungen angehalten worden. Die Schule, das Kulturzentrum, das Postamt, der Polizeiposten und das staatliche Hotel »Dshonet« (Paradies) wurden schrittweise aufgelöst.

»Und die Trinkwasserversorgung?«

»Ja, die auch.« Eddy warf einen Blick auf Olga, die Haushälterin, die mit einem Staubtuch zugange war. Sie war die ehemalige Direktorin der Schule von Bekdasch, die es nun auch nicht mehr gab.

»In der Sowjetunion hatten wir fließendes Wasser«, erläuterte sie auf Eddys Bitte hin. »Alle Wohnungen waren an das Wasserleitungsnetz angeschlossen.«

Olga erzählte, daß das Wasser früher über eine Pipeline aus Kasachstan hierher gelangte. »Das war damals noch eine befreundete Unionsrepublik. Turkmenistan schickte dafür Erdgas, aber dann gab es Streit über die Gebühren, und jetzt strömt überhaupt nichts mehr, weder Wasser noch Gas.«

Ich fragte Olga nach ihrer persönlichen Geschichte. Wie war sie als Russin in Bekdasch gelandet?

Die Haushälterin setzte sich auf eine Sofaecke. Sie strich ihre Schürze glatt und erzählte, sie sei neunzehn Jahre alt gewesen und Pädagogikstudentin im ersten Semester in Orenburg (einer Stadt im Ural), als sie sich beim Komsomol als Freiwillige meldete. »In Turkmenistan fehle es an Lehrern, sagte man uns. Man brauche mich dort, es mache nichts, daß ich mein Studium noch nicht beendet habe.«

So kam sie nach Kap Bekdasch, das bei ihrer Ankunft im Jahre 1943 lediglich aus Baracken und Lagerschuppen bestand. Olga wurde zwischen ausrangierten Soldaten untergebracht, klapprigen Männern über fünfzig, die nicht zum Frontdienst zugelassen waren. Das Chemiekombinat war in den Kriegsjahren offensichtlich dazu übergegangen, Wolfram und Lithium für die Waffenindustrie zu gewinnen.

»Aber niemand wollte begreifen, daß die Arbeit hier, in dieser Hitze, deutlich schwerer war, als Schützengräben auszuheben.« Die Verluste unter den Männern, die in die Wüste geschickt wurden, waren laut Olga »genauso erschreckend« wie die Zahl der Opfer auf den Schlachtfeldern. »Als Lehrerin hörte ich viele Gruselgeschichten, aber niemand wagte es, sich offen dazu zu äußern.«

Ich fragte sie, ob ihr das Schicksal Jakow Rubinsteins bekannt sei. Olga nickte. Sofort nannte sie die Namen weiterer Personen, die ebenfalls wegen des Verdachts auf Spionage abtransportiert worden waren: Chefingenieur Guzman und Fährmann Salnikow. »Salnikow war so talentiert, er hätte Erfinder werden können. Ich weiß noch ganz genau, daß er aus allerhand Abfallmaterial eine Windmühle gebaut hatte, die Strom erzeugte. Aber als Fährmann redete er einfach zu viel. Und irgend jemand muß ihn dann denunziert haben.«

Nach dem Krieg hatte man die Sulfatproduktion wieder aufgenommen, zuallererst am künstlichen See Nr. 6. Aus Astrachan kamen Schiffe mit Tausenden von Verbannten. Sie waren zu sechs Jahren Gulag-Arbeit in Bekdasch verurteilt, weil sie sich von den Deutschen zu Kriegsgefangenen hatten machen lassen. In Stalins Augen war das eine Form von Verrat, die sich nur unwesentlich von Fahnenflucht unterschied.

Olga hatte einen dieser Verbannten geheiratet. Ihr Mann hieß Zorin und stammte aus einem Dorf in der Ukraine, unweit von Odessa. Angesichts der Tatsache, daß er all die Jahre hindurch diszipliniert und ohne zu meutern Sulfat geschippt hatte, sollten ihm 1952 seine Bürgerrechte zurückgegeben werden. »Sobald seine Reisepapiere in Ordnung waren, wollten wir in seinen Geburtsort ziehen. Weg von hier. Mein Mann war wahnsinnig neugierig, was davon noch übrig war und wer noch am Leben war ...«

Olga stockte mitten in ihrer Erzählung, ihre Hände fummelten nervös herum, und sie wandte ihr Gesicht ab.

Dann fing sie sich wieder und sagte: »Aber als seine sechs Jahre um waren, bekam er zu hören, daß seine Strafe um weitere sechs Jahre verlängert worden war.« Die Direktion hatte beschlossen, den Arbeitskräftemangel durch Strafverlängerungen auszugleichen. »Sie sagten, mein Mann habe sich unentbehrlich gemacht.«

Zorin war 1972 gestorben. Weggegangen von hier ist Olga nie, auch nicht, als sie Witwe war.

Eine unbehagliche Stille trat ein. Um sie zu durchbrechen, brachte ich das Gespräch auf Paustowski. Hatte sie *Kara-Bugas* gelesen?

Olga zauberte ein Lächeln hervor. Als Schuldirektorin besaß sie drei Exemplare, die sie nahezu kontinuierlich ausgeliehen hatte. Ihrer Ansicht nach war es ein wunderbares Buch, »ein Märchen«. »Man kann sich so herrlich damit wegträumen. Finden Sie nicht?« Ohne eine Antwort abzuwarten, fuhr sie fort: »Ich meine das nicht spöttisch. Paustowski spielte das Spiel einfach mit, genau wie wir alle. Ich denke, er war genauso naiv wie wir. Wir, Komsomolmitglieder, sollten die Welt verändern. Alles sollte besser werden. Wir rechtfertigten alles, und das, was sich nicht beschönigen ließ, verschwiegen wir. Mein Gott, was waren wir gutgläubig.«

»Und jetzt?« fragte ich.

»Jetzt?« Olga dachte einen Augenblick nach. »Das ›Jetzt‹ begann für uns im Jahre 1980. In diesem Jahr wurde die Bucht vom Meer abgeschnitten. Von diesem Moment an wußten wir, daß unsere Arbeit zunichte gemacht werden würde. Uns war klar, was das bedeutete: Wir würden die Bucht verlieren. Gut, wir haben es noch zwanzig Jahre lang ausgehalten. Aber jetzt, wo sie die Wasserverteilung einstellen, ist Bekdasch zum Tode verurteilt.«

Olga sagte, sie würde sich zu Hause mit Meerwasser waschen, die Böden mit Meerwasser schrubben, ja sogar Suppe

aus Meerwasser kochen. »Da muß doch sowieso Salz hinein, es wäre Sünde, dafür Süßwasser zu verwenden.«
Die Firma Artemia zahlte die Löhne in Geld und Trinkwasser aus: fünfzig Liter pro Familie und pro Woche. »Ich nehme an, es wäre die Hölle los, wenn wir die Trinkwasserrationen einziehen würden«, sagte Eddy, der angeboten hatte, uns seine »Basisstation« an der Bucht von Kara-Bugas zu zeigen.

Ohne den Vierradantrieb von Eddys Betriebsjeep wären wir nicht bis zu See Nr. 6 gekommen – dafür waren die Hügel zu steil und die Mergelspurrillen, die hindurchführten, zu locker. Wir hatten die Küste des Kaspischen Meeres verlassen und fuhren zehn, zwanzig Kilometer landeinwärts.

Ibrahim-Aka war froh, daß er sich nicht mit seinem Daewoo auf diesen Parcours wagen mußte. »Der ganze Motorblock gerät hier unter Sand«, meinte er.

Eddy erläuterte ihm, daß manche Europäer sich gerade daraus einen Sport machten. Er erzählte, daß 1997 eine Karawane von Motorradfahrern durch diese Landschaft gerast wäre. Die Master-Rallye, eine Alternative zur Rallye Paris–Dakar von Europa nach Asien, hatte in dem Jahr die Umrundung der Bucht von Kara-Bugas als einmalige Etappe eingebaut. See Nr. 6 war der einzige Weiler, dem die Rennfahrer an diesem Tag begegneten. »Wer einen Motorschaden hatte, wurde von den Begleithubschraubern aus der Karakum geangelt.«

Ibrahim-Aka konnte sich das nicht vorstellen. Er bekam allerdings auch nicht viel Zeit, darüber nachzudenken, denn unser flämischer Reiseführer wies bereits wieder auf etwas anderes hin: die Karkassen fremdartiger Roboter, die man entworfen hatte, um das Sulfat vom Boden loszustemmen. Sie standen wie versteinert auf dem weiß bedeckten Boden des Produktionsbeckens von See Nr. 6. Die Bruchbuden der Siedlung reihten sich bogenförmig darum auf. Alles von Wert war abgerissen und mitgenommen worden, der Rest klapperte im Wind.

»Anhalten?« Eddy sah mich fragend an.

»Nein«, sagte ich. »Fahr nur weiter.«

Der Jeep kroch wieder einen Hügel hinauf, und auf einmal schauten wir über die Bucht von Kara-Bugas.

Das Wasser war tiefblau, und nur an den flachen Rändern überwog ein grünlicher Schleier. Der Hügel, auf dem wir standen, drapierte sich wie ein geöffneter Kragen um die Bucht. Die Lagune war so groß, daß man das gegenüberliegende Ufer trotz der klaren Luft mit bloßem Auge nicht erkennen konnte.

Wir stiegen aus. Eddy zog zunächst den Reißverschluß seiner Windjacke zu. Er war auf die kräftigen Stöße der Moriana vorbereitet.

Unten an der Flutlinie standen weiße Container, auf denen die Fahnen von Artemia und Turkmenistan wehten. Eddys Basisstation. Auf dem Weg dorthin wurden wir durch lautes Kreischen zweier schwarzer Vögel überfallen, die drohend über unseren Köpfen segelten. Man konnte ihre schweren Schwungfedern sehen, selbst den Knick in ihrem Nacken: Sie behielten uns aufmerksam im Auge.

»Steinadler«, sagte Eddy. »Die sind hier in diesem Jahr zum ersten Mal. Sie nisten in einem Schacht ganz in der Nähe.«

Ibrahim-Aka versuchte, den Schrei der Raubvögel nachzuahmen, stellte seinen Versuch aber schnell ein, als eines der Tiere zum Sturzflug ansetzte. Es erwies sich als Scheinangriff, aber immerhin als ein wirkungsvoller.

Eddy erzählte, daß sich das Taucherteam von Jacques Cousteau, dem berühmten Ozeanographen, der 1999 gestorben war, hier vor einigen Jahren niedergelassen hatte, um das Unterwasserleben zu erforschen. Durch den extremen Salzgehalt, der sogar höher war als der des Toten Meeres, war die Tier- und Pflanzenwelt der Bucht von schlichter Schönheit. Dort wuchsen Rotalgen, die ihre Farbe der großen Menge von Karotin zu verdanken hatten, die sie banden. Die Krebse – nicht einmal anderthalb Zentimeter lang – lebten von den Rotalgen und produzierten dadurch rote Eier.

»Wir mieten in jedem Frühjahr einen Hubschrauber, um zu sehen, wo die roten Eier gehäuft vorkommen«, sagte Eddy. »Sie bilden rötliche Schlieren von etlichen Kilometern Länge, die der Wind vor sich hertreibt.«

Die Flamingos lebten von diesen Eiern und den ebenso roten Artemialarven. Ihre zartrosa Farbe verdankten sie dem Karotin, das sich über die Nahrungsketten der Algen und Krebse in ihre Federn verlagerte.

Ich lief bis zum Rand der Flutlinie. Die weißen Streifen auf dem Strand, die ich aus der Ferne für eine Brandung gehalten hatte, waren in Wirklichkeit Riffe aus Wundersalz. Sie fühlten sich rauh und ätzend an.

Liriki kontra Fisiki

Schriftsteller hatten die Sowjetgesellschaft hochgehalten. Schriftsteller ließen sie auch wieder fallen. Wie bitter hätte es wohl Maxim Gorki gestimmt, wenn er erfahren hätte, daß sich die Liriki eines Tages gegen die Fisiki auflehnen würden?

Als Ende 1954 in Moskau der zweite Volkskongreß des sowjetischen Schriftstellerverbands beginnt, hat sich äußerlich noch nicht viel verändert. Das Volk hat im März 1953 aufrichtig um Stalin getrauert. Der geliebte Vater der Nation ist neben Lenin im Mausoleum beigesetzt worden. Bis jetzt weist nichts auf die bevorstehende Enthüllung der Greueltaten hin, obwohl Stalins treuester Adjutant, NKWD-Chef Lawrenti Berija noch im selben Jahr hingerichtet und aus der *Großen Enzyklopädie der Sowjetunion* gestrichen worden ist. (Abonnenten im In- und Ausland sandte man ein lose eingelegtes Blatt über die Beringstraße zu und wies sie an, dieses über das Stichwort ›Berija‹ zu kleben.)

Der Kongreß beginnt mit zwei Schweigeminuten zum Gedenken an den Genossen Stalin. Wie eine unverbrüchliche Gemeinschaft schnellen Tausende von Schriftstellern und Dichtern von ihren Plätzen, um anschließend mit gesenktem Haupt eigenen Gedanken nachzugehen. »Jeder von uns schreibt so, wie es ihm sein Herz eingibt«, sagt Michail Scholochow, »aber unsere Herzen gehören der Partei.«

Paustowski, im dreiteiligen Anzug, sitzt in einer der vordersten Reihen. »Laßt uns doch offen sprechen«, lautet der Auftakt seines Plädoyers, in dem er sich an »mißgünstige Rezensenten im Ausland« richtet: »Im Westen wird allgemein behauptet, wir Sowjetschriftsteller keuchten unter dem Joch vieler

Verbote und Behinderungen. Wir könnten angeblich unsere Themen nicht frei wählen und unsere Gedanken nicht frei entfalten. Ich bin ein durchschnittlicher Sowjetschriftsteller. Nie hat man mich bei der Themenauswahl oder bei der Art und Weise meiner Themenbehandlung bevormundet oder irgendwelchen Druck ausgeübt.«

Seit seinem Aufenthalt am Wolga-Don-Kanal hat sich Paustowski vor allem auf die Wasserbauliteratur konzentriert. Im Kielwasser der *Geburt der See* schreibt er ein Dutzend Geschichten mit Titeln wie *Mächtige Flußmacht*, *Frühe Segnungen, Der Lauf neuer Flüsse.*

In der *Großen Enzyklopädie der Sowjetunion* wird er als »Romantiker des sozialistischen Aufbaus« bezeichnet.

Seit er und seine Familie die Einzimmerwohnung in der Gorkistraße gegen die Wohnung im Moskauer Stalinturm getauscht haben, läuft für Paustowski alles nach Wunsch. 1955 hängt er seine Dozentur am Literaturinstitut an den Nagel. Allerdings versäumt er es vorher nicht, seiner Stieftochter Galja – die gerade achtzehn geworden ist – einen Platz im Studiengang Literaturkritik zu beschaffen.

In diesem Jahr haben die Paustowskis sogar Geld für eine Datsche. Tatjana macht sich auf die Suche nach einer Unterkunft in den Dörfern entlang der Oka, einem der mittelrussischen Flüsse, die ihr Mann am liebsten mag. In Tarusa findet sie ein Holzhaus, das die Paustowskis vom Direktor des örtlichen Sanatoriums übernehmen können. Es war ein Glücksgriff. Aufgrund der Ruhe und der räumlichen Möglichkeiten hat Paustowski endlich seinen idealen Schreibplatz.

An einem stillen Oktobertag fuhr ich dorthin. Galja, die außer der Wohnung auch die Datsche geerbt hat, hatte mir den Weg genau beschrieben. Die Adresse lautete Proletarierstraße Nr. 3. Aber wenn ich Tarusa einmal gefunden hatte, sollte ich am besten nach dem »Paustowski-Haus« fragen. Sie selbst war schon seit ein paar Tagen mit ihrem Mann Wolodja damit beschäftigt, Datsche und Garten winterfest zu machen.

Die Proletarierstraße war ein holpriger Sandweg, auf dem

ein in Lumpen gekleideter Bauer seinen Rausch ausschlief. Zusammengerollt wie eine Garnele lag er in der Böschung. Durch das Sonnenlicht auf der Frontscheibe sah ich ihn erst im letzten Augenblick. Ich konnte seinen halb angewinkelten Beinen mit knapper Not ausweichen, und als ich am Ende des Weges bei Nr. 3 anhielt, war ich immer noch leicht verdutzt.

»Tarusa ist berüchtigt für seine Trunkenbolde«, sagte Wolodja, der gerade zusammengeharkte Laubhaufen verbrannte.

»Und für seine Diebe«, ergänzte Galja. »Allein schon in dem Viertel hinter dem Sanatorium wohnen acht Männer, die Raubüberfälle begangen haben.«

»Acht Männer, die Raubüberfälle begangen haben?« Das klang unwahrscheinlich. Es paßte überhaupt nicht zu der friedlichen Ausstrahlung des Dorfes: ein Kurort mit Backsteinhäusern an einem bewaldeten Flußufer, das von Bauernkaten umgeben war. Es roch herrlich nach nassen Blättern und Pilzen.

Aber Galja war fest davon überzeugt: »Tarusa ist eine Müllhalde für Kriminelle.« Das kam, so erklärte ihr Mann, durch die ›Hundertkilometerbestimmung‹ im sowjetischen Strafrecht. Auf deren Grundlage legte man Straffälligen ein lebenslängliches Verbot auf, sich im Umkreis von hundert Kilometern rund um Moskau niederzulassen. »Und weil Tarusa gerade außerhalb dieser Hundertkilometergrenze liegt, lassen sie sich oft hier nieder.«

Galja deutete auf ihre märchenhafte, blau-weiß gestrichene Datsche und meinte, daß noch Fensterläden fehlten, um die zahlreichen Einbrecher von Tarusa im kommenden Winter abzuschrecken. Sie zog ihre Arbeitshandschuhe aus und zeigte mir den Garten, wo sie gerade die Blumenbeete mit Stroh und Reetmatten abdeckte. »Sonst erfrieren die Blumenzwiebeln«, sagte sie. Ein Pfad aus Natursteinen führte zu einer Latrine und einem kleinen Schuppen mit aufgestapelten Holzscheiten. Weiter oben zwischen den Apfelbäumen verbarg sich die Gartenlaube, in der Paustowski während der letzten zwölf Sommer seines Lebens gearbeitet hatte. Das sechseckige Häuschen war abgeschlossen, und als ich hineinspähen wollte, hing mein Gesicht gleich voller Spinnweben.

Wie alle Russen genossen Galja und ihr Mann das Landleben. Im Handumdrehen bog sich der Küchentisch unter Brot, Wurst, Käse und Sahne. »Greif zu«, ermunterte mich die Frau des Hauses. »Wir essen hier mit den Händen.« Sie seufzte kurz, und während sie eine Scheibe Leberwurst zum Mund führte, sagte sie versonnen: »Was war ich doch früher *schlank* ... wie *glücklich* ich war ...«

Ich sagte ihr, daß ich in Paustowskis Werk nicht mehr als zwei Nebensätze gefunden hätte, in denen von ihr die Rede war. »Irgendwo nennt er Sie ›eine junge Frau mit der Neigung zu impulsivem Verhalten‹.«

Galja lachte herzhaft. »Ja, aber das sagt mehr über ihn als über mich. *Er* war immer so ordentlich und so – wie soll ich sagen – *förmlich*.«

Ich kannte die Geschichten über sein tadelloses Äußeres, seine breiten Krawatten und seine bis oben geschlossenen Hemden. Aber dennoch muß er während des »Tauwetters« unter Stalins Nachfolger Chruschtschow zu spontanen, mutigen Handlungen fähig gewesen sein. Ich erwähnte seine »Drozdowrede« – eine berühmte Rede, deren Titel auf den Antihelden aus der Novelle *Der Mensch lebt nicht vom Brot allein* anspielte (auf den faulen Beamten Drozdow). In diesem Text aus dem Jahre 1956 hatte der Satiriker Wladimir Dudinzew den Sowjetbürokraten lächerlich gemacht. Der Schock des Erkennens war so groß, daß Parteiführer Chruschtschow das Buch mit »lasterhaft« abstempelte. Obwohl er bereits früher im selben Jahr radikal mit der stalinistischen Vergangenheit gebrochen hatte (er prangerte die Verbrechen seines Vorgängers an), war Chruschtschow der Meinung, daß der Autor seine neuen Freiheiten mißbraucht hatte.

Vor diesem Hintergrund hatte sich Paustowski öffentlich gegen die »Trägheit und Selbstzufriedenheit der Drozdows«, der »Nichtsnutze und Stiefellecker« ausgesprochen, »die wir jeden Tag um uns herum sehen«.

»Angesichts des Risikos, das er einging«, brachte ich vor, »konnte man das doch schwerlich vorsichtig nennen? Es war eher unbesonnen.«

Ein paar Augenblicke blieb es still am Tisch. Wolodja sah seine Frau an. »Erzähl ihm mal, wie es war«, sagte er schließlich.

Galja tupfte sich mit einer bestickten Serviette die Lippen. »Die Drozdowrede *war* mutig«, sagte sie in gemessenem Ton. »Aber wir, die Studenten der Literaturkritik, haben ihn dazu gebracht, diese Rede zu halten.«

Sie erzählte, daß sie am Gorki-Institut eine Ankündigung einer Debatte über *Der Mensch lebt nicht vom Brot allein* gesehen hatte. Veranstaltungsort: Haus der Schriftsteller, Restaurant im ersten Stock. Datum: 22. Oktober 1956. Darunter standen vier Namen literarischer Persönlichkeiten, die den umstrittenen Text angreifen sollten. Als einziger Verteidiger der satirischen Novelle von Dudinzew wurde der jugendliche Dichter Jewgeni Jewtuschenko angekündigt.

»Das schafft Jewgeni nie!« hatten Galja und ihre Kommilitonen ausgerufen. Jewgeni Jewtuschenko war noch Student, zwar ein pfiffiger und mutiger, aber was konnte er schon gegen vier Koryphäen ausrichten?

Eine von Galjas Freundinnen nahm sie zur Seite und sagte: »Er braucht Verstärkung. Wir müssen sehen, wie wir deinen Stiefvater dazu überreden können.«

Paustowski reagierte ablehnend. »Ich rede nicht gern in der Öffentlichkeit, das wißt ihr doch?« Aber als er die Namen der Redner las, ärgerte er sich grün und blau.

»Gut«, versprach er. »Ich werde ihnen Kontra geben.«

Die Nachricht, daß Paustowski die Verteidigung von *Der Mensch lebt nicht vom Brot allein* auf sich nehmen würde, war ihm aus Tarusa vorausgeeilt.

»Die Straße vor dem Haus der Schriftsteller war blockiert«, erzählte Wolodja. »Alle Sitzplätze waren vergeben. Wir standen dicht gedrängt hinten an der Wand.«

Sobald Paustowski das Wort ergriff, verstummte die lärmende Menge. Galja fand es schade, daß er mit so brüchiger, schwerverständlicher Stimme sprach. Für ihren Geschmack hätte seine Rede ruhig etwas engagierter und lautstärker sein können. »Das Problem ist, daß sich in unserem Land eine neue soziale

Schicht entwickelt hat«, argumentierte Paustowski. »Neureiche Parteifunktionäre.« Galja regte sich innerlich auf. Er solle endlich sagen, worum es ginge. »Es ist eine Riege von Menschen, die mit der Revolution und dem Sozialismus nichts mehr gemein haben. Zyniker sind es, Schwarzseher, die vor antisemitischem Geschwätz nicht zurückschrecken. Woher kommen diese Drozdows?

Sie maßen sich an, im Namen des Volkes zu sprechen, aber im Grunde hassen sie das Volk. Jeden Tag können wir diese Leute um uns herum sehen, sie kleiden sich alle gleich und drükken sich auf dieselbe ekelerregende Weise aus. Sie benutzen eine tote Sprache, eine Sprache von Bürokraten, in der sie im Grunde ihre volle Verachtung für das Russische zum Ausdruck bringen.«

Paustowski schloß mit der Prophezeiung, daß sich das Volk bald »der Drozdows entledigen werde«.

»Dieser letzte Satz wurde zu einem geflügelten Wort«, sagte Galja. Gleich am nächsten Morgen umarmten sie Wildfremde am Gorki-Institut und gratulierten ihr. Unter der Überschrift »Das Volk wird sich der Drozdows entledigen« tauchten hier und da in der Sowjetunion handgeschriebene Kopien von Paustowskis Rede auf. An der Warschauer Universität wurden Disziplinarstrafen für den Besitz und die Verbreitung des Drozdow-Textes verhängt. Diese Strafen konnten nicht verhindern, daß eine Kopie der Rede in Paris landete und prompt auf französisch in der Zeitschrift *L'Express* abgedruckt wurde.

Galja konstatierte, daß sich Paustowski von diesem Moment an unversehens in die Ränge der Dissidenten manövriert hatte. »Und das habe ich angestiftet«, sagte sie strahlend.

Disziplinarstrafen für Paustowski selbst blieben aus. Die *Literaturnaja Gaseta* hatte ihm allerdings auf die Finger geklopft. Sein Beitrag zur *Der-Mensch-lebt-nicht-vom-Brot-allein*-Debatte wurde in dieser Literaturzeitschrift so zusammengefaßt: »Genosse K. Paustowski zog eine Reihe unrichtiger Schlußfolgerungen, zum Beispiel behauptete er, die Drozdows wären ein weitverbreitetes Phänomen.«

Dabei blieb es. Paustowski war es vergönnt, den Rest des Jahres in aller Ruhe der Zusammenstellung seiner *Gesammelten Werke* zu widmen, die zwischen 1957 und 1958 erschienen. In den sechs in Kunstleder gebundenen Bänden gab es eine auffallende Lücke: *Die Geburt der See*. Es war nicht gerade überraschend, daß dieser Text fehlte, denn Paustowski wollte nicht an dieses Auftragswerk erinnert werden. Außer der *Kara-Bugas*-Verfilmung aus dem Jahre 1935 hatte Paustowski offensichtlich auch die Wolga-Don-Erzählung aus seinem Leben verbannt.

Das nahm ich zumindest an. Aber als ich seine gesammelten Werke noch einmal durchblätterte, stieß ich auf eine Geschichte von mehr als hundert Seiten: *Der heldenhafte Südosten*. Ich erkannte Passagen aus der *Geburt der See,* und mir wurde klar, daß es sich um eine bearbeitete Version handelte. Ein Drittel des Originals hatte er verändert oder gestrichen, den Rest aber unter anderem Titel beibehalten.

Ein Vergleich beider Varianten eröffnete einen besonderen Blick auf Paustowskis persönliche Gedanken und Vorlieben. Welche Fragmente hatte er aus Scham weggelassen? Und was hatte er aus freier Entscheidung für die Nachwelt bewahrt?

Alle Hinweise auf Stalin waren verschwunden. Niemand ließ sich mehr von den »genialen Ideen des Genossen Stalin« inspirieren. Es wäre politisch unvernünftig gewesen, wenn Paustowski die Äußerungen über »die Ideen, die Forderungen, die Leidenschaften und den Mut Stalins« 1958 unverändert gelassen hätte. Ebenso strich er die leeren Versprechen über den nahenden Kommunismus und über ein »Goldenes Jahrhundert der Menschheit«. Die Protagonisten in der Erzählung *Der heldenhafte Südosten* strahlen nicht mehr so viel pures Glück aus, sondern sind nüchterner und wahrheitsgetreuer dargestellt.

Aber das ist eigentlich schon alles. Der Lobgesang auf die Leistungen der Sowjetingenieure ist erhalten geblieben. Vielleicht fand Paustowski diese Errungenschaften des Gedenkens wert. Auf jeder Baustelle herrscht Eintracht und Entschlossenheit, die fleißigen Arbeiter sind auch in der überarbeiteten Fassung keine deutschen Kriegsgefangenen oder Gulag-Insassen, sondern Freiwillige. Im Hinblick auf den Wasserbau in der Sowjetunion ist Paustowski genauso begeistert und enthusiastisch wie am Beginn der fünfziger Jahre.

Aufgrund der rigorosen Streichungen ist die Geschichte in Stil und Ton mahnender geworden. Die Hauptperson aus der *Geburt der See* (Bauaufseher Basargin) wird im *Heldenhaften Südosten* von einer Nebenfigur übertrumpft, dem rotblonden Ingenieur Starostin. Starostin ist ein bescheidener Mann, fast schon schüchtern. Aber seine Mission ist »erschütternd«.

»Wahrhaftig, wenn das nicht Starostin ist«, ruft Basargin, als er ihm zum ersten Mal begegnet. »Unser Mann aus Leningrad, der die Flüsse Ob und Irtysch in Richtung der Kasachischen Steppe umlenken wird.«

Der schlaksige Starostin errötet. In Wahrheit wurde er als Kundschafter eines anderen und noch viel größeren Vorhabens entsandt. Die Umkehrung der sibirischen Flußläufe. Mit »Schöpfwerken, die zehnmal stärker sind als die herkömmlichen« und »einem Kanal von zweitausend Kilometern Länge« sollen Ingenieure wie Starostin die Baumwollpflanzen Mittelasiens mit sibirischem Wasser retten. Für ihn ist die Anlage des Wolga-Don-Kanals lediglich eine kleine Vorübung: der Auftakt zur eigentlichen Arbeit. Da er als Ingenieur der Zukunft so sehr im Studium der optimalen Grabtechnik aufgeht, merkt er nicht, daß sich Klawa, die schönste und sportlichste Baggerführerin, in ihn verliebt. Nichts und niemand kann ihn von seinem Ziel abhalten, der Perebroska.

»Alles an diesem Projekt war gewagt und grandios. Starostin selbst hatte sich an die Zahlen gewöhnt, aber auf Außenstehende machten sie einen schockierenden Eindruck. (...) Starostin begriff, daß das zukünftige weltgrößte wasserbautechnische Vorhaben ausgerechnet hier, am Wolga-Don-Kanal, geboren wurde. Hier bildete sich ein Heer von ausgezeichneten Bauarbeitern, hier suchten Fachleute nach den besten Arbeitsweisen, hier türmten sich die wertvollsten Erfahrungen auf.«

In Paustowskis Worten schreibt der Mensch der Sowjetunion zwischen Wolga und Don gerade »eine Geschichte der Zukunft«.

Das Moskauer Institut für Wasserbaukunde wurde anno 2001 noch immer von waschechten Umlenkern bevölkert. Sie hielten sich für die Veteranen in einer verlorenen Schlacht. Einer von ihnen, Professor Alexander Welikanow, bot an, die »wahren Gründe für das Scheitern der Perebroska zu enthüllen«. Ich hatte ihn kaum begrüßt, als er auch schon vor den Mythen warnte, in die das Projekt gehüllt war.

Das Institut hatte sichtbar bessere Zeiten gekannt; von außen und innen lechzte es nach einem neuen Anstrich. Die Abgase des vorbeirasenden Verkehrs hatten die Fassade mit einer Rußschicht überzogen. Irgendwo im dritten Stock lotste mich der Professor in einen Hörsaal mit halb ausgewischten Mathematikformeln an der Tafel. »Besser hier als im Direktionszimmer. Heute ist Zahltag, und dann rennen sie mir alle die Tür ein.«

Welikanow, ein etwa sechzigjähriger Mann mit wirrem Haar und verlebten Gesichtszügen, war in den siebziger Jahren als Hochschullehrer für Hydraulik zum stellvertretenden Direktor der Wasserbaukunde aufgestiegen. »Perebroska entsprach den geschichtlichen Entwicklungen«, sagte er in grüblerischem Ton. »Es war ein logischer Schritt in der Evolution unserer Kultur gewesen.« Der Professor spielte geschickt mit einem Stückchen Kreide. »Immerhin transportieren wir auch Öl und Gas über große Abstände. Also warum sollten wir kein Wasser aus dem einen in den andern Fluß überführen können?«

Die Amerikaner taten das auch. Inter-basin watertransfer. Nichts weiter dabei, das machte man schon seit Jahren. Ich hatte doch sicherlich schon mal vom Coloradofluß gehört? Oder vom Tajo in Spanien? »Unser Entwurf unterschied sich lediglich im Maßstab. Das flößte den Leuten Respekt ein. Und manchmal auch Angst.«

Alexander Welikanow war ein Umlenker der allerersten Stunde. Als er 1955 sein Studium beendete, ordnete das Zentralkomitee an, Vorbereitungen für die Umkehrung von fünf Flüssen (drei im europäischen Teil Rußlands und zwei in Sibirien) zu treffen. Dem Institut für Wasserbaukunde wurde die Oberaufsicht zu allen benötigten Voruntersuchungen übertragen. »Unsere Mittel waren unbegrenzt«, sagte der Professor mit einer Spur von Nostalgie. »Wir bekamen eine eigene Flotte, ein Netzwerk von Meßstationen, Hubschrauber für unsere Expeditionen und alles, was wir sonst noch so brauchten.«

Schon bald arbeiteten 68 000 Mitarbeiter von etwa siebzig wissenschaftlichen Einrichtungen an dem Projekt.

»Aber beachten Sie: Es gibt einen Unterschied zwischen einem Projekt und einem Proshekt. Das letzte Wort sprach er so affektiert französisch wie möglich aus. Dieses Wort hatte Welikanows Lieblingsschriftsteller Nikolai Gogol bereits im neunzehnten Jahrhundert literarisch mit dem Bau von Luftschlössern besetzt. »Perebroska an sich war ein normales Projekt. Nützlich, machbar. Aber manche von uns hatten Rosinen im Kopf. Die träumten zum Beispiel davon, Kanäle mit Hilfe kontrollierter Kernexplosionen zu graben.«

»Ein Proshekt?«

»Ja«, sagte Welikanow. »Aber das Traurige daran war, daß solche Kernversuche tatsächlich im Ural – im Rahmen des ›Friedensatoms‹ – durchgeführt worden sind. Das war eine Erforschung friedlicher Anwendungen von Kernexplosionen im Wasserbau.«

Nach Ansicht des Professors lag die Verantwortung für das »Proshekt-Denken« bei den sowjetischen Schriftstellern. Die Liriki trieben die Fisiki zu immer größeren und auf die Dauer gesehen unsinnigen Leistungen an. Zu Zeiten Gogols übten die Schriftsteller zumindest noch Gesellschaftskritik. »Aber in der Stalinzeit wurden die Fisiki ausschließlich unter Lobhudeleien begraben. Bei den Dämmen und Schöpfwerken, die wir entwarfen, hieß es immer wieder: ›monumentaler als die ägyptischen Pyramiden‹. So stand es in unseren Zeitungen. Und da soll einer noch die richtigen Proportionen im Auge behalten!«

Nichts und niemand konnte die Wasserbauvorhaben der Sowjetunion noch im Zaum halten. Das Ministerium für Wasserwirtschaft (abgekürzt MinVodChoz) wuchs zu einem Moloch mit einer Million Beamten, die über die fünfzehn Teilrepubliken verteilt waren. MinVodChoz verfügte über ein eigenes Klassifikationssystem für heikle Dokumente, die jedem Dienstplan und jeder Quittung mindestens den Stempel »geheim« bescherte.

Mit seiner kraftvollen Lobby innerhalb der Machtsäulen wurde MinVodChoz zum einflußreichsten Ministerium nach dem Verteidigungsministerium. Es entstand (»wie von selbst«, betonte der Professor) eine Sucht nach Heldentaten. Tropfenbewässerung, die sparsame Methode, mit deren Hilfe die Israelis ihre Orangenplantagen zur Blüte brachten, war für die sowjetische Wasserbaubürokratie uninteressant. Kanäle klangen und waren wuchtiger.

»Nur Wasserwerke, die die Phantasie herausforderten, konnten die Existenz eines so umfangreichen Apparats rechtfertigen.« Welikanow sprach von der »Gigantomanie«, die sich allmählich unter den Führungskräften breitgemacht hatte – und während ich ihm zuhörte, erhielt die Wasserbau-Gesellschaft von Karl August Wittfogel Konturen. Deutlicher denn je offenbarte sich der Mechanismus, daß Wasserbau in großem Maßstab die Neigung auslöste, sich totalitärer Strukturen zu bedienen: ohne Zucht, Disziplin, strenge Befehlsstrukturen und billige Arbeitskräfte waren öffentliche Arbeiten wie die Perebroska undenkbar. Andererseits brauchten totalitäre Regime gigantische Bauprojekte offensichtlich zu ihrer Rechtfertigung.

Welikanow bestätigte, daß Stalin nur aufgrund des unerschöpflichen Nachschubs an Zwangsarbeitern zu seinem Kanal- und Dammbau hatte kommen können. Seine Nachfolger kämpften folglich auch nicht mit der technischen oder ökonomischen Machbarkeit, sondern mit der Durchführbarkeit der Perebroska. Anders ausgedrückt: Je leerer die Gulags, desto kleiner wurde die Chance, den Flußumlenkungsplan zu realisieren. Um in stalinistischem Ausmaß weiterbauen zu können, mußten neue Arbeitsreservoirs angebohrt werden. Man dachte an den Einsatz der Roten Armee, an die Einrichtung einer gesonderten »Dienstpflicht in der zivilen Arbeit« oder eine Antialkoholkampagne, wobei die Trunkenbolde des Landes zu »einer Arbeitskur von maximal drei Jahren Kanalbau« verurteilt werden konnten.

Zu einer solchen Arbeitsmobilisierung kam es dann aber doch nicht. Es schien, als würde die Sowjetunion nach der Amnestiewelle unter Chruschtschow langsam ihre Schlagkraft verlieren.

Beamte gab es in rauhen Mengen, daran lag es nicht, und auch an Ingenieuren und Aufsehern herrschte kein Mangel. Aber durch die Freilassung rund einer Million Gefangener auf einen Schlag (am 27. März 1953, drei Wochen nach Stalins Tod) dünnte die Sowjethierarchie ihren Vorrat unmündiger Sklaven aus.

Weil der Startschuß zur Perebroska ausblieb, exportierte die Sowjetunion ihr Wasserbauwissen. Zwischen 1957 und 1970 leiteten sowjetische Ingenieure ein Arbeitsheer von 35 000 Ägyptern, die bei dem Ort Assuan einen 111 Meter hohen und drei Kilometer breiten Damm im Nil aufschütteten. An der Wiege des östlichen Despotismus zeigten die sowjetischen Wasserbauer vor den Augen der Welt ihr ganzes Können.

Im eigenen Land verlangte Chruschtschow immer mehr Wirkungsstudien, als wolle er sein Unvermögen, die Perebroska zur Ausführung zu bringen, verschleiern. Professor Welikanow hatte sich des Eindrucks nicht erwehren können, daß er und seine Kollegen mit all diesen zusätzlichen Analysen hingehalten wurden. Er sagte, schließlich habe es so viele Berichte über die Perebroska gegeben, daß ein Menschenleben nicht ausreichen würde, sie alle zu lesen.

Mehr noch als diese Tatsache bedrückte mich die Vorstellung, daß die Millionen Stunden menschlicher Denkkraft zu nichts geführt hatten.

»Oh, aber das habe ich nicht behauptet«, sagte der Professor. »Die Perebroska ist für die Entwicklung der Mathematik außerordentlich wichtig gewesen. Besonders die lineare Programmierung hat davon profitiert.«

Das Familienanwesen, auf dem Paustowski seine Jugend verbracht hatte und das auf der länglichen Insel im Flüßchen Ros lag, war mitsamt den Bienenkörben Onkel Ilkos von einem Stausee verschlungen worden. Auch dieser kleine Seitenfluß des Dnjepr, der sich einmal »wie eine Furie einen Weg durch das Awratynische Gebirge gebahnt hatte«, war für den Fortschritt eingedämmt worden.

Für Paustowski, der diesen »geheimnisvollsten Flecken der Erde« Tatjana und Galja gern gezeigt hätte, war dies eine Enttäuschung. Während eines Ausflugs aufs ukrainische Land im Sommer 1954 konnte er jedoch in zahllosen anderen Jugenderinnerungen schwelgen. Er erkannte Häuser, in denen Onkel und Tanten gewohnt hatten, seine Grundschule und die Kirche, in der seine halb polnische Mutter immer betete.

Galja war überrascht von den vielen »Paustowskis«, die dort wohnten.

»Es war, als würden die Szenen aus *Ferne Jahre* vor unseren Augen zu Leben erwachen«, erzählte sie über diese denkwürdige Reise. »Für mich öffnete sich eine neue Welt. Selbst die Kinder liefen dort noch in Trachten herum.«

Mutter und Tochter hatten ihm geraten, seine Autobiographie noch einmal zur Hand zu nehmen. Jetzt, da die Shdanowschtschina vorbei war, hatten die sowjetischen Verlage keine Probleme mehr mit dem angeblich unpolitischen Charakter der Autobiographie.

Was man schreiben darf und was nicht, verschiebt sich auf spektakuläre Weise. Der erste Jahrgang Dissidenten nach Stalins Tod verwirft die von den Schriftstellern geforderte Lakirowka. 1954 hat Ilja Ehrenburg eine Novelle veröffentlicht, in der ein Künstler vorkommt, »der genau wie alle anderen Ränke schmiedet, intrigiert und lügt«. Die Novelle trägt den Titel *Tauwetter*, die Bezeichnung, die später das Zeitalter Chruschtschows charakterisieren wird.

Jewgeni Jewtuschenko ruft dazu auf, »den Worten ihren ursprünglichen Klang wiederzugeben«. Fabriksirenen am Morgen »singen« nicht, sie *heulen*. Und der Stahlgießer, für den dieses Geräusch bestimmt ist, springt nicht aus dem Bett, sondern dreht sich noch mal um. Paustowski teilt die Kritik an der Künstlichkeit der Sowjetliteratur. Seiner Ansicht nach strahlen zu viele Bücher »Ohnmacht« aus. Sie atmen »eine scheinheilige Fröhlichkeit, die echte Freude, vor allem Arbeitsfreude suggerieren soll«.

Eine Handvoll Schriftsteller ist die Gängelei von GlawLit leid und macht sich auf die Suche nach Methoden, um die Zensur zu umgehen. *Doktor Shiwago*, der Roman, an dem Boris Pasternak jahrelang in aller Stille gearbeitet hat, wird von keinem sowjetischen Verlag akzeptiert. Zu Recht, meint die *Literaturnaja Gaseta*, denn er rückt die Oktoberrevolution in ein schlechtes Licht. Als das Buch 1957 in Italien erscheint und 1958 auch noch mit dem Literaturnobelpreis ausgezeichnet wird, entsteht ein politisch inszenierter literarischer Tumult, in den alle Sowjetschriftsteller, ob sie nun wollen oder nicht, hineingezogen werden. Pasternak hat sich der Tamisdat schuldig gemacht: des Herausgebens (isdat) seines Werks im Ausland (tam oder dort).

Parteitreue Studenten des Gorki-Literaturinstituts werden auf die Straße geschickt, um ihn als »Judas« zu brandmarken. »Verschwinde aus der Sowjetunion«, steht auf mitgeführten Plakaten. Unterdessen drohen Komsomolzen, seine Datsche in Peredelkino in Brand zu stecken.

Der sowjetische Schriftstellerverband beteiligt sich an dieser Hetze ebenfalls nach Kräften: Pasternak wird aus dem Schriftstellerverband ausgeschlossen. Die Moskauer Sektion ersucht die Sowjetregierung, »dem Verräter Pasternak die Staatsbürgerschaft« abzuerkennen. Als wäre das noch nicht genug, werden bekannte Sowjetschriftsteller dazu aufgefordert, Pasternaks feige Tat zu verurteilen. Während abendlicher Auftritte im Restaurant des Hauses der Schriftsteller gehen sie einer nach dem anderen mit ihm ins Gericht.

Auch Paustowski sollte die Rolle eines Anklägers übernehmen. »Wir waren auf der Datsche, als sie ihn holten«, erzählte Galja am Küchentisch in Tarusa. »Ein Apparatschik des Schriftstellerverbands und sein Chauffeur.«

»Es war gegen elf Uhr morgens«, ergänzte Wolodja. »Ich sah, wie das schwarze Auto hier in der Proletarierstraße vorfuhr.«

Der Sekretär des Moskauer Schriftstellerverbands, ein gewisser Smirnow, stieg aus. »Gepflegter Herr. Sah sehr vornehm aus.«

Weil die Herbstsonne so schön schien, war Paustowski nach dem Frühstück mit seinem Boot zum Angeln auf die Oka gefahren.

»Was?« hatte Smirnow ausgerufen, der nicht glauben konnte, daß Paustowski dann immer den ganzen Tag wegblieb. »Es ist dringend«, meinte er mit Nachdruck. Aber Galja und Wolodja konnten nichts für ihn tun.

»Smirnow ging zum Bezirksparteikomitee, hier im Dorf. Und dann haben sie ihn mit einem Motorboot gesucht.«

Und sie haben ihn gefunden. Smirnow drängte Paustowski dazu, sich gegen Pasternak auszusprechen. »Wir brauchen jemanden Ihres Formats.«

Paustowski bat um Bedenkzeit. Er wagte es nicht, den Gesandten des Schriftstellerverbands mit einer schroffen Weigerung zu brüskieren. Allerdings hatte Paustowski so nebenbei fallen lassen, daß er *Doktor Shiwago* gar nicht gelesen habe. Das Buch war schließlich in der Sowjetunion verboten, wie also *konnte* er es dann gelesen haben? »Sie bitten mich, ein Buch zu verurteilen, das ich nicht kenne?« hatte Paustowski ihm vorgehalten. »Klingt das im Ausland nicht unglaubwürdig?«

Smirnow hat in dieser Angelegenheit nicht mehr bei Paustowski vorgesprochen.

Von allen Hunden gehetzt – so hatte Tatjana ihren Mann charakterisiert. Ihrer Meinung nach wußte er in der Ehe genau so eine List an den Tag zu legen. Tatjana hatte Dima Paustowski einmal erzählt, daß ihr Mann sich gern kommandieren ließ (»Ich war wie ein Diktator für ihn«). Sobald jedoch etwas geschah, was ihm nicht in den Kram paßte, flüchtete er. »Dann reagierte er starrköpfig, und in seinem Verhalten lag etwas Brutales.«

Auch wenn die Beziehung bis zum Tod des Schriftstellers gehalten hatte, schaute Tatjana mit einer gewissen Bitterkeit darauf zurück. Kurz nach der Angelegenheit Pasternak hatte sich ihr Mann auf eine Affäre mit einer Leningrader Verehrerin eingelassen. Es handelte sich in erster Linie um eine platonische Beziehung, die sich auf dem Briefpapier abspielte. Aber das tat Tatjanas Kummer wenig Abbruch.

Als Dima diese Korrespondenz später zu sehen bekam, entdeckte er, daß sich sein Vater derselben Formulierungen und

Ausdrücke bediente, die er ein halbes Jahrhundert zuvor schon seiner ersten Frau Katja geschrieben hatte.

Im öffentlichen Leben konnte Paustowski durch behutsames Manövrieren außerhalb der Schußlinie bleiben. Er stieß niemanden vor den Kopf und war für die Sowjetmacht immer ein loyaler Schriftsteller. Zu seinem siebzigsten Geburtstag 1962 wurde er mit dem Rotbannerorden geehrt, eine Auszeichnung, die zu seinem Status paßte. Man hielt ihn auch für vertrauenswürdig genug, um ihn in den Westen reisen zu lassen. Auf Einladung seines französischen Verlegers, der Paustowskis Autobiographie publizierte, verbrachte er im Sommer 1962 einen Monat in Paris. Er legte Blumen am Grab Iwan Bunins nieder, traf Pablo Picasso (der in ein Buch mit Reproduktionen »Pour Constantine Paustowski« kritzelte) und ließ sich während einer Signierstunde in der Buchhandlung Globus von jungen Französinnen umschwärmen.

Politische Äußerungen vermied er sorgfältig. Studenten der Sorbonne fragten ihn vergebens nach seiner Meinung zur entscheidenden Phase der Entstalinisierung. Der präparierte Leichnam Stalins war kurz zuvor aus dem Mausoleum entfernt und zwischen den Edeltannen am Fuß der Kremlmauer begraben worden. Von nun an war Stalin ein Schuldiger. Damit diese Botschaft wirklich glaubwürdig klang, mußten seine Verbrechen an die Öffentlichkeit gebracht werden. Chruschtschow feuerte die Schriftsteller an, diese Aufgabe zu erfüllen. Im Dezember erschien unter seiner persönlichen Leitung eine Novelle über den Gulag. Es war dies *Ein Tag im Leben des Iwan Denissowitsch* von Alexander Solschenizyn, einem unbekannten Mathematiker, der seine Lagererfahrungen in Kasachstan niedergeschrieben hatte. Die schlichten Aufzeichnungen alltäglicher Grausamkeiten in einer Strafkolonie, vom Morgen- bis zum Abendappell, sollte sich als Kulminationspunkt von Chruschtschows Tauwetter erweisen: Das Erscheinen eines so ernüchternden Berichts ging den konservativen Mitgliedern des Politbüros zu weit. Noch keine zwei Jahre später, auf dem Parteiplenum am 14. Oktober 1964, mußte der Bergmannssohn Chruschtschow das Feld für Leonid Breshnew räumen.

In Tarusa hat Paustowski zum ersten Mal Asthmaanfälle. Sie beginnen meistens gegen vier Uhr nachts und dauern bis zum frühen Morgengrauen.

Als gefeierter Sowjetschriftsteller darf Paustowski eine Zeitlang zur Kur nach Capri. Aber es sind nicht nur die Lungen, die ihn allmählich im Stich lassen, auch seine Herzkranzgefäße verschleißen.

»Zwischen 1962 und 1968 hat er mindestens acht Mini-Infarkte gehabt«, berichtete seine Stieftochter.

Auf Fürsprache des Schriftstellerverbands landet er immer wieder im Regierungskrankenhaus, und ihm wird viel Ruhe verordnet. Aber Paustowski regt sich erst recht auf, vor allem über die Starrheit Breshnews und seiner Anhänger.

Wie so viele andere hat er sich an das relativ liberale Klima unter Chruschtschow gewöhnt. Als Andersdenkende erneut verfolgt werden, paßt sich Paustowski nicht mehr an. Er weigert sich, seine Freiheiten wieder aufzugeben. Aufgrund seines großen Ansehens im In- und Ausland und seiner Krankheit ist er nahezu immun gegen alle Anfechtungen. Ohne eine Märtyrerrolle auf sich nehmen zu müssen, hilft er den Dissidenten des Landes. Gemeinsam mit Gleichgesinnten unterzeichnet er eine Solidaritätsbekundung für Alexander Solschenizyn, der die Zensur und Kontrolle im sozialistischen Staat zur Diskussion gestellt hat. Er reicht ein Gnadengesuch für die Tamisdat-Täter Sinjawski und Daniel (die 1966 zu fünf beziehungsweise sieben Jahren Gefängnis verurteilt wurden) ein.

Junge Dissidenten kommen mit ihren Petitionen und offenen Briefen zu ihm. »Dann saßen sie hier am Küchentisch und sagten: ›Konstantin Paustowski, wir brauchen Ihre Unterschrift.‹«

Galja erzählte, daß er dann erst seine Brille aufsetzte, das Blatt unter das Licht der Lampe hielt und laut zu lesen begann. »Er hatte auch immer stilistisch etwas anzumerken. Die jungen Leute rutschten unruhig auf ihren Stühlen herum, aus lauter Angst, er würde wegen eines ungeschickt formulierten Satzes nicht unterschreiben.«

»Aber er unterschrieb?«

»Immer«, sagte Galja. Und wenn er wieder einmal aufgenommen worden war, schmuggelte ihre Mutter die Protestbriefe in der Handtasche ins Regierungskrankenhaus. So hatte Paustowski auf dem Krankenbett einen offenen Brief an Breshnew unterzeichnet, in dem dreizehn Berühmtheiten, vom Kernphysiker Andrej Sacharow bis zur Primaballerina Maja Plisezkaja, den Parteichef warnen, daß »das Volk eine Rückkehr zum Stalinismus weder verstehen noch akzeptieren wird«.

Nicht er, sondern Tatjana bekam Ärger mit dem KGB.

Galja erzählte, daß ihre Mutter anläßlich des offenen Briefs von einem Oberst des Geheimdienstes, spezialisiert auf literarische Angelegenheiten, zu einem Gespräch ins Haus der Schriftsteller zitiert worden war. Sie sollte dem Oberst Rede und Antwort über ihre Rolle bei der Verbreitung dieses Briefes stehen. Aber in dem Moment, als ihr Befrager die Tür seines Büros hinter sich abschloß, griff Tatjana ihn wütend an.

»Als ob ich meine weibliche Ehre hier zum Fenster hinauswerfen würde ... Allein schon der *Anschein*, wie können Sie es wagen!«

Der KGB-Offizier hatte sie austoben lassen. Galjas Ansicht nach hatte er sie danach auf äußerst höfliche Weise gebeten, ihren Mann in Zukunft nicht mehr in aufrührerische Angelegenheiten einzubeziehen.

»Ist das alles?« fragte Tatjana spitz, ohne etwas zu versprechen.

»Ja«, sagte der Oberst. »Sie können gehen.«

Paustowski selbst mied Konfrontationen. Er versuchte das Sowjetsystem von innen heraus toleranter und offener zu gestalten. Als respektierter Literat nahm er in seinen letzten Lebensjahren noch eine leitende Funktion im Schriftstellerverband an – und genoß seinen Status. Er bekam einen Wagen mit Chauffeur und einen persönlichen Sekretär. Freunden gegenüber entschuldigte sich Paustowski für das Personal. Unentwegt beteuerte er, sie kämen wirklich »nur ab und zu« und er könne sehr gut auch ohne sie zurechtkommen. Als sein Sekretär einen Packen Briefpapier mit der Aufschrift »K. G. Paustowski –

Schriftsteller« hatte drucken lassen, rief er empört: »Weg damit. Häng das an einen Haken in der Latrine.«

Als Vorstandsmitglied des sowjetischen Schriftstellerverbands setzte sich Paustowski für die Neuauflage der Werke Isaak Babels und anderer Opfer des stalinistischen Terrors ein. Die Ausstellung von Rehabilitationsdokumenten im Jahre 1956 an die Familien der »zu Unrecht verurteilten Schriftsteller« war zwar wichtig, aber die verbotenen Manuskripte durften dennoch nicht erscheinen.

Erst 1964 wurde das Werk Pilnjaks dank der unaufhörlichen Anstrengungen seiner Witwe Kira in der Sowjetunion neu aufgelegt. Sie war Mitglied des Komitees zur Rehabilitation und hatte es auf diese Weise geschafft, einige Fragmente aus der *Salzscheune* (dem Manuskript, das zehn Jahre lang in ihrem früheren Datschengarten vergraben gewesen war) zu publizieren.

Im selben Jahr erschien auch Platonows Novelle *Dshan* zum ersten Mal. Dreißig Jahre nach der Fertigstellung und dreizehn Jahre nach dem Tod des Autors. *Dshan* wurde lobend aufgenommen.

1967 schrieb Paustowski in der Zeitschrift *Nowy Mir*, in einer Ausgabe, die im Zeichen von »Fünfzig Jahren Sowjetliteratur« stand: »Wie ist es bloß möglich, daß wir Bücher von schlechter Qualität zu Meisterwerken katapultiert haben, während literarisch wertvolle Schriften verborgen blieben und erst nach einem Vierteljahrhundert das Licht der Öffentlichkeit erblickten?«

Der 50. Jahrestag der UdSSR ist im nachhinein betrachtet ein Wendepunkt in der Geschichte der Sowjetliteratur. Während die Schriftsteller aus Paustowskis Generation eine Bilanz über fünf Jahrzehnte Sowjetliteratur aufstellen, zieht sich die junge Schriftstellergeneration in abgelegene Dörfer zurück. In ihren Werken schildern sie das russische Landleben, ein Thema, das GlawLit für ungefährlich hält.

Zum ersten Mal, seit Gorki den sowjetischen Schriftstellern aufgetragen hat, den Aufbau des Sozialismus zu preisen, stellen die Liriki das Werk der Fisiki in Frage. Jewgeni Jewtuschenko bricht in seinem Gedicht »Das Wasserkraftwerk von Bratsk« (1965) mit der Tradition, Staudämme mit ägyptischen Pyramiden zu vergleichen. Letztere seien schließlich »das Sinnbild der Nutzlosigkeit und erniedrigender Sklaverei«.

Zwei Jahre später schildert einer von Paustowskis Schülern vom Gorki-Institut die Anlage des turkmenischen Hauptkanals als »sinnloses Unternehmen«. Es dauert nicht mehr lange, und auch die Segnungen des Staudammbaus werden in Zweifel gezogen.

Als Valentin Rasputin 1976 ein Manuskript über das Leben in einem sibirischen Dorf einreicht, sind die Zensoren mit einer Handvoll Streichungen zufrieden. Es ist ihnen nicht bewußt, daß sich *Abschied von Matjora* als Anklage gegen die Bauwerke der sowjetischen Ingenieure lesen läßt. Das Buch beschreibt den letzten Sommer des Dorfes Matjora, bevor es durch den Stausee von Bratsk verschlungen wird. Die GlawLit-Beamten kommen nicht auf die Idee, der Leser könne möglicherweise für die zankenden Mütterchen von Matjora Partei ergreifen und damit gegen den Bau neuer Elektrizitätsanlagen.

Anders als zu Gorkis Zeiten gilt der Schutz der Natur nicht länger als Anklage gegen den sozialistischen Aufbau. Dem Natur- und Umweltschutz kann ein aufrichtiges Gefühl von Patriotismus zugrunde liegen – daher dürfen die Autoren der »Dorfprosa« das urwüchsige Rußland verherrlichen. Die Parteiideologen finden es nicht alarmierend, als die Schriftsteller in der *Literaturnaja Gaseta* vorrechnen, daß seit Stalins erstem Fünfjahrplan 2600 Dörfer und 165 Kleinstädte durch Stauseen versunken sind. Solche Feststellungen fallen nicht unter die Kategorie Kritik. Im Gegenteil, vorläufig erfüllen sie die sowjetischen Planer eher mit Stolz denn mit Scham.

MinVodChoz, das Ministerium für Wasserwirtschaft, weiß sich noch immer bestärkt vom Politbüro, und anläßlich einer Reihe dürrebedingter Mißernten im Zeitraum 1970–1975 gelingt es diesem Ministerium, Parteiführer Breshnew für die Perebroska zu gewinnen. Nach jahrzehntelangem Hin und Her entscheidet sich die UdSSR unter seiner Leitung für die tatsächliche Durchführung der Flußumlenkung. Unter der Bezeichnung

»Die südliche Strategie« befiehlt Breshnew 1977 eine beschleunigte Umlenkung von fünf Flüssen im europäischen Rußland und in Sibirien. Zwei Jahre später präsentieren die Wasserbauer ihren definitiven Entwurf für die jährliche Überführung von sechzig Kubikkilometern Wasser. Das erste und leichteste Teilstück dieser »rationalen Umverteilung sowjetischer Wasservorräte«, der Abschluß der Bucht von Kara-Bugas, ist im Februar 1980 vollendet.

Aber dann schwillt der Chor der gegnerischen Stimmen an. Ein messerscharfer Protest eines Dorfschriftstellers, von GlawLit abgelehnt, erscheint 1981 im Tamisdat in Paris. Die Liriki aus den Dörfern zeigen, daß sie keine unschuldigen Nostalgiker sind, sondern eine verschwörerische Bande, die sich auf die Flußumlenkung stürzt.

Professor Welikanow hatte sich über den »Herdentrieb« seiner Gegner zu Tode erschrocken. »Die sowjetischen Schriftsteller haben unser Werk immer bejubelt«, sagte er empört. »Aber jetzt waren diese ›Patrioten‹ wie ausgewechselt.« Im Gegensatz zu den meisten Wasserbauern war ihm bewußt, warum ausgerechnet die Perebroska zum Sündenbock wurde: Flußläufe umzukehren war zum Synonym für die Arroganz der Sowjetmacht geworden.

»Schon bald begann jeder, der sich liberal nannte, scharfe Kritik an der Perebroska zu üben«, sagte Welikanow. »Sie torpedierten unsere Arbeit aus einer ungezielten, totalen Enttäuschung heraus.«

Als Ende 1983 durchsickert, daß die Flamingos in rosafarbenen Haufen auf dem ausgetrockneten Boden von Kara-Bugas liegen, halten die Liriki einen neuen Trumpf in Händen. Unter der Paustowski entliehenen Überschrift »Der Irrtum des Leutnant Sherebzow« schreibt die *Literaturnaja Gaseta*: »Das Drama von Kara-Bugas zeigt nochmals die verhängnisvollen Folgen grober Eingriffe in stabile Ökosysteme.«

Professor Welikanow bedauerte, daß man bei der Abriegelung von Kara-Bugas einen Fehler gemacht hatte (»einen Schnitzer in der Modellrechnung«). Dadurch wurden auch die sinnvollen Bestandteile des Umlenkungsprojekts zur Zielscheibe der Kritik. »Aus technischer Sicht gab es kaum Argumente gegen die Vorhaben«, sagte Welikanow. »Die Kritik war von A bis Z gegen den Staat gerichtet. Aber warum mußte dieser gesellschaftliche Konflikt auf dem Rücken der Wasserbauer ausgetragen werden?« Bei den Liriki war eine Sicherung durchgebrannt. Erst hoben sie die sozialistischen Ingenieurswerke in den Himmel, und dann rissen sie alles bis auf die Grundmauern nieder.

Die Dorfschriftsteller schlugen einen chauvinistischen Ton an. Wer zugunsten der asiatischen Steppe der Taiga Wasser entzog, war ein Verräter des russischen Volks. Valentin Rasputin erklärte die Perebroska zu einem ebenso großen Verbrechen wie Stalins Massenmord an den Kulaken. In einem Brief an die sowjetische Regierung drohte er mit Selbstverbrennung auf dem Roten Platz, falls die Umlenkungsvorhaben nicht aus der Welt geschafft würden.

In dieser Zeit (1985) trat Michail Gorbatschow als siebter und letzter sowjetischer Regierungschef sein Amt im Kreml an. Gorbatschow lud die Liriki und Fisiki, die sich am lautesten zu Wort meldeten, in den Kreml ein. Er hörte ihnen zu und ordnete am 14. August 1986 an, die Perebroska für immer einzustellen.

MinVodChoz, eine der Säulen der Sowjetbürokratie, stand vor dem Einsturz. Der byzantinische Apparat war seiner Existenzberechtigung beraubt.

Der höchste Schutzpatron des MinVodChoz, der Schwiegersohn von Leonid Breshnew, war kurz zuvor als Meisterbetrüger des Sowjetsystems entlarvt worden. Es stellte sich heraus, daß er zwanzig Jahre lang an der Spitze einer mafiaähnlichen Organisation gestanden hatte, die auf die Fälschung von Behördenstatistiken spezialisiert war. Mit Hilfe eines ganzen Netzwerks von Betrügern lieferte er Jahr für Jahr enorme Partien fiktiver Baumwolle aus. Es ging um Millionen Tonnen nicht existierender Fasern, die schlichtweg bei der staatlichen Zentrale für Einkauf in Rechnung gestellt wurden. Während die Baumwollfelder von Mittelasien allmählich versalzten und auslaugten, berichtete Usbekistan immer wieder von einer hundertprozentigen Planerfüllung. Innerhalb des gesellschaftlichen Experiments »Sowjetunion« hatten die Lügen der niemals realisierten Rekordernten besser gedeihen können als die Baumwollpflanze selbst.

Michail Gorbatschow ließ den »Baumwollskandal« bis ins Detail aufdecken und befahl die Bestrafung aller Schuldigen. Während der Baumwollprozesse wurden Ende der achtziger Jahre 27000 sowjetische Beamte wegen Beihilfe zum Betrug hinter Gitter gebracht, unter ihnen auch Breshnews Schwiegersohn.

Gorbatschow war der festen Überzeugung, daß man das morsche Sowjetimperium durch Reformen hätte retten können. Aber gerade durch das Rütteln an den Grundfesten brach es ein.

Konstantin Paustowski hatte das entscheidende Duell zwischen den Liriki und den Fisiki nicht mehr miterlebt. Am 14. Juli 1968 starb er im Regierungskrankenhaus an einem Herzinfarkt. Er war sechsundsiebzig Jahre alt geworden.

Wie es sich gehörte, wurde eine Bergspitze im Pamirgebirge nach ihm benannt. Der Pik Paustowski mißt 6150 Meter und liegt gegenüber dem Gipfel der Revolution (6974 Meter) und dem des Kommunismus (7495 Meter).

Galja zeigte mir eine Reihe von Fotos von seiner Beerdigung. Erst hatte man ihn im Haus der Schriftsteller aufgebahrt. An seinem Revers trug er den fünfzackigen Stern des Leninordens, der ihm zum fünfundsiebzigsten Geburtstag verliehen worden war. Nachdem Freunde und Verehrer in Moskau von ihm Abschied genommen hatten, war sein Leichnam nach Tarusa überführt worden. In einem geöffneten Sarg wurde er in einer Prozession von Hunderten von Trauernden weggetragen. Die Menschenmenge drängte sich durch die Gassen und bestieg die waldreiche Hügelspitze zum Dorffriedhof.

Ich bat Galja, mir das Grab zu zeigen, aber sie scheute den Aufstieg. Wolodja bot an, mich zu begleiten.

Der Friedhof lag hinter dem Müllabladeplatz in einem kleinen Wald mit Sicht über die Oka. Wie alle russischen Gräber waren auch diese mit gußeisernen Zäunen, Plastikblumen und poliertem Marmor versehen, manchmal auch mit dem Schriftzug des Verstorbenen. Die Steine waren abwechselnd mit einem orthodoxen Kreuz oder einem roten Stern geschmückt.

Wolodja blieb bei dem Doppelgrab für Tatjana Paustowskaja (1910–1978) und ihren Sohn Alexej (Aljoscha) Paustowski (1950–1976) stehen.

»Aljoscha hatte ein tragisches Leben«, sagte Wolodja. »Er wollte mindestens so berühmt werden wie sein Vater, aber dafür hatte er weder das Talent noch die Geduld. Als er sechsundzwanzig war, hat er sich buchstäblich zu Tode gesoffen.«

Nicht weit von dem Gedenkstein für Mutter und Sohn lag ein Findling in einer Rabatte aus Studentenblumen: das Grab von Konstantin Georgijewitsch Paustowski – Schriftsteller. In der Erde steckte ein mannshohes Kreuz.

»War Paustowski gläubig?«

»Nein«, sagte Wolodja.

»Aber weshalb dann ein Kreuz auf seinem Grab?«

»Das hält die Vandalen auf Abstand.« In Tarusa gab es außer Trunkenbolden und Dieben offensichtlich auch noch eine Bande von Grabschändern. »Nachts treffen sie sich auf dem Friedhof, zertrampeln die Blumenrabatten und zerstören die gußeisernen Verzierungen an den Zäunen.«

Die Grabschänder von Tarusa schreckten vor einem orthodoxen Kreuz zurück. Vor toten Kommunisten zeigten sie jedoch weder Furcht noch Respekt.

Editorische Nachbemerkung

Als ich im vergangenen Jahr erzählte, daß ich an einem Buch über sowjetische Schriftsteller arbeite, erntete ich teilnahmsvolle Blicke. »Boy meets tractor« ist in den Niederlanden das gängige Prädikat für die sowjetische Literatur. Was kann sich schon hinter einem Titel wie *Wie der Stahl gehärtet wurde* verbergen?

In westlichen Nachschlagewerken findet man immer wieder dasselbe Urteil: Die einzige Literatur von dauerhaftem Wert aus der UdSSR sind die heimlichen Bücher. Bücher, die beschlagnahmt oder verboten wurden. Manuskripte, die als Kopien in den Westen geschmuggelt oder niemals veröffentlicht wurden. Dagegen sind die Werke mit einer Unbedenklichkeitserklärung des Sowjetzensors – bis auf einige Ausnahmen – hohl und pathetisch.

Ohne Vorbehalt wird in der *Encyclopaedia Britannica* behauptet, daß die Sowjetliteratur mit der Veröffentlichung von Gorkis Buch *Belomor* bereits 1934 ihren »moralischen Nadir erreicht habe.

In diesem Buch wollte ich keinerlei Bewertungskriterien heranziehen, die nachträglich angebracht worden sind. Ich habe mich von den Erwartungen und Sehnsüchten einer eigenständigen Generation von Sowjetschriftstellern mitreißen lassen.

Mehr noch als die eigenwilligen und unantastbaren Schriftsteller interessierten mich die Mitläufer in all ihren Schattierungen. Ich war neugierig auf die Bekehrten, die Abtrünnigen und die Zweifler. Vielleicht gerade deshalb, weil ihre Dilemmas und Schwächen so erkennbar sind.

Bei meinem Streifzug durch die Sowjetliteratur habe ich eine bestimmte Auswahl getroffen. Ich habe einen Horizont persönlicher Akzente abgesteckt: In Interessantes habe ich mich vertieft, unzählige Nebensächlichkeiten weggelassen.

Um die Lebensgeschichten von Schriftstellern, Wissenschaftlern und anderen Persönlichkeiten aus dem damaligen Blickwinkel zu veranschaulichen, habe ich oft zur Rekonstruktion gegriffen. Die Textstellen, die auf diese Weise entstanden sind, beruhen auf einer Vielzahl von literarischen Quellen, die in dem vorliegenden Buch nicht alle detailliert genannt werden.

Zur Darstellung des Lebenslaufs von Maxim Gorki habe ich die autobiographische Trilogie (*Kinderjaren, Onder de mensen, Mijn universiteiten*, Het Spectrum, Utrecht 1981, 1983, 1985) sowie *Gorky, A Biography* von Henri Troyat (Crown Publishers, New York 1989), *Gorky* von Nina Gourfinkel (Evergreen Books, London 1960) und *A People's Tragedy; the Russian Revolution* von Orlando Figes (Penguin, New York 1998) herangezogen. Über die Umstände von Gorkis Rückkehr in die Sowjetunion ist in Rußland eine polemische Diskussion im Gang. Neues Material und neue Erkenntnisse fand ich unter anderem in dem Artikel »Der große Humanist« von T. Dubinskaja-Dshalilowa in der Zeitschrift *Nowoje literaturnoje obosrenie*, Nummer 4, 1999.

Witali Schentalinski, der als Vorsitzender der Kommission für den literarischen Nachlaß verfolgter Schriftsteller als erster Zugang zu den KGB-Archiven bekam, hatte in seinem Buch *The KGB's Literary Archive* (Harvill Press, London 1995) bereits reichhaltige Informationen zu Maxim Gorki ausgegraben. Auch viele Angaben zu Babel, Pilnjak und Platonow habe ich dem Werk Schentalinskis entnommen, der sich zwischen 1988 und 1992 energisch einen Weg zu den Verschlußakten der Lubjanka zu bahnen wußte. Schentalinski geht davon aus, daß keine persönliche Akte zu Paustowski existiert. Das will nicht heißen, daß die Staatssicherheit keine Informationen über ihn gesammelt hat. Aber man hatte Paustowski niemals für so wichtig und kontrovers gehalten, um eine gesonderte Akte über ihn anzulegen.

Über das Treffen Stalins mit knapp vierzig Schriftstellern in

Gorkis Haus gibt es mehrere Darstellungen. Bei meiner Wiedergabe habe ich mich vor allem auf die Aufzeichnungen des Literaturkritikers Korneli Zelinski verlassen, der bei dem Treffen selbst anwesend war. Unter dem Titel »Das Gespräch J. W. Stalins mit den Schriftstellern, 26. Oktober 1932« liegen seine Notizen im Russischen Staatsarchiv für Literatur und Kunst (RGALI), Mappe 1604.

Das erwähnte Übersichtswerk *Tien eeuwen Russische literatuur* von Johan Daisne heißt genau: *Van Nitsjevo tot Chorosjo; tien eeuwen Russische literatuur* (Electa, Brüssel 1948). Daisne war nicht nur Direktor der Genter Stadtbibliothek, sondern auch ein bekannter Dichter, Slawist und Filmhistoriker.

Informationen über die Bucht von Kara-Bugas stammen aus Paustowskis Buch *Kara-Bugas* (Molodaja Gwardija, Moskau 1932), das 1935 in der niederländischen Übersetzung von Gerard van het Reve senior und seinem Sohn Karel bei Pegasus erschienen ist. 1998 erschien eine *Kara-Bugas*-Ausgabe in der Übersetzung von Wim Hartog bei De Arbeiderspers (unter dem Titel *De baai van Kara Bogaz*). Ergänzende Daten habe ich in der sowjetischen Zeitschrift *Geowissenschaften* (Nummer 10, 1983), in der *Großen Enzyklopädie der UdSSR* (verschiedene Ausgaben) und in der Dissertation von Dr. Amansoltan Saparowa *Kara Bogaz Gol: Wissenschaftliche Analyse und industrielle Urbarmachung* gefunden (Turkmenische Akademie der Wissenschaften, Aschchabad 1992).

Die Informationen über die Entstehung von Platonows Novelle *Dshan* stammen aus der Enzyklopädie *Turkmenskaja SSR* (Aschchabad 1984) und aus dem Nachwort von Thomas Langerak *Over Dshan en Andrej Platonov*, abgedruckt in der niederländischen Ausgabe von *Dshan*, in der Übersetzung von J. R. Braat (Pegasus, Amsterdam 1994). Bei der Wiedergabe der Schlußzeile von *Dshan* habe ich mich allerdings auf die englische Übersetzung von Joseph Barnes in der Sammlung *The Fierce and Beautiful World* (Dutton, New York 1970) gestützt. Auch Thomas Seifrid geht in seiner Studie *Andrej Platonov; Uncertainities of Spirit* (Cambridge University Press, Cambridge 1992) auf *Dshan* ein.

Fragmente aus dieser Novelle wurden zum ersten Mal unter einem anderen Titel in der *Literaturnaja Gazeta* vom 5. August 1938 und in der Zeitschrift *Ogonjok* (Nummer 15, 1947) veröffentlicht. Erst 1964 erschien der gesamte Text unter dem Titel *Dshan* in der Zeitschrift *Prostor* (Nummer 9).

Gewisse Einsichten in das Werk Platonows habe ich den *Russische notities* von Charles B. Timmer entnommen (Van Oorschot, Amsterdam 1981). Auch das Nachwort von Platonows späterem Übersetzer Lourens Reedijk in *De gelukkige Moskou* (Meulenhoff, Amsterdam 1999) ist eine Hilfe gewesen. Die ausführlichste Übersicht ist unlängst in Moskau erschienen: *Strana Filosofow: Andreja Platonowa* (Institut Mirowoi Literatury, Moskau 2000).

Eine wertvolle Quelle bei meinen Beschreibungen von Gorkis literarischer Exkursion zum Belomor-Kanal im Jahre 1933 ist *Making History for Stalin; the Story of the Belomor Canal* von Cynthia Ruder (University Press of Florida, Miami 1998). Die Ansichten von Bauern und Arbeitern über Literatur und Theater stammen aus der Sammlung *Socialist Realism Without Shores* (Duke University Press, Durham 1997), insbesondere aus dem Beitrag von Jewgeni Dobrenko.

Das »ornithologische Rätsel« der dreißiger Jahre wie auch die Behauptung, daß die Jagdbrigaden der Straflager im arktischen Rußland teilweise den Rückgang der Ringelganspopulation verursacht haben, sind in den Aufzeichnungen des polnisch-deutschen Ornithologen Eugeniusz Nowak zu finden (*Jagdaktivitäten in der Vergangenheit und heute als Einflußfaktor auf Gänsepopulationen und andere Vögel Nordsibiriens*, 1995). Ich bin Jan Jaap Hooft und Gerard Boere dankbar, daß sie mich auf das Schaffen Nowaks hingewiesen und fachkundige Erläuterungen dazu gegeben haben.

Paustowskis biographische und bibliographische Daten sind seinen eigenen Memoiren entnommen (*Powest o shisni*, Verlag Sowremenny Pisatel, Moskau 1995). Die niederländische Ausgabe erschien in der Reihe Privé-domein von De Arbeiderspers (sechs Bände, übersetzt von Wim Hartog) und wurde später mit einem siebten Band *De gouden roos* (Paustowskis literarische Erinnerungen) ergänzt. Auch das Buch *Wospominania o Konstantine Paustowskom* (Sowjetski Pisatel, Moskau 1983) verdient Erwähnung, ebenso wie die Zeitschrift *Mir Paustowskowo*. In den Nummern 15 und 16 (2000) ist unter dem Titel »Das silberne Ringlein« ein Diptychon von Wadim Paustowski über das Privatleben seines Vaters erschienen. Eine gekürzte Version davon hat zuvor bereits als Nachwort in der niederländischen Ausgabe des Buchs *Die Romantiker* gestanden (De Arbeiderspers, Amsterdam 1995).

Weitere Werke über Paustowski sind: *Der Stil Konstantin Georgievič Paustovskijs* von Wolfgang Kasack (Böhlau, Köln 1971); *Konstantin Paustovskijs Auffassung vom dichterischen Schaffen* von Irmhild Reischle (Eberhard-Karls-Universität Tübingen, 1969); *K. Paustovski i Sever* von Faina Makarowa (Moskau 1994); »Konstantin Paustovski, écrivain-modèle« von Leonid Heller in *Cahiers du monde russe et soviétique*, Nummer 26 (1985) und *Konstantin Paustowski: otscherk twortschestwa* von Lew Lewitski (Sowjetski Pisatel, Moskau 1977).

Paustowskis Beitrag zum Zweiten Kongreß des sowjetischen Schriftstellerverbandes ist unter dem Titel »Laßt uns doch offen sprechen« in der Zeitung *De Waarheid* abgedruckt (8. Januar 1955). Teile der Drozdow-Rede stehen im Nachwort von Martin Ros in der Taschenbuchausgabe von Paustowskis Memoiren. Ergänzende Informationen zur Drozdow-Rede und zur Hetze gegen Boris Pasternak um die Zuerkennung des Nobelpreises stammen aus *Political Control of Literature in the* USSR, *1946–1959* von Harold Swayze (Harvard University Press, Massachusetts 1962).

Die Präsentation der Sowjetunion auf der New Yorker Weltausstellung ist am besten von Tony Swift in »The Soviet World of Tomorrow at the New York World's Fair, 1939« in *The Russian Review*, Nummer 3 (1998) beschrieben worden. Außerdem habe ich aus der englischen Ausstellungsbroschüre *Waterways und Watertransport in the* USSR (Foreign Languages Publishing House, Moskau 1939) zitiert.

Mein Exemplar von Wittfogels *Oriental Despotism* stammt aus dem Jahre 1981 (Vintage Books, New York). Die Informationen über die Einbeziehung der Niederländer beim Bau des Wolga-Don-Kanals fand ich in *De lange weg naar Moskou* von Ben Knapen (Elsevier, Amsterdam 1985).

Als Sekundärliteratur über Boris Pilnjak habe ich folgende Quellen genutzt: *Boris Pilnjak; a Soviet Writer in Conflict with the State* von Vera Reck (Queen's University Press, Montreal 1975); das Nachwort von Arthur Langeveld in seiner Übersetzung von *Stad der stormen* (De Arbeiderspers, Amsterdam 1993) und das Alexander Tullochs zu seiner Übersetzung von *The Naked Year* (Ardis, Ann Arbor, 1975).

Die Akte zu Jakow Rubinstein wird in der Mappe 140 527 im Russischen Staatsarchiv für Sozialpolitik und Geschichte aufbewahrt. Der Film *Kara-Bugas – Tschornaja Past* (Jalta 1935) stammt von dem Regisseur Alexander Rasumni und ist im Archiv des staatlichen Filmfonds GOSFILMOFOND unter der Nummer 2 972 zu finden.

Die Tätigkeitsbereiche und Entscheidungen der Hauptverwaltung Literatur und Verlagswesen beim Ministerrat der UdSSR GlawLit sind am ausführlichsten beschrieben worden von Herman Ermolaev in *Censorship in Soviet Literature, 1917–1991* (Rowman & Littlefield, Lanham 1997). Die Zitate des ehemaligen GlawLit-Zensors Wladimir Solodin stammen aus dem Kongreßbericht *KGB: yesterday, today, tomorrow* (Glasnost Public Foundation, Moskau 1995). John und Carol Garrard haben in *Inside the Soviet Writers' Union* (The Free Press, New York 1990) die Geschichte des sowjetischen Schriftstellerverbands dokumentiert. Bei der Beschreibung des ersten Kongresses im Jahre 1934 habe ich mich unter anderem auf Informationen aus diesem Werk gestützt.

Die Zeitschrift *Itogi* (Nummer 21, 2001) enthält Auskünfte über die Entstehung der Schriftstellerkolonie Peredelkino. Auch Lew Schilow, der Direktor des Tschukowski-Museums in Peredelkino, hat wichtige mündliche und schriftliche Informationen (in seiner Broschüre *Pasternakowskoje Peredelkino*, Moskau 1999) zu dieser Passage meines Buches geliefert.

Angaben zu Isaak Babel stammen aus dem Buch *Brieven naar Brussel 1925–1939* (Moussault, Amsterdam 1970); aus dem Artikel »De dood van Babel« in der Sammlung *Russische werkelijkheden* von Charles B. Timmer (De Arbeiderspers, Amsterdam 1991) und aus *Steden zonder geheugen. In het voetspoor van Isaak Babel* von Pauline de Bok (Meulenhoff, Amsterdam 1996).

Der britische Diplomat, der als Beobachter bei den Schauprozessen im Moskauer Gerichtssaal dabei war, ist Fitzroy MacLean. Die hier aufgenommenen Zitate stammen aus seinem Buch *Eastern Approaches* (Penguin, London 1991). Bei dem anderen britischen diplomatischen Gesandten, der 1945 ein Memorandum über die Sowjetliteratur aufgestellt hat, handelt es sich um Isaiah Berlin. Unter dem Titel *The Arts in Russia under Stalin* hat *The New York Review of Books* seinen Bericht im Oktober 2000 neu aufgelegt.

Bei der Beschreibung der Baumwollernte in Mittelasien habe ich die Diplomarbeit *Tussen Oxus en Jachartus; de geschiedenis van de katoenbouw in Oezbekistan* von Greetje van der Werf (Amsterdam 1995) sowie *Turkestan Solo*, den Reisebericht von Ella Maillart aus dem Jahre 1932, genutzt (Century Publishing, London 1985).

Die Geschichte der Flußumlenkung und die Schilderung der darauffolgenden Protestwelle stehen in *New Atlantis Revisited, Akademgorodok, the Siberian City of Science* von Paul Josephson beschrieben (Princeton University Press, Princeton, New Jersey 1997) und in *A Little Corner of Freedom; Russian Nature Protection from Stalin to Gorbachev* von Douglas Weiner (University of California Press, Berkeley 1999).

*

Ich danke meinen zahlreichen Gesprächspartnern, die fast alle in den Dialogen des Buches zu Wort kommen, für ihre Geduld, ihr Verständnis und den regen Gedanken- und Informationsaustausch.

Außerdem sind die Dienste von Galina Medwedjewa, treibende Kraft hinter dem *KorPunkt* von *NRC Handelsblad* in Moskau, sowie von Freund und Fotograf Oleg Klimow, der mich auf etlichen in dem Buch beschriebenen Reisen begleitet hat, besonders hervorzuheben.

Julia Otschetowa hat mich auf die Solowki-Inseln und in die Bucht von Kara-Bugas begleitet. Für ihre einfühlsamen Dolmetsch- und Übersetzerkünste, ihre Einsichten in die russische Literatur und ihre energischen Recherchen in Archiven und Bibliotheken möchte ich mich sehr herzlich bedanken.

Kritische Leser des Manuskripts haben mich auf den richtigen Weg geführt und mich vor eventuellen Abgründen bewahrt. Mein Dank gilt in diesem Zusammenhang Regina Bennink, Bas Blokker, Lucette ter Borg, Emile Brugman, Ans Jansen-Wouters, Eddy Naessens und Pieter Westerman.

Am glücklichsten preise ich mich der nicht nachlassenden Unterstützung von Suzanna Jansen, die mir immer wieder Denkanstöße gab und mich nach vorn schauen ließ.

Moskau, 18. Dezember 2001